共生社会の異文化間コミュニケーション

Intercultural Communication

新しい理解を求めて

編著 ベイツ・ホッファ
本名信行
竹下裕子

SANSHUSHA

は じ め に

　21世紀は，今まで以上に，民族・文化・言語の異なるものどうしが出会い，交流し，協働する機会が地球的規模で広がり，そのような営みは各国社会のさまざまなレベルで行われるものと予想される。そこで，地球市民にとって，文化的背景の異なる人々とのコミュニケーションと，多様な文化の相互理解はますます重要な課題となる。

　本書はこのような今日的課題を視野に，異文化間コミュニケーションの専門家が各自の研究の成果を基礎に，現実的な問題を分析し，解決の道を探る。すなわち，現代社会を多文化共生コミュニティの観点から展望し，その運営の課題を明確にとらえるとともに，従来の異文化間コミュニケーションの研究理論を再検討し，新しい方法論を模索する。

　そして，現実の問題事例を幅広く検討する。話題は多文化英語，相互理解，承諾獲得，面子と交渉，紛争処理，合弁事業，言語政策，外国語教育などと広範囲におよぶ。従来，ケースの多くは欧米を中心としたものが報告されてきたが，本書では21世紀の動向を考慮して，主としてアジアのものを提示している。

　本書の編者，著者，訳者の多くは国際異文化間コミュニケーション研究学会（IAICS, International Association for Intercultural Communication Studies）の会員である。IAICSは現在，米国ロードアイランド大学に事務局をおき，*Intercultural Communication Studies* を学会ジャーナルとして発行している。本書の論考の多くは，本書の目的にそって，そこに掲載された論文を改作したものである。

　本書の各章は個別のテーマにアドレスしているが，どれも共通して一つのメッセージを伝えている。すなわち，世界のグロバリゼー

ションは，社会や文化の一様化ではなく，むしろ多様化をもたらす，ということである．それにともなって，共生社会の運営は，同化主義的，あるいは順応主義的手法ではまかないきれないのである．

　これは英語の進展をみても，明らかである．英語のグローバル化は，英語の多文化化をもたらしたのである．人々は一般に，共通語は一様な言語であると想像しがちであるが，それは事実に反する．国際言語は多様な言語でなければならない．多様な言い方が受容されてはじめて，世界の共通語となりうるのである．

　これを敷延していうと，21世紀の共生社会は民族・文化・言語の多様性を受容し，育成しながら，相互理解を深めるすべが求められる．現代社会につながる複雑な歴史の経緯を考えると，文化や言語の違いに対する寛容な態度は，自然に発生するとは考えられない．寛容な精神は，学習によって育成されるといえよう．

　その意味で，教育のはたす役割は重要である．その目的は異文化間リテラシーの育成である．そして，それは教育制度のさまざまな段階と分野において，なされなければならい．その要諦は，各自が自分の「個人」「認識」「文化」などを，自分の領域を越えて相手に説明する態度と能力である．本書がその道標となることを祈っている．

　　2009年2月　　　　　　　　　　　　編者　ベイツ・ホッファ
　　　　　　　　　　　　　　　　　　　　　　本名信行
　　　　　　　　　　　　　　　　　　　　　　竹下裕子

CONTENTS

はじめに

第1部 異文化間コミュニケーションの課題と展望

1 多文化世界の異文化間コミュニケーション学
   ──21世紀のよりよき異文化間教育への提案 ……………… 8

2 英語の多文化化と異文化間リテラシー
   ──異変種間相互理解不全問題の克服を目指して ……………… 52

3 異文化間コミュニケーションの将来
   ──IAICS 研究生活20年の展望 ……………… 72

第2部 異文化間コミュニケーション理論の方向性

4 文化的アイデンティティを越えて ……………… 120

5 文化の発生:「現在」を理解し,
   「過去」を問い直す ……………… 149

第3部 バイカルチャーとマルチカルチャーの最前線

6 承諾獲得に関する比較調査:中国・日本・米国 ……………… 186

7 コミュニケーションと文化の進歩 ……………… 213

8 日本人とタイ人の異文化間コミュニケーション
　　——バンコクでの調査から見えてくるもの　　………… *242*

9 紛争解決のための面子と面子交渉に関する中国的概念
　　——紛争交渉と紛争解決における中国人の間接的面子保持戦略
　　　vs. アメリカ人の直接的面子保持戦略　　………… *269*

10 中国の合弁企業における対立管理方式の評価　………… *314*

第4部　研究成果の応用

11 ヨーロッパの言語政策における四つの提言　　………… *342*

12 外国語授業における隠れた文化
　　——教える側と学ぶ側の考え方の違いを超えて　　………… *365*

異文化間コミュニケーションの課題と展望

第1部

多文化世界の
異文化間コミュニケーション学

21世紀のよりよき異文化間教育への提案

Bates Hoffer

1. はじめに

　協力の必要性がますます高まるこの世界においては，文化間のよりよきコミュニケーションと理解のために，効果的な異文化間コミュニケーション教育が極めて重要である。過去数十年にわたる異文化間コミュニケーションに関する研究成果は，教科書やトレーニングプログラムに利用されつつある。教科書（例えばSamovar & Porter, 1991）やトレーニングプログラムの現在のレベルを超えるためには，異文化間コミュニケーションの学習段階についてのより高度な考察が有益である。この章では，レベルアップのためのいくつかの提案を行うために，非常に精緻な異文化間コミュニケーション教育の三つのレベルについて論じる。第一段階を終えたのちの第二段階の異文化間コミュニケーション・プログラムには，特に，ターゲット文化の基本的な考えを表す語彙についての，徹底的な研究が含められるだろう。第三段階には，大きな文化のさまざまな重要な下位集団についての，より精緻な考察を含めてよいだろう。こうした下位集団は民族性ではなく，それぞれに潜在する価値観によって規定される。プログラムの第四段階は，ある文化によって使用されてい

る最も微妙な言語要素，例えばターゲット言語のスタイルやレジスターといった要素に関する教育と経験を含むことになる。

2. 文化と語彙と意味領域

　異文化間コミュニケーション教育の第一段階には，基礎的な言語と文化の教育が含まれる。この段階は，プログラムの期間によってまちまちである。基礎を修了した学習者のための，より強固なプログラムでは，特定文化における最も重要な語彙項目の最も深い意味を考察することが重要な要素の一つである。どの文化にも，独特の価値観が存在する。アメリカ合衆国では，市民は最も尊重するいくつかの価値観を持ち，懸命にそれらを守ろうとする。このセクションではこれらのうち，四つの価値観，すなわち自由，権利，民主主義，公正について論じることにする。これらのことばはすべて，アメリカ合衆国の歴史に伴う特定の文化的コンテクストのなかで理解される。他の文化の人々はこうしたことばの意味に多少違った解釈を与えるのが常である。これらのことばとそれらが意味する概念は，アメリカ人にとって非常に基本的なことなので，そのことばの深い意味を知ることは，異文化間の会話のなかでこのようなことばを話題にしたり，それらを使ってある話題について会話をする時に役立つであろう。

　以下に論じる異文化間コミュニケーション研究の第一分野は，語彙である。ある言語の一つの語彙項目は，その言語の話し手の文化のなかで発達し，その言語のなかの関連する語彙項目すべての知識に深く依存する一つの意味（狭義であれ広義であれ）を持つ。一つの語彙項目がいろいろな意味を持つこともあり，そうした二つあるいはそれ以上の意味は，異なる意味領域の一部なのである。簡単な例をあげると，'table'（テーブル）は家具という意味領域で定義されることもあれば，logarithmic tables（対数表）のような情報の整

理に関係する意味領域で定義される場合もある。一つの語彙項目の別々の意味の集合が、異なる同義語あるいは同義語に近いものを持っている場合もある。例えば、'bar' には saloon（バー）と legal profession（法律専門職）という意味がある。

　ある言語の非母語学習者が単語のたった一つの意味だけを覚え、その単語がどのようにもっと大きな意味領域に当てはまるかを学習していない時、困難が生じる。ちょっと調べただけでもわかることだが、多くの外国語の教科書には最も頻繁に使われる語義しか示されておらず、その意味のもっと深い文化の意味領域はめったに示されていない。言語学習の過程の第一ステップとしては、このような結果を容認できるが、それを超えて、より高度な使用へと進むには、より多くの研究を行ない、それなりの教科書を使わなければならない。一つの文化のより深い価値観を備えたコンテクストでは、単語がどのように複雑な意味あいを持つか、おわかりいただくために、基本的な文化の用語について、少し詳しく分析してみよう。

リバティ，フリーダム

　「リバティ」(liberty)、「フリーダム」(freedom)、そして「フリー」(free) は、アメリカ文化の歴史に深く浸透していることばである。巨大な「自由の女神像」がニューヨーク湾への入り口の印となっている。ニューハンプシャー州の標語は 'Live Free or Die.'（自由に生きよ、さもなくば死を）である。どの子どもも、'Give me liberty or give me death.'（私に自由を与えよ、さもなくば死を与えよ）という18世紀のアメリカの愛国者、パトリック・ヘンリーのことばを学ぶ。一般的用法における「リバティ、フリーダム、フリー」ということばは、「拘束されずに」という大ざっぱな定義内にある。一般社会は通常、それらを同義語として扱う。より正確な意味は、それらが意味しないもの、あるいはそれらの誤った受け取り

方を見れば明らかである。もちろん「フリー」がそのなかでも最も広い意味を持つので、その意味領域の一般用語として使われるのだろう。

　「拘束されずに」としての「フリー」がコンテクストのなかでどのように誤解されるかを示す一例は、「フリーウイル」(free will, 自由な意思）というフレーズである。キリスト教では各人が自由な意思を持っていて、それは人がしたいと思うことを何でもしてよいという意味である、と教える。そして、人の行動は衝動に影響されたり、環境に支配されたりするものではないなどと教えられる。観念的にはそれは正しいかもしれないが、実際は難しい。「私には自由な意思がある。だから拘束されずに自分がやりたいように振る舞うことができる」という文を考えてみよう。身体的行動の分野では、何千もの法律があって、さまざまな活動を拘束している。人は自分の思いどおりに行動してもよいが、殴る行為の責任は負わなければならないだろうし、その行為が犯罪であれば、罰を受けなければならない。同じような拘束は、犯罪行為を頭のなかで考えることにも当てはまる。というのは、罪を犯そうと陰謀をめぐらすことは、それ自体犯罪であり、投獄の罰を受けるからである。このように、人間の行動の「フリー」と「フリーダム」は常に不確定なものである。つまり、自由であるという状態はある条件に従うことを意味する。上の例には、人は全ての公正な法律に従うという必要条件が含まれるのである。

　「リバティ」ということばは、最も深いレベルで、「フリー」や「フリーダム」よりももっと根強くアメリカの価値観に組み込まれている。先に述べた 'Give me liberty or give me death.' というパトリック・ヘンリーの引用文では、「リバティ」を憲法分野の一部の意味で使っている。「リバティ」は不公平な法律からの自由を意味するのであって、法律の観点からすると、人に対する拘束が正当なものであるかどうかを論じる以前に、正当な法律のプロセスに従

ったものでなければならないことも意味する。アメリカ合衆国憲法第五修正条項には次のような文が含まれている。

> 「人は生命，自由（liberty）または個人の財産を正当な法律のプロセスなしに奪われることはない…」

したがって，「リバティ」の完全な定義は，アメリカ合衆国憲法およびフェデラリストペーパーズを検討することによって最もよく理解できる。後者は憲法を採用する時期に書かれた一連の論文である[1]。これらの論文は，「リバティ」などの用語の完全な意味を入念に説明している。

アメリカの歴史のなかで用いられる「リバティ」の意味を完全に理解することの難しさの一例が，アラビアの族長による一冊の本に見られる。それは，アメリカ革命後ほどなくして起きたフランス革命の後に，「リベルテ」（liberaté，フランス語の「フリーダム/リバティ」）の概念が普及したころに書かれたものである。ナポレオンが1798年，エジプトを制服した時，アラビア世界に「リベルテ」という概念を持ち込んだ。Lewis（2006:1-2）は，「リバティ」の意味がアラビア語話者に明確になった過程を次のように説明している。

> 当時アラビア語で使われていた「リバティ」は，政治用語ではなく法律用語であった。一般的には「フリー」に相当する語を使って，「奴隷でなければ自由である」のような言い方をした。私たちが西欧社会で使っているように，良い政治のメタファーとして「リバティ」が使われたわけではなかった。だから「フリーダム」の原理原則に基づく共和制国家という考えは戸惑いを生んだ。何年か後，一人のエジプト人族長シェイク・リファ・ラフィ・アルータタウィが，最初にヨーロッパへ送られたエジプト人学生のための司祭としてパリへ行った。彼は自分の

貴重な体験を本にして，フリーダムの意味の発見を説明している。それによると，フランス人がフリーダムについて話す時，それはイスラム人の公正（justice）を意味するとある。フリーダムを公正と同等に考えることにより，彼はアラブ社会，そしてさらに広くイスラム社会の政治および一般大衆の会話のなかに，まったく新しい表現を可能にしたのである。

アメリカ人には「リバティ」と「公正」が同じ意味領域をカバーするとは，とても理解できない。しかし，上に述べたように，アメリカ革命の「リバティ」の最も深い意味は法律的な要素を含むのである。

デモクラシー（民主主義）

「デモクラシー」も西欧文化に深く埋め込まれた用語であるが，これもまた通常は非常に一般的な意味で用いられる。ほとんどのアメリカ人が使うように，「デモクラシー」は，一般的に民主的な投票法を用いる政治様式の意味領域全体を表す。テレビのトーク番組で，ある有名な映画プロデューサーが，あなたはデモクラット（民主党員）かと尋ねられて，「もちろん，デモクラットですよ。私たちはデモクラシーのなかで生活しているんでしょう」と答えたとか，わが政府の外交政策は世界中に「デモクラシー」を確立する手助けをしている，などがその例である。この両例での用語の使い方は，意味があまり明瞭ではない。最初の例では，この映画プロデューサーはアメリカという共和国（Republic）に住んでいるわけだから，自分はリパブリカン（共和党員）であって当然だ，とも言えたはずである。リパブリックはアメリカのすべての子どもたちが学校で学ぶ「忠誠の誓い」（Pledge of Allegiance）のなかでも用いられている。しかし，専門的に言えば，アメリカ合衆国は連邦制共和国であって，単なる共和国ではない。二番目の例の意味の不明瞭さ

は，国際的なものであろう。デモクラシーの基本的な定義はさまざまであるが，投票者全員があらゆる論点について直接投票する政治システムと定義される。いろいろあるなかで，民主主義制度の三つの主たるタイプは代議員制民主主義，議会制民主主義，そして連邦制共和政体である。

> 代議員制民主主義には，政府の決定を行なうリーダーたちを選ぶ投票者がいる。
> 議会制民主主義には，法律を作りそして行政府を構成する人物を決めるリーダーたちを選ぶ投票者がいる。
> アメリカ合衆国のような議会制民主主義は，連邦と共和政体両方の制度である。連邦は自治地域（州）から成り，全域が中央政府によって結ばれている。

アメリカ文化の学習者は，事実上，党派性の強い二大政党政治制度と同じであるアメリカ合衆国の政治制度を理解する際，そこに含まれる複雑さについての説明を注意深く学ぶ必要がある。「民主主義的」であれ否であれ，異なる政治制度を用いている国に向き合うノンネイティブにとっても同じことが言える。

同様に，すべての文化にわたって「デモクラシー」を理解することの難しさの一例が Nakane (1971/1972) の *Japanese Society* に見られる。日本人は何世紀にもわたり，「共同体のなかには上層下層つまり貧富の比較上の序列はあっても…各々特有の村共同体内に強い連帯意識」(p.142) を育てた。「このような組織的基盤と文化的背景を持つ社会に住む人間は，基本的平等と共同体の権利を信頼する…このような社会的，精神的土壌で輸入用語「デモクラシー」はその日本人独特の意味を発達させてきたのである」(p. 143)。

> 日本人が意味する「デモクラシー」は弱者や下層階級に味方し，考慮を払うべき制度なのである。実際に，どのような決定

も，階層では下層に位置する人々を含むコンセンサス（意見の一致）を基盤としてなされなくてはならない。(p. 144)

デモクラシーのコンセンサス形式に慣れている日本人は，時々生じるアメリカの二大政党制の党派の悪しき内部抗争に戸惑うことがあるかもしれない。その理由の一端は日本人がコンセンサスという概念を含む「デモクラシー」に慣れ親しんでいるからである。

権利

　「リバティ」や「デモクラシー」の場合と同じように，一般のアメリカ人は「権利」ということばを，比較的正確な意味さえ結果的に欠いてしまうほど広い意味で使う。一般のアメリカ人にとって，人間には権利があるという基本的原則は，西欧文化そして特にアメリカ文化に深く染み込んでいる。アメリカ合衆国憲法はこれら権利のいくつかを列挙している。言論の自由，集会の自由，報道の自由などである。しかし，彼らは権利のタイプや制限について，明確にわかっているわけではない。英語のノンネイティブ学習者は，アメリカの異なるタイプの権利について，さまざまな特定の意味を学ぶことに苦労するだろう。例えば，第二言語としての英語の教科書は，すべてごく一般的な定義しか与えていない。しかし，これらアメリカ文化のなかに深く染み込んだ権利の概念を理解し，自分自身の文化の同じような価値観と比較したいと思う者にとって，このような基礎的な定義が役立つことはまずない。アメリカの状況での「権利」を理解したいと思う者は，基礎的な教科書の定義を超えて学ぶ必要がある。

　アメリカ人と話す時，ノンネイティブはアメリカ人が権利について話しているのを聞いてよく理解できないことがあるはずである。「私には何でもしたいことをする権利がる」とか「大学の学位をとる権利がある」「自分が行きたいところへ行く権利がある」などと

いった言い方は，本来すべて間違っているので，理解しにくいのである。そこで以下のとおり，階層性をなす三つの異なるタイプの権利，すなわち人権，憲法上の権利，法的権利について簡単に概観する。

人権

　権利の第一のカテゴリーは，アメリカ合衆国においては根本的に重要なものである。一般的なアメリカ市民は，権利の出所と，その哲学的定義さえはっきりと分かっていないが，たとえそうであっても，無意識のレベルで権利は根本的なものであると考えている。権利の基本的な概念は，人間の精神性の一部と見られているため，アメリカ人にとってこうした人権は不変のものなのである。モーセについての聖書物語には，十戒が載っている。各戒律には権利と責任が含まれていると考えられる。殺人に対する戒律は，生命への権利と罪のない生命を奪わない責任があることを意味する。盗みに対する戒律は，私的財産への権利と他人の財産を奪わない責任があることを意味する。嘘をつくことに対する戒律は，真実，すべての真実，そして真実だけを聞く権利と，すべての真実だけを話す責任があることを意味する。こういった基本的な人権は西欧的視点からすると，神自身から下ったものである。この人権の出所の見方は，アメリカ合衆国の建国書物の一つに書かれている。合衆国建国の父たちは，1776年の独立宣言に次のような文言を盛り込んだ。

> われわれはこれらの真実を自明のことと考える。つまり，人間は皆平等に創られていること。人間はその創造主から一定の不可譲の権利を授けられていること。これらのなかには生命，自由，幸福への追求があること。

神を出所とするこれら権利のステータスからすれば，このような権利に反する法律はどのような法律も，その本質は無効で空疎なもの

1 多文化世界の異文化間コミュニケーション学

という当然の結果になる。このことはよく高校生が勉強する別の文書，最も有名な黒人公民権のリーダー，マーティン・ルーサー・キング・ジュニアによって書かれた手紙（1963）のなかでも明らかにされている。

> 答えは二つの法律のタイプ，公正なものと不公正もの，があるという事実にある。私は公正な法律に従うことを主張する最初の人物となろう。人は法的な責任だけでなく道徳的な責任をもって公正な法律に従うのである。反対に，人は不公正な法律に従わない道徳的責任がある。私は「不公正な法律は法律などではない」の聖アウグスティヌス[2]に賛同しよう。

> さて，この二つの違いは何か。ある法律が公正か不公正かを，人はどのように決定するのだろうか。公正な法律は，道徳的な法律，つまり神の法律によって規制された，人間の作った掟である。不公正な法律は，道徳的な法律と調和しない掟である。それを聖トマス・アクィナス[3]のことばで言えば，不公正な法律は，永遠の法律や天与の法律に根ざしたものではない，人間の法律である。人格を向上させる法律は，どんなものも公正である。人格を堕落させる法律は，どんなものも不公正である。差別の法律はすべて，不公正である。

アメリカのほとんどの学生が知っているように，キング牧師の名前にちなんだ国の祭日がある[4]。

憲法上の権利：公民権

アメリカ人の視点から見て第二番目のタイプの権利は，憲法上の権利，つまり公民権である。これらの権利のいくつかは，権利章典（Bill of Rights）に記載されており，合衆国憲法の最初の10の修正条項から成る。以下にそれらを大まかに述べてみよう。

修正第1条
　議会は…これらの自由な行使を禁じたり，言論または出版の自由や，人々が平穏に集会し，政府に苦情の救済を要請する権利を奪う法律を制定してはならない。

修正第2条
　…人民が武器を保有し，携帯する権利は侵害されてはならない。

修正第3条
　兵士は，平時に家主の承諾なしに，何人の家にも宿泊してはならないし，また戦時においても，法律の規定する方法による場合以外，同様とする。

修正第4条
　過度の捜査や押収に対して，身体，家などの安全を保障される国民の権利を侵害してはならない。令状は宣誓，または確約によって裏付けられた相当な理由に基づいてのみ発行される。

修正第5条
　…何人も同一の犯罪について二度も生命身体の危険にさらされることはない。また刑事事件において，自己に不利な証人となることを強制されることはなく，また法の適正手続きなしに，生命，自由，財産を奪われることはない。私有財産は公正な補償なしに，公的使用のために徴収されることはない。

修正第6条
　…公平な陪審による迅速な公開裁判を受け，告訴の性質と原因を知らされる権利を有する。自己に不利な証人と対決し，自己に有利な証人を得るために強制手続きを取り，また自己防御のために弁護人の援助を受ける権利を有する。

修正第7条
　…陪審による裁判を受ける権利が保護されなければならない。そして陪審によって審理された事実は，コモンローの規則によ

るほか、合衆国のいずれの裁判所においても再審理されることはない。

修正第8条

　法外な額の保釈金を要求されてはならず、過重な罰金を科されてはならない。また残虐で異常な刑罰を科されてはならない。

修正第9条

　一定の権利をこの憲法のなかに列挙したことを根拠に、人民の保有する他の諸権利を否定し、または軽視したものと解釈されてはならない。

修正第10条

　この憲法によって合衆国に委任されず、また州に委任されない権限は、それぞれの州または人民に保留される。

これら憲法上の権利、つまり公民権はこの国の市民に固有のものである。それらは人権ではない。しかし多くのアメリカ人はこの二つのタイプの権利を混同し、まるですべての権利が同じで、重要性も同じだと主張することがある。学習者は一般的な基本的権利の定義を超えて、アメリカの制度における権利の階層性を正しく認識しなければならない。

法律上の権利

　三番目の権利のタイプは法律上の権利であり、それらは国、州、郡、市などのレベルにおける特定の法律制定を基盤とした権利である。例えば、ある市で禁煙法が通過すると、その市では誰もが喫煙の法律上の権利がないということである。このような法が通過した場合、アメリカ人のなかにはまるで喫煙は神により、あるいは憲法により認められた権利であるかのように主張する者がいるが、それは間違いである。

　これら権利の注意すべき区別と異文化間理解とコミュニケーショ

ンの関係は，人々が自分の文化に基づいた権利の理解が唯一正しいものだと感じる時に生じる衝突のなかで明らかになる。一般のアメリカ人にとって，「権利」の考え方は特定の宗教制度，特定の憲法，そして種々さまざまな特定の法律の規約に基づいたものであるということが，ここで述べた簡単な定義から明らかなはずである。しかし，彼らは，自分たちの権利の考え方を唯一正しいと考え，他の考えは単にどれも間違いだと考えがちである。往々にして，他の文化の権利をこのような考え方と結びつけて評価するのである。アメリカ人は，アメリカの権利は人間の条件にとって間違いなく根本的で，普遍的で，不変のものであると感じているのである。この見方は，アメリカ文化の特性の基本的な部分である。

この権利についてのアメリカ的考えは，文化的価値観の最も深いレベルに埋め込まれており，世界観の一部であるように見えるので，権利を話題に話し合うことが難しいこともしばしばである。事実，この権利の考えを持つアメリカ人が，この世界観に同意できない人物と遭遇すると，アメリカ人の方はこの人物に疑いの目を向けるようになる。まるで，その人物が偽善者であるかのように (Kotani, 1994年)。したがって，異文化間教育には，ターゲット国における宗教や憲法や法的な制度の最も重要な異なり方を示すことが含まれるべきであろう。

公正（fairness）

アメリカ人の気質に深く埋め込まれたもう一つの概念は，「公正」である。アメリカへやってきた大学生はおそらく，'It is not fair that…' というフレーズで始まる文に出会うであろう。例をあげると，'It's not fair that I made a C on my paper when I studied just as long as John did and he made an A.' （私はジョンと同じ時間勉強したのに，レポートでジョンがAを取り私がCなのは公正ではない）などである。アメリカ人にとって，「公正」であるということは，誠

実で親切であることと似ている。つまり，アメリカの定義で故意に「不公正」な態度を示す人は，倫理にもとる不誠実な人間なのかもしれない。したがって，「公正」の概念は異文化間コミュニケーションでアメリカ人を理解する基本となる。アメリカ人にとって，「公正」の考えは先に述べた，より根本的な「権利」の考えと結びついている。倫理的行動とは権利が尊重され，法律上の規約と「公正」の規約が守られる行動と考えられている。

　「公正」の考えは，言うまでもなく，アメリカ的思考の多くの分野に浸透している。「公正」の概念は，独立宣言のなかの重要なフレーズ「すべて人間は平等に創られている」を通して権利の定義に含まれるようになった。この基本的な意味は，すべて市民は法の前に平等であり，同じ人権と公民権を持つということである。しかし，時代を経るうち，アメリカ人は歴史的にも法律的にも，その意味を考えずに，権利と平等の概念を理解し始めるようになってしまった。そのため，アメリカ人は他国の人が自分たちと同じ一連の権利を持たない場合，そうした国は国民に対して「不公正」であると考えることがある。アメリカ人の権利と公正の概念が人間の経験にとって間違いなく根本的なものであり，普遍的なものであるべきで，本質的に不変のものであるというこの一般的感覚は，アメリカ人の特性の一部である。

　「平等の機会」は，特に合衆国における公正を理解するための二番目のよりどころになる。イギリスもそうであるが，さまざまな試合やスポーツで，アメリカ人は競技者の勝利の可能性を平等化しようとする。ある競馬では，より速いとわかっている馬は，より重い負担重量を背に乗せて走る。ゴルフでは，一番下手なゴルファーは最高の「ハンディキャップ」を与えられる。アメリカンフットボールでは，多くのチームが攻撃で1年にあまりにも大量得点をしすぎると，ただちにルール委員会がルールを変更して，守備側が攻撃側にストップをかけられるようにすることがある。この単に試合のル

ールを受け入れるということにとどまらない「フェアプレイ」の考えは、アメリカとイギリスの基本的な概念である。例えば、アメリカ人は、その試合が他国起源のものであり、ルール審判員がその国の出身者たちであっても、試合に勝つためのチャンスをつかむために、まるで特別扱いの権利があるかのように感じる場合がある。しかし、ヨーロッパの国々においてさえ、このイギリスとアメリカの公正の考えはしばしば理解されにくい。通常、最高の選手が優勝し、一番速い馬が勝ち、最高のチームが一番をとるべきであると考えられているからである。最高位を取るのに、誰もペナルティを課されるべきではない。いろいろなスポーツのルールブックが出版されてから、国際試合での解釈の違いは解消されている（Wiseman, et al.）。問題は、アメリカ人が平等の非法律的な定義とスポーツの「フェアプレイ」の考えを、政治行為や、ビジネスや、他の人間の相互作用の分野に当てはめたとき生じる。アメリカ人が自分の「権利」の基準と自分の「公正」の考えを、異文化間コミュニケーションの場で適用するとき、誤解の可能性は幾何級数的に増大する。

文化，語彙，意味領域の要約

　文化の最も深い価値観は、ネイティブにとってはことばで表現することが難しいこともしばしばで、最も深い価値観を表現するのに用いる用語も決して正確なものではないように思われる。最も深い価値観の語彙を理解したいと思う学習者は、ターゲット文化の伝統や歴史を学ばなければならない。手助けとなるタイプの本の一つは、文化事典である。文化事典は文化の語彙を取り上げ、それをそれぞれの用語の歴史や伝統や社会的重要性の見地から定義づけている（例えば、Honna & Hoffer, 1986, 1989；Hoffer & Honna, 近刊）。このような参考書は第二段階の異文化間コミュニケーションのトレーニングを実りあるものにしてくれる。

3. 文化の一般性と文化のステレオタイプ

文化研究の重要性
　他の文化について初めて学ぶとき，学習者は文化の一般的特徴に関する解説を読む。このような解説には，アメリカ人は個人主義であるとか，日本人は「集団」の一員であることを意識している，といったことが含まれている。このような説明は一般論としては正確かもしれないが，基礎を修了し，より理解力をつけて他の文化の人々と適切にコミュニケーションをとりたいと願う人々は，もっと精緻な内容を学ぶ必要がある。このセクションでは社会科学の分野の話題を扱い，いかに他の研究が異文化間コミュニケーション研究と結びついているかを示したい。

文化分析のモデル
　アメリカ文化を一般論を超えて見ると，すぐに多くの興味深い事実が見えてくる。三大人口都市—ニューヨーク，ロサンジェルス，シカゴ—では，学童は200以上の家庭言語に取り囲まれている。ロサンジェルスでは家庭内言語の60％以上が英語ではない。この国では，長年にわたり，多くの民族集団が英語だけでなく非英語である母語を保持し，先祖が最初に合衆国に到着して以後数代にわたって，出身国の価値観を保持する傾向がある。ほとんどすべての他の大国も，数は違っても，似たような側面を持っている。例えば，中国は55の比較的大きなマイノリティの存在を認めている。これらのマイノリティの存在はそれぞれの国においてますます重要になってきているため，国々に関する教科書が用をなすためには，一般的な説明をさらに正確なものにしなくてはならない。

　特に，「アメリカ人は個人主義であるが中国人は集団思考である」というような一般化を避ければ，教科書は改良される。このような

解説は「しばしば…の傾向がある」などのことばを添えれば適格なものとなり，このような表現形式によって，学習者は異文化間コミュニケーションの妨げとなるステレオタイプ化を避けることができよう。こうした国々について一般論は多くの国にあてはまるのではあるが，社会科学者によってさまざまな社会的側面が詳細に記録されており，文字通り何百万もの例外がある。異文化間コミュニケーション研究における問題は，学習者がコミュニケーションすることになるターゲット文化の人物がステレオタイプ化され，そのステレオタイプがコミュニケーションと十分な理解の妨げになるかもしれないことである。基礎課程に続く教科書には，大部分の大国と多くの小国に見られるさまざまな価値体系について，より精緻な情報が含まれるべきである。

　社会科学者はしばしば，これら多文化状況を精緻に分析してきた。彼らの研究のいくつかは，異文化間コミュニケーションを容易にするという目的に役立つよう，学習者の学習計画に組み込まれる必要がある。学習者がターゲット文化を理解すればするほど，コミュニケーションはより容易になるはずである。

　政治学の分野における文化分析の精緻なモデルの一つは，基本的な特徴の集合を用いて選挙人をいくつかの―時には何十何百までの―文化的「集合」に分ける。このモデルは所属宗教，所属政党，地域，学歴，年代，収入，職業などの特徴を用いている。このようなモデルはしばしば，集団のメンバーの行動―この場合は投票行動―を正確に予測することができる。

　社会学では，ハーバート・ガンス（例えば1962）の研究が異文化間研究に非常に役立っている。彼は文化を，さまざまな基本的な文化的価値観によって分析した。彼の研究は，ホフステッド（1980）の研究よりも，より精緻な一連の文化指標を用いたという点で，多少正確さが勝っている。彼の分析結果は，さまざまな文化を持った主要な下位集団の状況をより明確に証明した。ガンスのアプローチ

の輪郭を簡単に示してみよう。

　人々が人生で最も重要な局面で，どのように意思決定をするかを分析しようとする時，研究者は大変に苦労する。大部分の人々の最も深い価値観は，事実上意識のレベル下にあるため，重大な決定箇所に，どのように反応したらいいのかよく分からないからである。ガンスは長期的な研究のなかで，間接的に調査に取りかかった。つまり，彼は学生が話すと思われるトピックを多数設定した。すると学生たちのトピックに関する情報集積は，わずか三つの異なるタイプに分析できたのである。

　それら三つのタイプに話を進める前に，彼が開発したトピック，つまりカテゴリーを概観してみよう。これらのカテゴリーのいくつかをこれから論じ，その後で，研究対象とした社会のなかに彼が発見した，基本的価値観の集合体によって識別された三つの主要な下位集団について簡単に述べよう。彼の研究は，アメリカ南西部の社会的集団（特にヒスパニック系アメリカ人）のような，別の人口集団の研究においても再現されている（Hoffer, 1980）。

分析カテゴリー

　ガンスが用いたいくつかの分析カテゴリーを，以下に簡単に述べよう。

主な構成単位

　彼の研究における大人のインフォーマントとの話し合いの基本的なカテゴリーは，集団の一員としての自己認識と，集団の決定に快く従うか，あるいは重要な決定の時誰の意見を聞くかなどであった。

A．他人の意見を聞くが，自主的に決定をした。
B．どんな重要な決定にも，妻やことによると子どもたちの意見も聞いた。

C．どんな重要な決定にも，拡大家族や，教会の人々や，同じ民族や職業などの人々の意見を聞いた。

最高の価値

重要な決定を動機付けるインフォーマント自身の主な理由も，基本的カテゴリーであった。

A．期待される満足感や達成感のレベルに高い価値を置いた。

B．期待される家族の社会的および/または経済的移動性に高い価値を置いた。

C．自分の集団の持続と安定に高い優先権を置いた。また集団の将来の繁栄も考えるが，決して集団の不安定化の可能性は考えなかった。［さらに詳しい例を後述する。］

教育についての考え

インフォーマントの教育の重要性に対する態度および最終学歴も，基本的なカテゴリーであった。

A．自分の最終学歴を満足感，達成感を与えうるものと考えた。一例をあげると，適度に裕福な大学院生が英語の修士号を取るため2年間勉強し，それから1，2年して法律家になろうと決めてロースクールへ行った。2，3年後今度は株式仲買人になるためのトレーニング・セッションに参加した。彼女は各段階でしばらくはとても満足し幸せだったが，次に何か他にできることを見つけなければと思うのだと報告している。

B．社会的および/または経済的移動性のためにできうる限りの準備に基づいて，教育レベルと教育機関を選択した。

C．集団内で教育が自分の助けになる場合にのみ，それを求めた。例えば，車の修理に熟練した若者―確かに社会に必要な部分である―はできるだけ早く（16歳で）高校を退学し，

一生の仕事として自動車整備士の仕事に従事することがある。またある者は配管工事職や大工職を選ぶかもしれない。あるいは法律家の必要性を集団内から感じ，通常は自宅またはホームタウンに最も近いロースクールへ通うこともある。
［もう一つの例を後述する。］

仕事についての考え

仕事についての考えは細部に違いがあっても，教育についての考えと似ている。

A．自分の満足感，達成感を求めて，職業を選んだ。その選択には上に挙げたような脚光を浴びる地位ばかりでなく，陶器作りのような仕事も含まれた。

B．さらなる社会的および/または経済的移動性のチャンスを高める職業や転職を選んだ。たとえ新しい仕事や場所が気に入らなくても，前進のための新しい可能性がある限り，その新しい職業や場所を選んだであろう。

C．集団の全般的な制度に最もふさわしい職業と，集団の伝統的な性別による職業役割にふさわしいものを選んだ。男性と女性，どちらもがはたすことのできる役割も多くあるけれども，このような性役割はこのカテゴリーの価値体系の一部である。

社会についての考え

より興味深いカテゴリーの一つは社会についての考えである。インフォーマントは大多数の価値群のなかで，社会を巨大な相互関係を持つ構造ととらえ，自分自身をその構造のどこかに存在する単位と見ていた。ここで使われているメタファーは，「社会構造」である。

A．社会を「社会構造」，つまり個人が上へ行ったり下に行った

りする相互に連結したシステムとして見ていた。
B．社会を「社会構造」ではあるが，そこでは社会的あるいは経済的ステータスによって夫，妻，子どもたちのチームが一緒に上へ行ったり下へ行ったりするものだと見ていた。
C．自分自身の集団から見て，他の人間はよそ者であるのが社会であると見ていた。彼らは上で理解されるような「社会構造」の概念は持っていなかった。

社会における人生の目標

自分の人生の最終目標について聞かれると，三つのグループのインフォーマントたちは多少異なる目標を提示した。［ガンスは四グループ以上を扱った］
A．目標は人生の段階によってさまざまであった。
B．達成可能な最も高い社会的地位と経済的地位，またはそのどちらかを求めた。
C．主要な目標を自分たちの集団の幸福と将来に貢献することと考えていた。しばしば集団の状況を改善することを望んだが，集団力の低下を見る犠牲を払うことまでは，決して望まなかった。

心理状態

調査者たちはインフォーマントの「心理的」状態を評価しようとし，他の価値観のグループのメンバーの視点から，彼らがどのように見られているかを評価しようとした。
A．時には自分の人生によく適合し，またある時は多少先端を行っているように見た。
B．最高の社会的および/または経済的地位を求めたが，もちろんより高い地位とより多くのお金を持った他者が必ず存在する。結果，これらのインフォーマントは，「神経症」に見ら

れることもあった。この価値体系はステレオタイプ的に「激しい生存競争」のなかにいるように見られた。つまり、まるでねずみが何かを求めて輪車のなかで走り続けているように見えたのである。このグループのインフォーマントは、通常、一番多くのストレスを示し、心臓発作の数が最も多いという特徴がある。

C. 自分自身と集団に十分満足し、集団外の者との接触を最小限にしようとさえしているように見えた。彼らの集団外の者への反応は、しばしば「偏執症」の状態と誤解された。

満足度

ここで述べる最後のカテゴリーは、人生における選択について観察された満足度である。

A. 上に記したように、インフォーマントによりさまざまであった。職業を転々とし、結婚離婚をくり返す可能性がある。

B. ここで論じられている三つのタイプのなかで最も満足度が低いという性質を持っていた。

C. ガンスの研究期間中、相対的に高い満足度を持ち続けていた。

集合体のラベル

以下のラベルはぎこちない感じもするが、基礎をなす価値観の集合体を示唆するという長所がある。

A. Aレベル共通の価値観を持つインフォーマントを特徴づけるには、さまざまな方法がある。この研究で使われたラベルは、「個人」と「自己」の二つである。

B. これらのインフォーマントは「核」あるいは「核家族」とラベル付けできる。

C. これらのインフォーマントは「集団的価値観」あるいは「家

道徳の溝

　上述したBとCの例の間には，アンダーラインがある。このアンダーラインは，Cが多くの点で，他の価値観の集合体とは非常に異なっていることを示している。各価値観の集合体は社会にとって貴重なものであるが，どのグループのメンバーも他の文化の人々を自分たちとは異なるだけでなく，もしかすると不道徳だと見る傾向がある。例えば，AおよびBの人々は，いくつかの集団文化におけるより低い教育レベルを見て，そのメンバーたちを抑圧的だとか，社会のなかで人々が子どもを抑制しているとか，子どもたちに「権利」を与えていない（この判断がいかに破滅的なものかは前述のとおり）などと見るのである。例えば，教育者は公教育制度に対して，子どもたちがしたいことができて，行きたいところに行けるように，もっと教育に重点を置くよう願うであろう。集団的・家族的価値観のメンバーは，この教育目標を自分たちの集団を解散させようとする事柄のように考え，したがって集団外の人たちをまるで敵のように，まるで自分たちの文化から子どもたちを不道徳にも遠ざけようとしているかのように見るのである。

　この「道徳の溝」のどちらの側も，相手側をまるで不道徳であるかのように見てしまうのである。この溝は下の例が示すように深く憎悪に満ちたものになりうる。再び注目すべきことは，価値観はひとつとして，精神的な意味で，不道徳的なものはないということである。しかし，道徳の溝の各側が自分たち自身の価値観こそ正しく道徳的であり，相手側の価値観が間違いで不道徳で，ことによると邪悪でさえあると思い込むのである。

　最初の例は，私の大学の非常に聡明なヒスパニック系の女子学生に関するものである。大学は高校卒業者の上位2〜3％しか受け入れず，彼女は優秀な学生だった。大学4年生として私のクラスでガ

ンスの研究をしていた時，彼女は，私に次のような話をした。他の教授たちは皆，一つか二つ修士号を取りに有名大学へ進学し，それからアメリカの東北部か西海岸のどこかでトップ教授になるよう激励してくれていると。彼女は，ずっと望んできたことは二つ教育学の学位を取り，それから大多数がヒスパニックである故郷へ帰ることだと言った。彼女は故郷の学校地区の教育の質を改善し，地域のより多くの子どもたちに，高校を，できたら大学を出れば，彼ら自身で地域をもっと改善できるようになると説得したいのだと言った。教授のなかには，彼女が「将来を捨てた」ことに憤慨する者もいた。彼女は教授の90％が「個人」あるいは「核」の価値グループにいて，集団的価値観を持つ人々を理解できないだけなのだと実感した。彼女は後に，故郷の近くで教え始め，すぐに学校地区でも働き始めて，カリキュラム全体の作成を手伝っている。彼女は卒業以来ずっと自分の集団を助けている。

　第二の例は，アメリカ政府がスポンサーになっているナバホ保留地のための教員プロジェクトである。ナバホ族は最大のネイティブアメリカンの集団で，大部分はアリゾナ州に住んでおり，公教育における就学率は低い。政府のプログラムが資金を出して，夏にナバホの子どもたちを教えるために，アメリカ全土から経験を積んだ教員を集めた。全般的な目標は保留地の改善であった。私が面接した教員たちは，自分の目標はナバホの子どもたちが学位を取れるようにし，それから保留地よりも良い環境のなかで自力で職業に就くことができるようにすることだと述べた。この教員たちの目標は，まさにナバホ族の集団的価値観を否定するものであった。ナバホ族は，子どもたちを彼らの言語と文化的価値観のなかで教育することによって，その言語と文化を保持してきたのである。彼らの方法のなかには，しばしば部外者とナバホの子どもたちの接触を制限することもある。例えば，私の大学院の同僚の一人が，何十年もナバホの子どもたちの言語獲得に関する研究をしているが，彼女は一度も

実際にナバホの子どもたちと話をしたり，交わったりすることを許されたことがない。彼女は子どもの家族の一員（しばしば，おば）に言語学の訓練をしなければならず，その人が対面調査をして，私の同僚に報告する。彼女によれば，ナバホ族は，子どもたちが誰であってもよそ者と交わる前に，自分たちの言語と文化のなかで完全に文化化してもらいたいと思っているようだ。このプロセスに従うことにより，彼らは集団の結びつきを強め，ナバホの若者が保留地や集団から出て行くチャンスをほとんどの場合排除している。ナバホ族が最大の人口数であるのはもとより，アメリカでどのネイティブアメリカンよりも保留率が高いと知っても驚くにあたらない。

　上に述べたような，言語使用の底流，あるいは背後にある基本的な文化的価値観のもう一つの例が，アメリカ合衆国の最北西部にあるワシントン州のマカー保留地での面接時に起きた。三人の大学生が，数百万ドルかけた彼らの新しい文化センターで私に語ってくれたのだが，そこには，残存している三人の年配の一言語話者からマカー語を習うために子どもたちが通ってきていた。一人の10代の元学生は，大学には入ったが，保留地から離れていることに耐えられず，さっさと退学してしまったと言った。大学はハイウェイをたった20〜30分車で走ったところにあるということを知って私は驚いた。自分の文化的背景から切り離されているという彼女の感覚は保留地の端を出たところから始まり，大学はメーン州かフロリダ州にあるのと同じであったのかもしれない。

　集団から離れることに反発している集団的価値観の人物の最後の例は，文化間の誤解の理由の一つを示唆している。強い集団的価値観のメンバーたちの大部分は—軍隊にいる時は別として—自分の先祖の国，つまり自分自身の背景となる人々のいる国へ旅行する以外は，他の国へ行かない傾向がある。その外国においてさえも，彼らはその国の人々ともほとんど交わらない可能性がある。こういった理由から，これら他の国の人々は，自己・個人あるいは各価値観を

持つ旅行者と出会い、交流するチャンスの方がはるかに多いのである。後者二つのグループだけに会うということは、当然、相手の文化を個人主義としてステレオタイプ化する結果になる。逆に、ある集団文化のメンバーが、海外で、自分自身の集団のメンバーと極力交わりがちな時、その国の文化の人々は外国の集団的価値観のメンバーに対して、よそよそしい、地元文化に興味を持たない、などのステレオタイプを持ちがちである。いずれの場合も、それが生じた時、異文化間コミュニケーションは決して成功しないだろう。

ある民族または宗教の人々が、あたかも全員が集団的価値観のカテゴリーであるかのように教科書のなかで論じられる時にも、似たような問題が生じる。合衆国の南西部には何千万というヒスパニック系アメリカ人がおり、先に述べた三つのカテゴリーに十分に分散している。テキサス州サンアントニオ市におけるわれわれの面接調査(Hoffer, 1980)で、2世代だけで三つのカテゴリーすべてにあてはまる家族をいくつか発見した。同じような一般的パターンは、ブラックアメリカンにも当てはまるように思われる。

文化の一般性と文化のステレオタイプの要約

異文化間コミュニケーション学の上級レベルでは、学習者は同一文化内の言語を使用している異なる社会的集団について、さらに学ぶ必要がある。例えば、シカゴのような都市には約200の異なる人々の集団があって、ある程度先祖の故郷の言語と文化的価値観を保持している。ほとんどのヨーロッパの主要な国々を代表する集団に加え、アジア、中東、アフリカのそれぞれの文化的価値観のいくつか、あるいはすべてを保持している集団がある。これらの集団のなかには、かなり規模が大きく、シカゴの政治生命に影響力を持つことによって、その歴史と社会生活に影響力を与えているものもある。

[第1部] 異文化間コミュニケーションの課題と展望

4. コンテクストとスタイルとレジスター

より高度な研究へ

　前セクションのコミュニケーションの状況説明に関する研究は，よりよい異文化間コミュニケーションと理解への第一歩であった。次のステップは基本のレベルを超えて，より高度な研究へ発展させることである。前セクションでは，すべての言語や国において，コミュニケーション・パターンやその異文化間コミュニケーションへのかかわりがまるで一枚岩であるかのように扱われる状況を示した。通常，文化のコミュニケーション・パターンは，高文脈（high-context）コミュニケーションから，低文脈（low-context）コミュニケーションまでの連続体に沿って見られる。異文化間コミュニケーション能力が上級の学習者には，ターゲット言語の変種について，より高度な考えが必要である。大きな話者集団はどの集団も，種々の状況で使用する一連の言語の変種を持っている。高文脈・低文脈のコミュニケーション・パターンの基本的分析に関する短いセクションの後で，これらの重要な言語変種について，二つのことを論じる。方言（話し言葉の地域差）のようなよく知られた差異は，異文化間コミュニケーションとの関連で十分研究されていると思われるので取り扱わない（ただし Hoffer, 2003 参照）。論じる二つの重要なトピックは，言語のスタイルとレジスターである。

コンテクスト（文脈）と文化

　異文化間コミュニケーションの本に含まれるトピックの一つは，コミュニケーションに与える文脈の影響である。ホール（1959, 1976）はこのトピックに関する多数の論文を書き，教科書の素材の基礎になっている。彼はことばによるコミュニケーションの部分とそれ以外のコミュニケーションの部分との割合を取り扱った。ある

文化では，通常，コミュニケーションのなかに，メッセージ全体を理解するのに必要な情報をすべて含むことがある。例えば，ビジネスレターには日付，書き手，受信人，両者の住所，トピックの特定指示などすべてが含まれる。この最も徹底したタイプのコミュニケーションでは，産出されることばのなかにすべての情報が含まれているので，低文脈コミュニケーションである。この連続体の正反対は高文脈コミュニケーションであり，そこでは状況，共有する知識，共有する背景などがメッセージの最大量を与えている。通例，アメリカのような西洋諸国は低文脈に分類され，日本などの東洋諸国は高文脈に分類される。他の言い方をすれば，直接的（西洋）と間接的（東洋）ということになる。この分析に従えば，東洋人は西洋人の方がはるかにより直接的だと思うはずであるし，西洋人は東洋人の方がより間接的だと思うはずである。

　高文脈文化から低文脈文化の連続体の一つのモデルをここに表しておこう (Samovar & Porter, 1991:235)。サモヴァーとポーター (1991) は高文脈文化においては，話し手は文脈から明白なことは話す必要がないことを強調している。彼らは，高文脈文化と低文脈文化がコミュニケーション設定に影響を与えるプロセスの四つの重要な違いを述べている。

　　一番目に，ことばによるメッセージは低文脈文化においてはきわめて重要であり，共有される情報はことばによるメッセージのなかで表現される。低文脈文化の人々は情報獲得のために状況を理解するという方法を習得する傾向にないので，この情報は状況から容易に得られない。
　　二番目に，高文脈文化の人々は，情報のために何よりもまずことばによるメッセージに頼る低文脈の人々を，魅力がないとか，信用できないと解釈する。
　　三番目に，高文脈文化の人々の方がノンバーバル行動を読み取

[第1部] 異文化間コミュニケーションの課題と展望

高文脈文化

```
日本人
アラブ人
ギリシャ人
スペイン人
イタリア人
イギリス人
フランス人
アメリカ人
北欧人
ドイツ人
ドイツ系スイス人
```

低文脈文化

り，状況を読み取ることに優れている。

　四番目に，高文脈文化の人々は相手にも曖昧なコミュニケーションが理解できることを期待する。したがって，彼らは低文脈文化の人々ほど多く話さない (pp. 234-235)。

いろいろな国のコミュニケーションにおけるこのような基本的な違いを理解する第一ステップとして，上述の情報は役に立つ。しかし，この第一ステップを超えて文化をさらに深く分析し，特にその分析結果を教科書や教室で利用することには困難がある。上に述べた四つの点に関するいくつかのコメントを次に述べよう。

　二番目の点は，ここで紹介されているような違いに関して適切な教育をすることで，ある程度克服できる。

　三番目の点は，高文脈文化内ではその通りであろうが，重大な問題は，高文脈の話者が異なる背景の人，それも異なる高文脈文化出

身者と交流している時に生じる。エクマンのノンバーバル行動に関する多くの論文（1972; Ekman & Hoffer, 2005）は，数十年にわたり，人々は文化の境界線を渡ってノンバーバル行動を読み取ることは難しいことを論証してきた。時には彼らの読み取りはノンバーバル・メッセージを見落とし，時には誤解し，また時には完全に間違っていた（Hoffer, 1985, 1988）。

四番目の点もまた，経験の浅い人たちにとっては正しいことかもしれないが，教科書や授業やこのトピックに関する他の出版物が目標とすべきは，まさにこの状況を改善することなのである。高・低文脈コミュニケーションの違いのために生じる問題の大部分は，異文化間コミュニケーションに関するさまざまな文章や指導プログラムに導入されてきた。他文化の人々と交流することを期待する人たちは，そのための最も良い方法を学ぼうとするあまり，教材を読んだり見たりしすぎている。この四番目の点は非常に重要な問題を含んでいる。本人の文化的背景に関係なく，別の文化の非メンバーとしてコミュニケーションするための適切なコミュニケーション・スキルを習得していれば，その人はより効果的にコミュニケーションできるのである。言い換えれば，異文化間コミュニケーションの規範にはしばしば他文化の勉強が含まれるが，主たる目標は，特定の文化と文化，もしくは時間が短ければ，特定の文化のタイプとタイプ，の間で最も適切に作用する異文化間コミュニケーション・パターンのセットの学習なのである。

上の一番目の点は，高文脈の人物がいかにメッセージの一部として文脈を使用する可能性があるかということを示唆しているが，その人が自分の文化の外にいる時，あるいは両方のコミュニケーターが自分の文化的背景の外にいる時に生じる問題を忘れている。前述したように，目標は文脈に関係なく文化間でコミュニケーションするためのコミュニケーション・スキルを習得することである。高文脈の人と交流する低文脈の人が，相手の文化の高文脈コミュニケー

ションに含まれる文化的および他の要素すべてを何とかして習得すべきだと考えるとすれば、かなり認識が甘い。低文脈の人が、高文脈の人が持つすべての文化的、環境的要素を習得することは不可能である。高文脈文化の人にとって、より明示的になろうとすることは気が進まないことであろうが、それは、学習次第で可能なのである。

スタイル（文体）

　話し手の主な言語差異を取り扱う際の最初のトピックは、スタイルである。言語のスタイルに関する以前の研究では、スタイルということばはある文脈における差異を表すのに用いられた。ジョウス（1961）はこのトピックに関する重要な研究の一つにおいて、言語スタイルの五通りの区別を説明した。最も制限の強いスタイルから最もそうでないものまで、彼の五通りの区別は、凍結型（frozen style）、形式型（formal style）、助言型（consultative style）、略式型（casual style）、親密型（intimate style）であった。

　彼は助言型のスタイルから説明を始めている。助言型の典型的な二つの特徴は、(1)話し手は背景となる情報を与え、それがなくては自分は理解されないだろうと思う。(2)会話の聞き手は連続的に会話に参加する。彼は次のように述べている（p.23）。

> これら二つの特徴の故に、助言型は初対面の人—われわれの言語を話すがその人の個人的情報の持ち合わせは異なるかもしれない人々—と話すための規範である。

このスタイルは、低文脈コミュニケーションとほとんど同義語であり（Hall, 1959, 1976）、そのなかにはコミュニケーションを理解するのに必要なものがすべて存在する。しかし、それは人がさまざまな会話の進行中に用いるいくつかのスタイルの一つに過ぎない。注目したいのは、ジョーズは、このスタイルは文化内であろうと異文

化間であろうと，初対面の人であれば誰にでも使用すると指摘していることである。

略式型は友人，知り合い，内部の者，そして時には初対面の人と話す時に使用されるスタイルである。初対面の人にこれを使う時，このスタイルは「単に内部の者として扱うことによって，その人を内部者にするのにする」（p. 23）のである。このスタイルは一部高文脈コミュニケーションと重なるところがあり，このスタイルによるコミュニケーションのかなりの部分が状況，背景，話題などに内在する。略式型は，背景となる情報をすべて与えるわけではなく，省略と俗語・スラングなどを使用する。省略とは文脈から明らかな語句を省くことである。例えば，"Are you going?" は，略式型では "You going?" と発話される。スラングについてはジョウスは次のように定義している。

> 広く現用されるが，たいてい短命なことば（特に新語や短縮語），特別の意味で使用されることば，こじつけで風変わりでグロテスクな意味を持っていたり，奇抜でとっぴなユーモアや思いつきを示す語句（通常，隠喩あるいは直喩）から成ることばづかい（p. 24）。

ある地域のアメリカ人のスラングが，別の地域のアメリカ人のスラングとまったく異なることもある。そのため，英語話者であっても，合衆国の他の地域からやってきた者には，聞こえてくるスラングの一部または全体を理解できないことがある。ノンネイティブ・スピーカーがスラングを理解するには，特別の訓練が必要である。ノンネイティブに対して略式型を使用するアメリカ人は，打ち解けて，そのノンネイティブを会話のなかに入れようとしているのであるが，やはりスラングや略式型の他の要素のために，ノンネイティブには理解できないことがよくある。ノンネイティブの学生が遭遇する可能性のあるカレッジ・スラング（Eble, 1989）の例を表1で

いくつか紹介しよう。

　助言型も略式型も，口語（colloquial）スタイルの下に分類される。両方とも日常，一般大衆が行なっているやりとりの一部である。親密型は公的情報を「除外する」(p.29)。このスタイルは聞き手に外部の情報を与えることを避けるのである。また，非常に小さな集団，すなわち多くの場合二人，あるいは小家族や友達グループのなかだけで使用される。興味深いことに，男子学生も外国人学生にこの親密型を使用する場合があるが，それは彼らが外国人学生と知り合うようになり，外国人学生に仲間の一員と感じてほしいと願うためである。以下で明らかになるように，ノンネイティブにはこのレベルのスタイルを理解する機会はほとんどない。このスタイルの使用は限られているので，外国人学生がアメリカでこのように話しかけられれば敬意の証だというとを除けば，これについて多くを教える理由はない。

　親密型は，抽出（extraction）と専門語（jargon）が特徴である(p.29)。ジョウスは発話を聞き手が理解する最小レベルまで短くしている。一般的な例で言うと，略式型では"I don't know"は"don't know"になるが，親密型では口を閉じて母音を連続して発音する形―ほとんどハミング―になるが，イントネーションは"I don't know"に従ったものとなる。表2の例は最小レベルまで短縮した文やフレーズである。注目したいのは，特に男性の間で

表1

例	意　　味
To rag on	叱責する，侮辱する
Spaz	不器用な人（'spastic'＝「どじなやつ」から）
M. L. A.	熱烈なキス（<u>M</u>assive <u>L</u>ip <u>A</u>ction から）
To bogart	不当な分け前を取る
Scoopage	デートの相手となるかもしれない人

は，この親密型はきずな造りの一環であり，ノンネイティブに対して使用される場合は，上述したように，そのノンネイティブを小集団に入れようとする意図があるということである。

　もう一つの例は，高文脈スタイルに関連するものである。非常に親しい友人や家族が何日か，何週間か，あるいは何ヶ月かを経て再び会話を始めると，その会話はまるで前からずっと続いていたかのようである。かつて私の兄弟が数ヶ月おいて電話をかけてきたが，その会話を"Well?"「どう？」で始めた。私の"Not so good."「あんまりよくないね」は正しい返事であった。なぜなら，彼は以前に私が新しい難しいゴルフコースを試すつもりだと語ったことを言っていたからである。このやり取りは単に高文脈というよりは最大限の文脈会話の例である。

　ジョウスはこのような唐突にも聞こえる表現法は無作法ではなく，むしろ「聞き手を親密な集団の一員だと想定しているという意味で聞き手に最高の敬意を」(p.29) 払うものだと強調している。

　専門用語は専門的職業などの特殊な語彙であるが，親密型の専門用語とは，親密集団内だけで通用する意味で使用される語彙のことを言う。スラングが短命ならば，集団の専門語は「その集団の永遠の言語変種」(p.38) である。例えば，お互い何年も別れ別れになっていて出会った大学の旧友たちは，おそらくすぐに20年，30年，40年前の専門用語を伴った親密型に入ることができるだろう。

表2

例	意　　味
chichet?	Did you eat yet?
nchago?	Why don't you go?
skwaut	Let's go out (and play or eat or so on).
skweet/sgweet	Let's go eat.
sup (bro)?	What's up bro ?("brother" の短縮形)

形式型が助言型と異なるのは，形式型は聞き手・受信人による参加を無視するのに対して，助言型は聞き手を必要とするという点である。ビジネスレターがこのスタイルのよい例である。ビジネスレターは普通，理解するのに必要なすべての情報を含む。英語を話す国々では，初対面どうしの会話はたいてい形式型で始まるが，普通はフォーマルな紹介までで，次には助言型に代わる。もし会ったばかりの二人に共通の仲の良い友人がいるとか，同じ高校に通っていたことが分かると，少なくとも部分的に略式型に移る場合もある。初対面の人々が，形式型から助言型へ，そして略式型へと1分もたたないうちに移るのを見るのは珍しいことではない。

　凍結型は，印刷物や非常にフォーマルな場合のスピーチのみに使用されるスタイルである。例えば，大きな改まった集まりでは，たいてい話し手がマイクロフォンに向かって"Ladies and Gentlemen…"で始めるのを聞くであろう。凍結型とある程度の形式型は，普通，言語の勉強の最初の1，2年時に導入されるスタイルである。印刷物やフォーマルな場合の異文化間コミュニケーションのためには，これら二つのスタイルが適している。したがって言語の学習の全プログラムのうち，初期の段階でこの二つのスタイルが教えられることはまったく妥当なことである。本人が直接行う異文化間コミュニケーションのためには，助言型か少なくともその主要な特徴が，次の段階の言語教育で教えられるべきである。そうすれば学習者はターゲット文化のメンバーとの交流に備えることができる。適切な場合には，略式型にいくらか注目するのも上級の学習者には役立つであろう。

レジスター

　ジョウスのコミュニケーション・パターンのいくつかの基本的なタイプの分析は，個人間コミュニケーションと異文化間コミュニケーションの，より精緻な分析を発展させるためのよい基礎となる。

より精緻な分析は，異文化間コミュニケーションの上級学習者のための教科書やトレーニングプログラムを構成するのに役立つであろう。ジョウスの五つのスタイルのセットは，ノンネイティブの上級学習者が，やがてネイティブの環境のなかで遭遇するであろう言語パターンの変種への基本的なアプローチの一つである。こうした変種の研究へのより精緻なアプローチの一つをレジスター（register, 言語使用域）の研究と呼んでいる。

レジスターは特定の環境において，特定の人物および／または特定の目的のために使用される変種である。レジスターは使用者（社会的背景，国の地域，性別，教育レベルなど）と，使用目的（情報，指図，ユーモア，好意的なからかいなど）と，聞き手（権威の具現者，聖職者，家族，友人，仕事仲間，初対面の人など）によって変わる変種である。話し手は，さまざまな時に，さまざまな人と，さまざまな状況で選択することのできる広範なレジスターを発展させている（Halliday, 1964; Halliday, McIntosh, & Strevens, 1978）。

ハリディ（1964）はレジスターを決定する三つの変数を明らかにしている。フィールド（主題つまりトピック），テナー（当事者とその人間の関係），モード（コミュニケーションの伝達経路，例えば話し言葉か書き言葉か）である。言語の要素，すなわち語彙，統語論，音韻論，語形論，語用論の規則や，声の高低，声量，声の抑揚など種々のノンバーバル的特徴は，レジスターが異なれば変わるであろう。実際に言語のすべての話し手によって使用されるすべてのレジスターを調査したとしたら，使用されるレジスターは無数になる。専門的用法におけるレジスターの定義は異なるが，以上にあげたレジスターの要素は共通であることも注目に値しよう。

これから述べる五つの例は，英語話者の話を聞いた時にわかるレジスターの領域を示すものである。最初の例は次のようなものである。私の妻が電話に出て二言三言やりとりするうちに，彼女の母音がニューヨークのブルックリンアクセントの徴候を少々帯び始め

ると、彼女が彼女の姉と話しているのだと、私には分かるのである。私たちは50年以上も前にテキサスに引っ越してきたのであるが、彼女たちが話すと、少しだけ生まれ育ったときの話し言葉に戻るのである。同じように、妻は息子、親友などに対してもレジスターを変える。

　二番目の例は、レジスターを扱う授業に関わるものである。学生のなかには、彼らが使用するレジスターをハリディの用語を使って13も織別する者もいる。彼らはまたルームメイトが電話の相手の何人かを、そのルームメイトのノンバーバル行動だけで確認できたと述べている。

　三番目の例は、言語学専攻のヒスパニックの大学院生に関わるものである。彼は何年もテキサス州サンアントニオ市の大司教パトリック・フローレスの経歴を調査していた。フローレスは、アメリカ各地を移動しながら農場で働く移動労働者の家族と、スペイン語だけを話して成長した。彼は学校で英語を学び、後にカトリック神学校へ入り司祭になり、やがて大司祭になった。彼は司祭としてさまざまな教会区に配属されて、あらゆるタイプの人々とコミュニケーションすることを学んだ。この大学院生は次のように書き留めている。フローレスは、アメリカの数え切れない大成功をおさめているヒスパニックと同様に、完全な（つまり形式型の）英語とスペイン語を話すことができ、口語体の（つまり助言型と略式型の）英語とスペイン語を話すことができ、多少異なる極めて略式の（つまり親密型に近い）英語かスペイン語の変種を使うさまざまな英語やスペイン語集団と話すことができる。フローレスの日常言語使用を細かく観察すれば、ほぼ確実に両言語で10以上のレジスターを見つけられたはずである。

　四番目の例は、上級の異文化間コミュニケーションの学習者にとって最も適切な例である。この例はフローレスや、実際に第一言語の後に第二言語を何年か学ぶ成人の、もう一つの特徴に言及するこ

となる。フローレスが疲れている時や感情を込めて話している時、英語はスペイン語の影響を留めていた。例えば、英語音の"h"（"h"はスペイン語のアルファベットに存在するが、スペイン語の発音にはない）はアルファベットの"j"で表されるスペイン語音に変わってしまった。彼が疲れていないことが明らかな時には、人々は彼の英語の"j"音の使用は、彼が自分の話題について深く感じ入り、心から自己表現をしていることを意味するのだと理解したのである。

　五番目の例は、実際の例ではなく小説からの例である。この例は述べたばかりのレジスターの一側面の本質をとらえている。これは小説 *Fail Safe*（1962年）からの例であるが、この小説は出版の2、3年後に映画化され、大成功した[5]。小説では、アメリカのフェイルセーフ（絶対確実な）・システムが失敗する。このシステムは誤作動や誤操作による核攻撃の開始を防止するために設計されたものだったが、回収できなかったものがロシアに向かって発射されてしまう。兵器がモスクワに近づくにつれ大西洋の両サイドで緊張が高まる。危機的段階でロシアの大統領がアメリカの大統領に電話をし、話をする。大統領の脇には、バックという名前の高度な訓練を受けた同時通訳者がいる。バックはこの会話中、クルシチョフの声の何か違ったものを感じ取る。クルシチョフはいつもと違った声で話し、「各文を妙に陽気な声で」（Burdick, p. 213）終わらせるのである。少し文が続いた後クルシチョフはうめいた。それから奇妙にも人が変わったように彼はため息をついた。即座にバックの頭のなかですべて納得がいった…声の抑揚などはどうでもよかった。音声と言葉と何か胸の奥底にあるものの問題であった（p. 214）。

バックは大統領に、このことばは深い悲しみから出ており、その悲しみはあまりにも深く、「絶望に近い」（p. 215）ことを教える。数分の会話後、「バックはいくつかの抑揚と、微妙な性癖と、とらえ

どころのない意味に当惑した。クルシチョフのことばは前と同じように皮肉っぽく重厚であったが，その話しぶりは理解しがたいものだった。」バックはクルシチョフのことばにある，そのほかのあらゆる特徴を考慮し，徹底した言語訓練中の経験を思い出し，大統領にこう伝えた。クルシチョフは核兵器とその搭載戦闘機を迎撃する自分の能力と，報復時に取らなければならない行動についてほぼ絶望している，と。大統領は，ロシア大統領の思うとおり核破壊を制限するという行動に出るのである。

　迫りくる核の大惨事，張りつめた会話，バックのほとんど潜在意識下にあるメッセージの読み取りが，優れたドラマ作りに貢献している。そのロシア人の話し方の微妙なレジスターの変化を理解するバックの能力が，核大破壊を制限する鍵となっている。この状況は異文化間コミュニケーション能力の最高の段階の一つを例証している。バックは非ロシア人として学んだ自分の言語スキルを使って，ことばの裏に潜んだ意味とクルシチョフが到達したと思われる結論を悟るからである。ロシア人のレジスターを使いこなせるバックの能力が，大統領に極めて重要な決心をさせることになったのである。

コンテクスト，スタイル，レジスターの要約

　異文化間コミュニケーション能力の最上級レベルでは，学習者はターゲット言語の，きわめて重要で微妙な特徴を認識し，理解することを学ぶ。こうしたスタイルやレジスターなどの特徴は，往々にして，ユーモア，からかい，皮肉，あてこすり，悲しみ，驚き，警戒，強烈，その他多くの状態を意味する。他の文化の人々とコミュニケーションする際に，基礎，あるいは中級レベルの理解を得られればよいという学習者には，このようなより高度なレベルは必要ではない。他の文化の人々とじかに関わることが要求される職業に進むつもりの学習者は，この高度なレベルをたびたび用いることにな

1　多文化世界の異文化間コミュニケーション学

る。

5. 結論

　二つの文化が出会うと，文化と言語に避けられない摩擦が生じる。二つの文化が一つの言語を共有している時でさえ，それぞれの言語は，他方の文化にとっては異なる文化的価値観のなかに置かれている。第三千年紀になって，世界中の文化間でほとんど瞬時にコミュニケーションが行われるようになると，ミスコミュニケーションも同じくあっという間のできごとになるかもしれない。異文化間コミュニケーション・プログラムの目標の一つは，このますます相互依存の高まる世界で，よりよい文化間のコミュニケーションをめざすことである。

　異文化間コミュニケーション学の基礎は言語と文化であり，後者には歴史，宗教，社会構造の発達などの社会科学が含まれる。文化の研究では，文化を構成するこれらの要素をさらに深く徹底的に研究しなければならない。それぞれの研究に関する大学のプログラムの長さはしばしば3年もしくは4年である。言語に関する大学のプログラムの長さは4年である。異文化間コミュニケーションに関しては，文化の学生は言語の文化に関する科目のプログラムをすべて履修するわけではなく，言語の学生は文化を扱う社会科学のすべての科目を学ぶわけでもないだろう。

　言語と文化のプログラムの質を向上させる一つの方法は，言語に関する四段階のプログラムのモデルである。文法や一般的な語彙の基本的なプログラムを終えた第二段階では，文化語彙の研究を始めるのがよい。これは文化の最も深い価値観を伴う語彙の文化的，意味的コンテクストの全領域を学習するものである。本章では，アメリカ英語の例として，「リバティ」や「権利」などの語彙を挙げた。本書の第9章に示された，多くの東洋の国々で理解されている

"face"(面子)もその一例である。

　第三段階は，学習者のターゲット文化について，その複雑さの理解を伸ばすことである。学習者は，一つの文化内には多くの種々さまざまな下位集団があり，こうした下位集団は深く根ざした価値観によって定義されることを学ぶ。おそらく，前の段階では，このことについてそれほど深く学ばなかったであろう。学習者は，その文化内と下位集団間のさまざまなコミュニケーション・パターンを学び，そして異文化間コミュニケーションのためにさらに重要なこととして，ターゲット文化の非メンバーは，さまざまな下位集団のそれぞれとコミュニケーションするための最善の方法を学ぶ。

　第四段階は，ターゲット文化と関わることになる職業に就く学習者のためのものである。学習者の言語の熟達度が高くなるにつれ，ターゲット言語のスタイル，レジスターなどを理解することが期待される。ユーモアや皮肉，スタイルあるいはレジスターの切り替えやその原因などを明確に理解することが求められるのである。これらのさまざまな高度な特徴についての認識と理解の欠如によって生じるミスコミュニケーションは，政府レベルあるいは国際ビジネスレベルにおいては非常に深刻である。第四段階の情報は，ターゲット文化の学生に混じって生活し彼らと日常的に関わるような留学計画を立てている学習者にとっても有益である。

　このようなプログラムの修了生たちは，十分なトレーニングを受け，知識を得て，異文化間コミュニケーション能力の上級段階に到達するであろう。第三千年紀はますます高まる国家間と文化間の相互依存を見ることになるのであろうが，修了生たちはさらに有効なコミュニケーションの開発とそれを理解するプロセスを作る一助となるに違いない。

（橋本弘子　訳）

―― 注 ――

(1) *The Federalist Papers*。A. Hamilton, J. Madson, J. Jay によって 1787〜1788 に出版された論文集。米国憲法の分析とその採択を論じた 85 の論文からなる。
(2) St. Augustine of Hippo (354-430)。初期キリスト教最大の教父で，Hippo の司教(396-430)。祝日 8 月 28 日。
(3) (c.1225-74) イタリアの神学者で，スコラ哲学の大成者。イタリア名 Tommaso d'Aquino。
(4) Martin Luther King Day。誕生日は 1 月 15 日であるが，同月の第 3 月曜日を休日とし，多くの州がこれに従う。
(5) 映画の邦題は『未知への飛行』。

【参考文献】

Burdick, E., & Wheeler, H. (1962). *Fail Safe*. New York, NY: Dell Publishing.

Eble, C. (1989). *College Slang 101*. Georgetown, CT: Spectacle Lane Press.

Ekman, P. (1972). *Emotion in the Human Face*. New York, NY: Cambridge University Press.

Ekman, P., & Hoffer, B. (2005). Nonverbal communication. In B. Hoffer (Ed.), *An Introduction to the Study of Language* (pp. 171-179). San Antonio TX: Trinity University.

Gans, H. (1962). *The Urban Villagers; group and class in the life of Italian-Americans*. Glencoe, NY: Free Press.

Hall, E. (1959). *The Silent Language*. Garden City, NY: Doubleday & Company.

Hall, E. (1976). *Beyond Culture*. Garden City, NY: Anchor Press.

Halliday, M. A. K. (1978). *Language as Social Semiotic: the social interpretation of language and meaning*. London: Edward

Arnold.

Halliday, M. A. K., McIntosh, A., & Strevens, P. (1964). *The Linguistic Sciences and Language Teaching*. London: Longmans.

Hoffer, B. (1980). Class by value system: implications for bilingual education. In E. Blansitt & R. Teschner (Eds.), *Festschrift for Jacob Ornstein: Studies in General Linguistics and Sociolinguistics*. Rowley, MA: Newbury House Publishers.

Hoffer, B. (1985). (Mis-) communication in (cross-) cultural (mis-) understanding. In R. Brunt & W. Enninger (Eds.), *Interdisciplinary Perspectives at Cross-Cultural Communication*. Aachen, Germany: RaderVerlag.

Hoffer, B. (1998). (Mis-) communication across cultures: East and West. In B. Hoffer & H. Koo (Eds.), *Cross-Cultural Communication East and West in the 90's* (pp. 1-5). San Antonio, TX: Institute for Cross-Cultural Research.

Hoffer, B. (2003). *Intercultural translation: a retrospective. Intercultural Communication Studies, 13*(3), 92-116.

Hoffer, B., & Honna, N. (Eds.). (in preparation). *A Dictionary of American Culture*.

Hofstede, G. (1980). *Culture's Consequences: International Differences in Work-Related Values*. Beverly Hills, CA: Sage Publishing.

Honna, N., & Hoffer, B. (Eds.). (1986). *An English Dictionary of Japanese Culture*. Tokyo, Japan: Yuuhikaku Publishing.

Honna, N., & Hoffer, B. (Eds.). (1989). *An English Dictionary of Japanese Ways of Thinking*. Tokyo, Japan: Yuuhikaku Publishing.

Joos, M. (1961). *The Five Clocks*. New York, NY: Harcourt,

Brace, & World.

King, M. L., Jr. (1963). Letter from a Birmingham Jail. April 16.

Kotani, M. (1994). Ways of arguing in two cultures: A case analysis of a negotiation between Japanese and American business professionals. *Intercultural Communication Studies, IV* (1), 83-102.

Lewis, B. (2006). Freedom and justice in Islam. *Imprimis, 35* (9), 1-2.

Nakane, C. (1970/1972). *Japanese Society*. Los Angeles, CA; University of California Press.

Samovar, L., & Porter, R. (1991). *Communication between Cultures*. Belmont, CA: Wadsworth Publishing Company.

Wiseman, R., Sanders, J., Congalton, J., Gass, R., Sueda, K., & Ruiqing, D. (2007). A Cross-Cultural Analysis of Compliance Gaining: China, Japan, and the United States. Tokyo, Japan: Sanshusha Publishing. In this volume.

❷ 英語の多文化化と異文化間リテラシー

異変種間相互理解不全問題の克服を目指して

本名 信行

1. はじめに

　21世紀は，民族・文化・言語の異なるものどうしが出会い，交流し，協働する機会が地球的規模で広がり，そのような営みは各国社会のさまざまなレベルで行われるものと予想される。そこで，地球市民にとって，異文化間理解とコミュニケーションは最も重要な課題となる。英語は現在，多国間，多文化間交流を可能にする国際共通言語として，大きな役割をはたしている。

　英語の普及は，アメリカ人やイギリス人の英語がそのままの形で世界中に広がったものではない。世界各地の人々は英語を学習するなかで，それぞれの言語文化を英語に取り込んで，独自の英語変種を創造したのである。英語の国際的普及は英語文化の一様化をもたらしたのではなく，多様化をもたらしたのである。普及は変容を呼ぶからである。

　しかし，英語が獲得したこの文化的多様性は，新しい問題を生む。それは，英語の多様な変種が発生すると，違う変種の話し手どうしで相互理解がうまくいかなくなるという懸念である。しかも，その多様性に対処する方策は，従来の同化順応主義では間に合わな

くなっている。本論では，このテーマに焦点をあて，多様性のマネジメントを考察する。

2. 英語の普及と変容

現代英語は二つの特徴を持っている。一つは，英語の国際的普及である。このために，英語の話し手はネイティブ・スピーカーよりも，ノンネイティブ・スピーカーのほうがずっと多くなっている。そして，ノンネイティブはネイティブとよりも他のノンネイティブと英語を使うことが多くなっている。これは英語運用の世界的現実である。

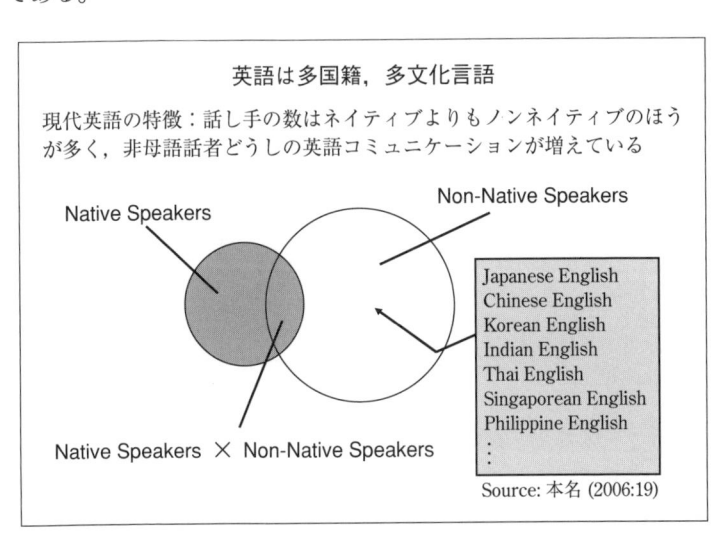

英語は多国籍，多文化言語

現代英語の特徴：話し手の数はネイティブよりもノンネイティブのほうが多く，非母語話者どうしの英語コミュニケーションが増えている

Native Speakers

Non-Native Speakers

Japanese English
Chinese English
Korean English
Indian English
Thai English
Singaporean English
Philippine English
⋮

Native Speakers × Non-Native Speakers

Source: 本名 (2006:19)

もう一つは，英語の多様化である。非母語話者は独自の言語文化を基礎として，英語の新しい機能と構造を開発している。これは発音のみならず，語彙，統語，そして語用論やレトリックのレベルに

まで及んでいる。専門家はこのような展開を示す現代英語を，世界諸英語（world Englishes）と呼ぶ。英語はもはや単数ではなく，複数で考える言語なのである。

アジア諸国を例にとると，各国は英語を国内言語，あるいは国際言語と認識して，英語教育に力を入れている。注目すべきことは，英語教育を小学校から開始していることである。インド，シンガポール，フィリピンなどの英語公用語国ではずっと以前からそうであったが，最近ではタイ，インドネシア，中国，台湾，韓国などの英語国際語国でもそうするようになっている。

興味深いことに，英語を公用語としているところでは，英語教育が成功し，人々が英語を話すようになると，どこでも独自の変種が発達する。それは現地の言語文化を反映したものであり，さらに現地の人々が操作しやすいパターンの最大公約数といったものでもある。特に，多民族多言語社会で英語が国民統合や国民意識の高揚などの役割をはたすとなると，この傾向に拍車がかかる（本名, 2002:7）。

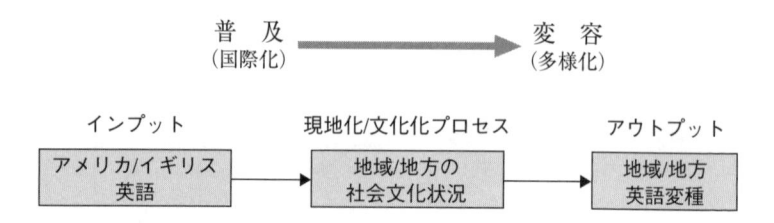

```
  普 及    ────────▶    変 容
 (国際化)                  (多様化)
```

インプット	現地化/文化化プロセス	アウトプット
アメリカ/イギリス英語	地域/地方の社会文化状況	地域/地方英語変種

このことは普及と変容の関係を考えれば，よくわかるだろう。ものごとが普及するためには，適応が求められる。インドのマクドナルド店にはビーフバーガーはない。その代わりに，人々はおいしいチキンバーガーやマトンバーガーをほおばっている。ことばもこれと似ており，英語が世界に広まれば，世界に多様な英語が発生する。

従来，共通語には「画一，一様」というイメージがつきまとって

いた。しかし，よく考えてみると，多様な言語でなければ，共通語の機能をはたせない。アメリカ英語を唯一の規範とすれば，英語は「国際言語」として発達しないだろう。だから，母語話者も非母語話者もお互いに，いろいろな英語の違いを認め合う，寛容な態度が求められる。

3. アジアの事例から

英語は今や，アジアの言語である。英語はアジアの政治，経済，貿易，観光，留学などの分野で重要な役割をはたしている。そして，人びとの英語への関心はますます強まっている。アジアの人々はそれぞれ独自の言語文化のなかで英語を使う。ただし，アジア諸国の言語文化は類似するところが多く，アジア人らしい英語表現も生まれている。

アジア（東洋）では，face（面子）は respect（敬意），prestige（名声），pride（誇り），honor（名誉），identity（自己）などを表す概念として，広くいきわたっている。また，face（面子）は中国語から一般英語に入っている。それは lose face（面目を失う）と save（＝gain）face（面目を保つ）の二つの言い方である。

『ロングマン現代総合英英辞典』(1992) は次のような例を挙げている。

> He was afraid of failure because he didn't want to lose face with his colleagues.（同僚の顔を潰すことになるので，失敗を恐れた。）England saved (their) face by getting a goal in the last minute to draw the match.（イングランドは最後の1分でゴールを決め，引き分けに持ち込み，やっとのことで面目を保った。）

しかし，アジアはこの概念の起源であるので，面子表現は当然の

[第1部] 異文化間コミュニケーションの課題と展望

ことながら一般英語にみられるものよりも，もっと多様である。次はマレーシア・シンガポール英語からのほんの数例である。

(1) Since I don't know where to put my face in this company, I might as well leave and save what little face I have left.（会社のみんなにあわせる顔がないので，面目丸潰れを防ぐために退職したほうがよいかも）

(2) Just tell him what you really think. There is no need to give him any face.（顔を立てる）

(3) Let's ask Datok Ali for help. He knows the right people and he has got a lot of face.（顔が広い）

マレーシア人やシンガポール人は仲間どうしでは，こういった英語をふんだんに使っている。もちろん，アメリカ人やイギリス人はこれらの表現を使わないからといって，これらを誤用と考えるのは適切ではない。英語は世界的規模で確実に，脱英米化しており，ノンネイティブは各地で独自の英語表現を創造しているのである。

中国人の英語にも，face を含む語句（face collocation）が驚くほどたくさんある。これは一種のイディオムと考えてもよい。faceの概念はアジア諸国に共通しているので，日本人も以下のような表現には共感を覚えるであろう。たしかに，「彼の顔を立てる」はgive him face（給他面子）でよいのだから，使いやすい。こういう言い方をすると，アジア人として英語を使っていることが実感できる。

中国英語の面子表現例

practice of face（面子の実践），face negotiation（面子の立て合い），maintain (strive for) some amount of face（少しでも面子を保つ，そのように努力する），hold up the Chinese face to the world（中国人の面子を世界に示す），she hasn't showed us the least amount of face（われわれの顔を立てようとしない），you shouldn't have given her so much face（そんなに彼女の顔を立てる必要はなかった），you are simply losing my face（お前のおかげで，私の面目は丸潰れだ），a Chinese way of giving face to somebody（中国式顔の立て方），have no face (left)（面目丸潰れ，会わせる顔がない，穴があったら入りたい），love (desire) for face（面子を守ろうとする気持ち），give (grant) me some face（少しは私の顔を立ててくれてもいいだろう），reject (refuse) face（顔を立てようとしない），rather die to save face（面目を保つために死をも恐れない），take my face into consideration（私の顔を立ててください），your face is bigger than mine（あなたの面子のほうが私の面子よりも大事），there is no faceless communication（面子の関係しないコミュニケーションはない），hierarchical face（序列のある面子），group face（集団としての面子），などなどである。(Jia, 2005)

　日中英語コミュニケーションでは，日本人もこういう表現をどんどん使ってもかまわない。英語はアメリカ人やイギリス人から学ぶだけでなく，アジアのさまざまな人々から学ぶことができる。むしろ，アジアの人々は英語を自分の文化に合わせて使ってきたので，日本人にも参考になるいろいろな表現を創造している。

4. 異変種間の相互理解不全問題

　ところで，英語が英米文化の枠を越えて，多様な変種を包摂する多文化言語となると，新たな問題が生じる。それは変種の違う話し手どうしで，相互理解がうまくいかなくなるという可能性である。これは現実にも生じているし，将来ますます多くの人々が英語を使うようになれば，もっとひんぱんに意識させられると想像される（本名，2002, 2003）。異変種間相互理解不全の問題は英語のさまざまな次元にみられる。

これらの問題に対処する方法はいくつか考えられる。一つは，標準化案である。諸変種の普及は，相互理解を困難にするので，一つのパターンに再統一しようという考え方である。それは結局のところ，英米基準に復帰するということになる。これは一見，当然の方法のように思われるが，はたしてそうであろうか。そもそも英語の普及にあたって，標準化案は英米パターンを確立させる方法であった（本名，2003：168）。

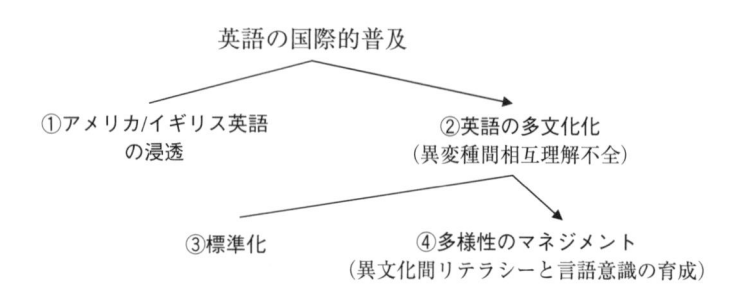

```
            英語の国際的普及
           ／           ＼
①アメリカ/イギリス英語      ②英語の多文化化
  の浸透                （異変種間相互理解不全）
                          ／        ＼
                    ③標準化      ④多様性のマネジメント
                              （異文化間リテラシーと言語意識の育成）
```

しかし，現実に生じたのはそれではなく，英語の多文化化であった。つまり，標準化は多文化化を防止する案であったのに，その機能をはたせなかった。多文化化の防止に役立たなかった方策を，多文化を規制するのに再度用いるのは，無意味といわざるをえない。そこで，異変種間相互理解不全の問題を解決する道は別のところに求めなければならない。

すなわち，多文化性を受容し，育成しながら，相互理解を図る新しい方法を発見しなければならないのである。それは多様性のマネジメントである。その方法は二つ考えられる。一つは，融合的アプローチとでも言うべき方法である。それは交流を持つものどうしがお互いに相手のコミュニケーション・パターンを理解して，それに合わせる努力を求める考えである。

その最も典型的な提案は，ハリスとモーラン（1991：45-47）にみ

られる。彼らはアメリカのビジネスパーソンが世界の人々とビジネスレターを交換するとき，アメリカ英語に固執するのではなく，各地の英語事情を認識して，ノンネイティブに配慮をするよう求めている。その一例として，次のようなアドバイスをあげている。

(1) If possible, one should determine and reflect the cultural values of the reader on such dimensions as...emphasizing individual versus collective accomplishments.... When in doubt, a variety of value orientations should be included: "I want to thank you [individual] and your department [collective]..."

(2) Whenever possible, either adopt the cultural reasoning style of your reader or present information in more than one format: "Trust among business partners is essential [deductive]; and our data show that our most successful joint ventures are those in which we invested initial time building a personal trusting relationship [inductive]." (Harris & Moran, 1991:47)

このようなアプローチは，多様性のマネジメントにある程度は有効であろう。しかし，相手の言語文化が異なると，それに応じていろいろと対処の仕方を工夫しなければならず，なかなかやっかいである。そこで，もう一つの道を用意する必要がある。それは異文化間リテラシーと呼ぶことができる（本名，2003:167-170）。これは21世紀の多文化共生社会で求められる，きわめて根本的な能力ともいえる。

5. 異文化間リテラシーと言語意識教育

異文化間リテラシー（intercultural literacy）は，異文化間接触

の際に，各自がそれぞれの文化的メッセージを適切に伝達し，そして相手のそれを十分に理解する能力を意味する。さらに，文化間の差異を互恵的に調整する能力も含む。英語学習の一般的目標は，このような言語運用能力の獲得にあることはいうまでもない。

一般に，リテラシー，そしてメディアリテラシーや情報リテラシーの基礎は学校教育のなかで導入されるものと期待されているので，異文化間リテラシーのカリキュラムもいくつかの関連科目のなかで横断的に準備されることが望ましい。そして，注意すべきことに，異文化間リテラシーの育成には，言語意識（awareness of language）を高めることが効果的と思われる（本名，2006:170-174）。

6. イギリスの言語意識教育から

このことに関連して，イギリスの言語意識教育（teaching awareness of language）は大いに参考になる（Donmall, 1985; Hawkins, 1987, 1992; James & Garrett, 1991）。イギリスは移民や難民の受け入れなどから，民族的文化的多様化が進行している。ロンドンは現在，ニューヨーク以上の多言語都市となっている。子どもが話すことばは，実に300種類を超す。家庭で英語以外の言語を話す子どもの割合はなんと，三人に一人ともいわれる。

イギリスでは1970年代に入ると，子どもたちがこのような多様性を正しく理解し，柔軟な姿勢を持つことが重要であるという認識が広まった。私たちは自分とは違ったことばを聞いたり，文字を見たりして，民族的文化的差異に気づく。ことばや文化の違いはしばしば違和感や恐怖心を引き起こし，相手を拒否する偏狭な態度を生むことにもなる。

そこで，学校教育のなかで，ことばの仕組みや働き，そしてことばの普遍性と多様性を知ることによって，民族と文化の大切さを学ぶ言語意識教育のカリキュラムが考案された。ことばは民族や文化

の要なので，そこから問題に接近することは，実に有意義といえる。小学校高学年，中学校の子どもたちはこの勉強の過程で，ことばについていろいろな疑問をディスカッションする。

例えば，こんなテーマである。

(1) What makes human language so special? (2) Can we communicate without words? (3) How do we use language? (4) How many languages are spoken in our country today? (5) What similarities are there between languages?

この改革を指導したホーキンズ教授はこのような授業の意義について，次のように述べている。

> こういった問いをクラスや家庭で話しあうことによって，少数民族の子どもが通学することは彼らが言語的背景の多様性をもたらすゆえに，学校と生徒全体にとって極めて有益であると理解されるものと思われる。言語の違いを経験することによって，信頼感，違いに対する寛大さ，そして理解する態度を育成できると期待される。(Hawkins, 1987:Forward)

たしかに，私たちは異文化間の問題について，ことばを使ったやりとりのなかで，最も身近に感じる。マレーシア人は開口一番，"Have you eaten?"（食事は済ませましたか）などと言う。どうしてこんなことを言うのか，なかなかわからない。しかし，ことばの働きと仕組みを理解すると，この表現は質問でなく，あいさつに使われていることがわかる。あいさつのことばは多様なのである。

このように考えると，異文化間リテラシーのための言語意識教育は，今後ますます重要になると思われる。私たちは生活のさまざまな側面で，ことばに大きく依存している。事実，ことばは多くの対人問題，社会問題の根底にあるともいえる。日本でも，そしてすべての国々で，こういった教育プログラムを開発すべきであろう。それはメタ言語教育といってもよい。

ここで注意すべきことは，本論で言及する言語意識教育は，あくまでも異文化間リテラシー育成のためであった，ヴァン・ライヤ(1995)のようにことばのことを総花的に提示する言語概論ではない。実は，この目的のための言語意識教育は，まだ適切なプログラムができあがっていないといえる。本名(Honna, 2008:78)は次の構成を示し，その基本的な枠組みは認知言語学と社会言語学に源泉があるとしている。

Intercultural Literacy
(Diversity Management)
↓
Teaching Awareness of Language
(Understanding How Language is Designed
and How People Use Language)
↓
Improving Sensitivity to, and Tolerance of
Linguistic Diversity
(Overcoming Inconveniences of Incommunicability of
World Englishes)

7. メタファーを例にして

　本名(Honna, 2000)によれば，メタファー(メトノミーなども含む)は異文化間リテラシーのための言語意識教育の要になる。メタファーは，あることがらを他のことがらにたとえる働きのことである。人間は具体的な経験をもとにして，抽象的な経験を把握し，表現する。従来，多くの国々で，メタファーは文芸用語として扱われてきた。しかし，これは日常生活のあらゆる分野に関係した人間の認知と表現の装置なのである (Lakoff & Johnson, 1980)。

　言語は人間の思考と行動に大きな影響を与える。メタファーはそ

の複雑な操作の一つである。反体制運動が病気にたとえられ，広域感染が憂慮されたり，特定グループが害虫に見立てられ，駆除すべきと喧伝されるとき，私たちはメタファーの働きに気づくことによって，さまざまな呪縛から自由になれるのである。

もっと単純な例を考えてみよう。人間は身体名称を使って，それに関連したいろいろなことがらに言及する。自然言語の特徴の一つは，一語多義なのである。日本人なら「頭」「胸」「腹」などを「容器」にたとえ，それぞれ違った「内容」を収める。頭には知識，胸には想い，腹には情念をしまう。身体名称はいろいろな拡張的，代用的意味を持つのである。

メトニミー（換喩）やシネクドキー（代喩）も大切である。これは部分で全体（あるいは全体で部分）を表現する方法などである。私たちがバンコクに行っただけで，タイではと言ってみたり，数人のタイ人としか交流がないのに，タイ人はと言いたがるのは，この認識装置が働いているからである。「一事が万事」という発想は，この経験律にもとづいている。

本論のテーマからすると，メタファーは世界諸英語の思想と直接関連する。そして，多文化英語を受容し，育成する力となる。なぜなら，以下の各文はともにメトノミーの機能にもとづく表現であり，(1)が正用であれば，(2)(3)も正用であることを示すからである。現代英語においては，正誤の判断は，「ネイティブが使うか使わないか」という基準だけで決めることはできなくなっているのである。

(1) Yamuna is sharp.
(2) "The Arab street is angry, but the street is honest and sincere and we should listen to it," Qatari Foreign Minister Hamed bin Jassin said in support of the popular guerrilla movement. (*The Japan Times*, July 17, 2006: 5)
(3) That restaurant is very delicious. (Japanese English?).

また，世界の人々がメタファーを理解していれば，便利なことがたくさんある。日本人が"Don't' put your face out of the window."と言ったとしても，めずらしがったり，おもしろがったりするかもしれないが，この言い方を間違いとか，非合理的とは思わないであろう。「顔」が「頭」の代わりをしていることは，すぐにわかるはずである。"I can't read his belly."も同様であろう。

さらに，世界で多くの人々が英語を学習するようになると，彼らはさまざまなメタファー表現を英語のなかに持ち込む。これを混乱とみて制限する方法は，世界諸英語の論理から考えると適切とはいえない。むしろ，これらを理解しようとする態度や方略を育成することが望ましい。日本人なら，次のような言い方が出てくる可能性は大である。

(4) He has a wide face.
(5) He has a black belly.
(6) He has a tall nose.

現在，日本では，これらは誤用とされている。そして，次の(7)(8)(9)は正用とされ，しかも学ぶことが奨励されている。前者が誤用で，後者は正用とする唯一の根拠は，前者はノンネイティブの表現で，後者はネイティブの表現であることにつきる。このような見方は，現代英語の普及と変容の論理と相容れないものである。

(7) He has a bitter tongue.
(8) He has a sweet tooth.
(9) He has green fingers.

現在，(4)(5)(6)の表現は教育的に禁止，抑制されている。それは，英語は英米人の言語だから，英語を話すなら彼らのように話すべきであると考えられているからである。しかし，英語を話す機会が増えれば，とっさに言わなければならい状況が数多く生じる。ネイティブの表現を覚えてからでないと，何も言わないなどとされれば，不便このうえもない。

また，現代英語は母語話者だけのものではなく，非母語話者のもうひとつのことばにもなっている。このため，ネイティブも，ノンネイティブの英語の多様性を認識し，いろいろなパターンを理解する努力が求められる。アジアを例にとっても，人々は各地で彼らの生活に適合した，いろいろな表現を造りだしている。これらは，ネイティブに通じないという基準で，否定されるものではない。

8. 私の授業調査から

　この意味で，言語意識教育のなかに，メタファー理解を組み込むことは重要である。異文化間リテラシーは21世紀の多文化共生社会で求められる能力であることを考えると，このような言語意識教育は各国の国語（言語）教育のなかでなされることが最適である。しかし，それが早急には無理であるならば，国際言語としての英語教育（TEIL）のなかで工夫すべきであろう。

　私は2006年前期に「国際言語としての英語Ⅰ」という講義のなかで，メタファーの仕組と働きを適切に説明すれば，学生に未知のメタファー表現を理解しようとする態度が育成されることを確かめた。授業のある1回分（90分）で，日本語の例文でメタファーの説明を行い（70分），その後すぐに学生にとって未知の英語メタファー表現の解釈課題を出した（解答時間20分）。

　それ以外に，次の項目を調べた。このクラスではメタファーが日常言語の装置であることを知っていたのは，参加学生66名中36名であった。ただし，その多くは大学の認知言語学で学んだという。30名はまったく知らなかった。つまり，初等中等教育でメタファー意識は十分に育成されていないことがわかった。しかし，多くの学生（66名中53名）は課題の新表現解釈にあたって，事前の説明が有効であったと述べた。

8.1. 解説題材

メタファーの説明に使用したコンテンツは以下のものである。

1. メタファー（隠喩 metaphor）について
   ある概念を別の概念に見立てる「認識と表現の装置」
   (1) 既知で，原初的で，具体的な概念を，未知で，深遠で，抽象的な概念にあてはめる
   (2) 「川の流れ」→「時間の経過」
       「時代を遡って，江戸時代をみると」
   (3) 「旅」→「人生」
       「人生の門出」
       「人生の終着駅」

2. メトノミー（換喩 metonymy）について
   メタファーの一種で，あるものをそのものの特徴で認識し，表現する装置
   (1) 「議員」のことを「金バッジ」，ある人のことを「ひげ」と呼んだりすること
   (2) 「部分」⇔「全体」も同類
       「窓から顔を出す」（顔＝頭）
       「頭数」（頭＝人）
   (3) メタファーもメトノミーも人間の「代用」の経験と認識のもと
       ワンカップをペン立てに使う
       バンコクに行っただけで，タイについて語る

   A sake cup for a pencil stand

3. メタファー解読練習
   (1) 口が回る，口が重い，口が軽い，口に乗る，減らず口を

たたく
(2) 頭に入れる，頭が硬い，頭が柔らかい，頭を使う，頭を働かす，頭が切れる，頭が鈍い，頭が弱い

8.2. 解釈課題

次に，意味解釈の問題文をあげる。これらはいくつかの世界諸英語からとったもので，すべて日本語にない言い方である。イタリックがメタファー表現であるが，サーベイのときには斜体は使用していない。学生はコンテキストを考慮しながら，メタファーに迫り，それを解釈する課題である。日本語で学んだことを英語に応用する練習といえる。

(1) At a news conference in the White House
   A Reporter: Mr. President, I have a question.
   President: OK. *Shoot*.
(2) The government in that country is *toothless* against the international terrorist group.
(3) Our boss is away today, so we can *shake legs* all day.
(4) My friend in China does not come from a privileged family. He joined the city's police department, the country's *iron rice bowl*, immediately after high school.

(Adapted from *TIME*, 3/21/05)

8.3. 解釈結果

解釈の結果を評価するにあたっては，学生にとって問題のメタファー表現が未知であるかどうかを確認し，未知であると述べたもののみの解答を考察した。多くの学生にとって，これらの表現は「未知」のものが多かった。次の人数は66人中，「未知」と報告したものをベースにしてある。正答率は，かなり高いことがわかった。以下に，結果を示す。

(1) Shoot.（「話しなさい」アメリカ英語）
　　正解率：100％（55人中55人）
(2) toothless（「無力である」一般英語）
　　正解率：91％（55人中50人）
(3) shake legs（「サボる」マレーシア・シンガポール英語）
　　正解率：86％（61人中52人）
(4) iron rice bowel（「役所，親方日の丸」中国英語）
　　正解率：13％（64人中8人）。

8.4. 考察

　メタファーは日常言語のなかに機能しているので，学生は明示的な気づきのトレーニングを経験すれば，かなりの解釈能力を習得する。このことは，上記(1)(2)(3)の解釈試問で明らかである。しかし，訓練で，すべてのメタファー解釈が可能になるわけではない。上記(4)がこのことを示している。そこでは誤解率70％，無答率17％であった。

　「タイム」誌（アジア版）は(4)iron rice bowelをイタリックなしで使用しているので，この言い方はアジアでは広く理解されていると思われる。中国と韓国の留学生はこの表現を知っていると述べた。中国語の「鉄飯碗」の英訳で，意味は読んで字のごとしのはずであるが，実際はそう簡単にはいかない。世界諸英語のなかには，解釈を困難にさせる例がたくさんあるに違いない。

　一般に，文化的意味の強いもの，特に未知の異文化起源のものは解読が困難，あるいは不能になりがちである。現代の日本人にとって，(4)はこれに入るのかもしれない。また，日本語と類似の英語表現も，混乱を呼ぶことがある。たとえば，日本語と英語とでは，"bite one's tongue"や"pull one's legs"の意味は異なるが，各自の意味に解釈してしまっている場合がある。

　もちろん，困難をともなうからといって，TEILのなかに言語意

識教育(メタファー理解など)を導入することをためらってはならない。むしろ,用意周到なカリキュラムの開発が求められるのである。それは英語の多文化化と異変種間相互理解の問題について,多様性の育成という観点から考え,認知言語学と社会言語学の成果を選択的に取り込む作業である。

東(Azuma, 2005:156)によれば,日本人英語学習者は英語のメタファー表現を解釈するさいに,日本語のスキーマを働かせる。このことは言語意識教育(メタファー理解など)が初等教育から国語教育のなかに組み込まれていれば,後の外国語学習に有益であることを示唆する。英語を多文化間コミュニケーションの言語として効果的に使用するためには,少なくとも TEIL のなかにそれを導入することは急務であるといえよう。

9. おわりに

英語の国際化は必然的に,英語の多様化をもたらした。問題は多様性のマネジメントである。すべての人々がいつも,どこでも同じように話すようにすることは,困難でもあるし,望ましいことでもない。なによりも,それは不自然の極みである。それよりも,違った言い方であっても,意味は十分に理解できるという訓練を大切にすべきである。

私たちは多様性を適切に調節できる能力を持っている。しかも,人々はいかなる民族的文化的変種を話そうとも,英語を国際コミュニケーションの言語として使用するときには,おたがいに相互理解を求めている。そこで,異文化間リテラシーの概念を究明し,言語意識教育を充実することが,英語の多文化化に対処する緊急の方策と思われる。

なお,英語の多様化と相互理解の問題は,グローバリゼーションと深くかかわる。グローバル化と聞くと,画一化・一様化を想定

し，同化主義的装置を設定しがちであるが，それは非現実的である。グローバル社会は多様性を尊重するところに成立する。本章であげた英語の問題は，文化的共生社会の問題と相似的関係にあることを深く認識すべきである。

【参考文献】

〈日本語〉

本名信行. (2003). 『世界の英語を歩く』集英社新書.

本名信行. (2006). 『英語はアジアを結ぶ』玉川大学出版部.

本名信行. (編著). (2002). 『事典 アジアの最新英語事情』大修館書店.

本名信行, 松田岳士. (編). (2005). 『国際言語としての英語：世界に展開する大学院eラーニングコースの研究開発』アルク・オンデマンド.

〈英語〉

Azuma, M. (2005). *Metaphorical Competence in an EFL Context*. Tokyo: Toshindo Publishing.

Donmall, B. G. (Ed.). (1985). *Language Awareness*. London: Centre for Information on Language and Research (CILT).

Harris, P. R., & Moran, R. T. (1991). *Managing Cultural Differences*. Houston, Texas: Gulf Publishing Company.

Hawkins, E. (1987). *Awareness of Language: An Introduction*. Cambridge: Cambridge University Press.

Hawkins, E. (1992). Awareness of Language/Knowledge about Language in the Curriculum in England and Wales: An Historical Note on Twenty Years of Curriculum Debate. *Language Awareness, 1*(1), 5-17.

Honna, N. (2000). Some Remarks on the Multiculturalism of Asian Englishes. *International Communication Studies, X*

(1), 9-16.
Honna, N. (2008). *English as a Multicultural Language in Asian Contexts: Issues and Ideas*. Tokyo: Kuroshio Shuppan.
James, C., & Garrett, P. (Eds.). (1991). *Language Awareness in the Classroom*. London: Longman.
Jia, Y. (2005). The Chinese Concept of Face Negotiation Involved in Conflict Resolution. 本名信行, 松田岳士. (編). (2005).『国際言語としての英語：世界に展開する大学院eラーニングコースの研究開発』アルク・オンデマンド, 251-271.
Lakoff, G., & Johnson, M. (1980). *Metaphors We Live By*. Chicago: University of Chicago.
Van Lier, L. (1995). *Introducing Language Awareness*. London: Penguin Books.

異文化間コミュニケーションの将来

IAICS 研究生活 20 年の展望

Brooks Hill

1. はじめに

　この 40 年間，私は異文化間コミュニケーション，国際コミュニケーション，そして開発コミュニケーションが交わる分野の研究に取り組んできた。そして，これらの興味深い研究分野に献身的に携わってきた (Honna & Hoffer, 2003)。約 20 年前，トリニティー大学 (Trinity University) に赴任し，新しい学際的組織である国際異文化間コミュニケーション研究学会 (International Association for Intercultural Communication Studies: IAICS) に加わった。この学会は，私が関心を持っている言語に関するあらゆるテーマを，専門的に研究していた。それ以来，国際異文化間コミュニケーション研究学会の会長を二期，理事を数年務め，同学会のジャーナルである *Intercultural Communication Studies* の編集長も務めた。研究者としての 40 年間，とりわけ IAICS に携わったこの 20 年間は，より綿密な考察を要する異文化間コミュニケーションに関わるいくつかの分野の研究を行うことによって，この分野に貢献してきた。本章では，このライフワークともいえる研究に基づいて，私自身の経験を将来への提言へとつなげたいと考えている。

各セクションでは，密接に関連する概念に焦点を当てる。これらは，将来に向けた三つの主要課題となる。第1セクションでは，理論的な観点から，われわれが取り組むべき具体的な問題を明らかにする。われわれの積み重ねてきた努力を結集することが，相乗効果をもたらし，より高度な学問的業績と実践的業績を上げることになる。第2セクションは，知識を教授する方法や応用する方法として，テクノロジーの進歩を批判することなく受け入れてしまうことに対して重大な警告を発する。最後の第3セクションでは，民族関係に注意を向ける。民族関係が乏しいがために，世界の至るところで社会の崩壊が起こっている。われわれは，これらの問題を解決するために，より細心の注意を払いながら，知識を応用しなければならない。本章全体を通して，私自身の経験をまとめ，異文化関係の研究と実践を向上させるための三つの概略的アドバイスを提示する。その中心的テーマは，この選集の主要な論点への答えを求めようとするものである。すなわち，よりよい世界を実現するためには，われわれはどのようにしてこれまでに積み重ねてきた努力を結集し，その結果，どのようにしてわれわれの力を最大限に発揮することができるのか，という問題である。

2. 研究者と学問に関する展望[1]

異文化間コミュニケーション，国際コミュニケーション，開発コミュニケーションの研究は，それぞれの起源となる伝統や力点が異なっている。これらのテーマは直感的かつ概略的な考えに端を発していたにもかかわらず，20世紀の社会科学，メディア・テクノロジー，国際問題を扱う世界的組織の発達に伴って，体系的研究分野として始まったように思われていた。より具体的に言えば，異文化間コミュニケーションは，対人指向から生じたものであり，エドワード・ホールの研究と第二次世界大戦後に彼が行った合衆国外務職

[第1部] 異文化間コミュニケーションの課題と展望

員プログラムの再設定によって重要性が高まった(Leeds-Hurwitz, 1988)。異文化間コミュニケーションは、スピーチ・コミュニケーションと応用文化人類学を学問上の基盤として、実社会における当事者間の相互交渉に重点を置く傾向にあった。対照的に、国際コミュニケーションは、政治学に端を発し、国際関係とメディア・テクノロジーの新たな発展に重点を置いているものと思われた。異文化間コミュニケーションと国際コミュニケーションは、独立した学問分野として独自の道を歩んでいたが、メディア・テクノロジーが、グローバリゼーションの中核として、規模を拡大しながら急速に発展するにつれて、お互いに歩み寄るようになってきた。この30年間にわたる文化研究の発達によって、これらの学問分野はよりいっそう密接になったのである。広範な分野を扱う開発コミュニケーションは、おそらく農業や公衆衛生に関する情報伝播にまつわる問題への関心から生じたのであろう。これらの問題には、コミュニケーションが関係しているため、応用人類学や社会学の研究者は、組織内コミュニケーション、組織的運動、そして行動科学などの分野をまたいだトピックに関心のあるコミュニケーション研究者の協力を集めた。異文化間コミュニケーション、国際コミュニケーション、そして開発コミュニケーションは、異文化問題の豊富な情報源である。しかし、この三分野は、共生関係の恩恵を受けることなく、比較的独立した方向性をもって発展し、別々の学問分野としてそれぞれの文献を持ち、残念ながら情報源を統合することは稀であった。

さまざまな形で発展を遂げた異文化問題への関心は、人文主義研究の諸様式によってさらに細分化される。文学研究、言語研究、さらに文化人類学の複数分野が、異文化間コミュニケーション、国際コミュニケーション、開発コミュニケーションに関する実質的研究の中心である。しかし、前の段落で述べたように、より社会科学的な流儀とうまく融合しない場合が多い。その結果、コミュニケーションのプロセスを専門分野とする多くの研究者は、自文化や自民族

による文明の産物を，研究対象としないのである。各研究者が持っている特定分野への関心は，それ自体，重要であるとしても，より広く，相乗効果を持たせるように統合されるべきである。私のこれまでの研究分野は，主として人文科学であったが，研究上の関心は社会科学とも重複していたため，双方に携わる立場をとろうとした。このことが私の経験を豊かにし，結果として，学生の視野を広げることになったのである。私がIAICSを中心に研究活動をしたいと思い立った動機は，世界中のさまざまな学者がわれわれの積み上げてきた研究に関心を示したことである。この枠組で，これらの主要分野の差異を受け入れるだけでなく，共通の主眼点を考慮に入れた，いくつかの有用な定義に到達した。

いくつかの概念に関しては，ぜひ共通の定義を決めておかなければならない。さまざまな研究者の学識が結集する可能性を見定める出発点となるからである。これらの定義を簡潔かつ一般的なものにしておくことによって，われわれ研究者の独立性をさまたげることなく，研究の統合的な計画をたてることができるのである。**コミュニケーション（communication）**は，他の目的を容易に理解し，これを円滑に達成するための有意味な反応を表象的に引き出す過程，と定義されるであろう。言い換えれば，コミュニケーションとは，メッセージを創出，調整，伝達することであり，メッセージによって，相互理解や他の潜在的な結果を促進することができる。文化は，コミュニケーションとは異なる過程であるが，一部が重複する場合も，完全に一致する場合も多い。**文化（culture）**は，(a) ある文化圏の人々に受け入れられる方法で知識を習得し，行動する過程，(b) 意味論的枠組，認知的枠組を発展させ，適切な知識と行動を促進する過程，(c) この知識，枠組，行動を伝達し，永続させる過程，と定義できるであろう。コミュニケーションは社会にとって不可欠であり，社会は文化の主要な要素であるので，これら三つの相互に関連のある構成概念，すなわち，知識，枠組，行動は，

[第1部] 異文化間コミュニケーションの課題と展望

われわれ人類の不可欠な側面を構成しているのである。

異文化コミュニケーション（cross cultural communication）という用語には，二つの一般的用法がある。第一に，異文化コミュニケーションは，異なる文化圏出身の人々の間で行われる，あらゆる接触を意味する。これよりもはるかに具体的な意味においては，比較遠近法（comparative perspective）と呼ばれる，方法論的な問題に関して用いられる。比較遠近法では，二つの異なる文化圏内の類似現象を比較し，一文化圏に特化しない一般論を導き出すのである。後者の意味は，研究方法に関する具体的用法を持っているが，より一般的な前者の用語のほうが，すべての相互問題を統合する媒体としては，はるかに有用なのである。**異文化間コミュニケーション（intercultural communication）**は，主として，対人指向に端を発しており，実社会における当事者間の相互交渉を扱っている。現在のグローバル化のなかで，実社会において対人的側面を考慮する必要がある。そのため，どのような問題を扱う場合であれ，もはや世界の諸民族の間で行われるすべてのコミュニケーションの対人的側面も無視することはできないのである。**国際コミュニケーション（international communication）**は，マスメディア指向と政治指向から生じている。すなわち，複数の国家間や他の大規模な集団間における情報の流れを扱うのである。これらの分野はつねにニュースで報じられており，われわれの前に立ちはだかる，明白な問題である。しかし，われわれが認識しなければならないのは，これらの問題が対人コミュニケーションの，より主観的な側面も含んでいるということである。最後に，**開発コミュニケーション（development communication）**は，コミュニケーションのありとあらゆる手段を用いて，困難に直面している国民や文化の発展または社会的向上の一助となることを表す。おそらく，対人コミュニケーション，国際コミュニケーションとグローバル化との間における相互関係を構築する架け橋となるであろう。悪ではなく善が世界

3 異文化間コミュニケーションの将来

の多様な民族を支配するようにわれわれの成果を平等に広めなければ，人類が世界共同体として存続することは不可能である。地球上の人類全体の成功は，異文化間コミュニケーションを行う理由をどこまで理解し，全人類共通の利益追求のために，搾取の傾向をどこまで発展に替えていくことができるかにかかっている。

われわれは，今まで以上に密接な協力関係を築き上げなければならないという広義のレベルにもまして，いくつかの研究上の重大な制約にも注目しなければならない。広がりと多様性は，IAICS の基礎であり，最も顕著な特徴である。その証拠に，設立以来，多くの学問分野や問題に取り組む研究者を，文化理解と異文化関係の向上に専念するひとつの組織に結集しようと試みてきた。われわれの学会の研究発表を聞き，ジャーナルを読む人は皆，研究課題や研究方法が多岐にわたっていることに刺激を受けるはずである。研究発表やジャーナルの題材をよく見てみると，刺激を受けるだけでなく，ある懸念も持つはずである。私は，学会プログラムや編集委員会での作業から，大きく分けて二つの問題があることに気づいた。一方は，方法論に関する問題であり，もう一方は，内容に関する問題である。このような否定的見解は，主として，IAICS の学会員の研究に対するものであるが，一般的な見解であるため，より広範にわたる研究についても，同じことが言える。

ここで，われわれの研究方法に対する四つの受け止め方を提示する。

(1) 研究方法が甘く，批判的評価の質が低いことがある。研究の質に関して，さらに明確な基準を確立し，提示する必要がある。そして，この基準を満たさなければならない。そうすれば，われわれが高い水準を目指していることが明らかになり，自身の研究と他者の研究とを比較，統合するためのより良い基盤が得られるであろう。

(2) 理論上の問題や概念上の問題を，見落としてしまうこともあ

る。理論の枠組を明示できる場合は，必ずそうすべきである。忘れてはならないのは，知識は積み重ねていくものであり，それを築くものは明確な概念である，ということである。繰り返すが，理論の基盤をもっと明示的に扱い，概念を明確にすれば，われわれの研究と他の学会の研究との比較，統合が容易になるであろう。

(3)われわれは，時には，特異性に依存するあまり，ケーススタディを多用しすぎる傾向がある。先の二つの問題に，いっそう注意を払うことによって，この傾向は修正されるはずである。

(4)われわれは，建設的なものよりも脱構築に，はるかに注意を払う。そのため，自身の研究に対して，皮肉的になりすぎる場合もある。ぜひとも，われわれの研究方法に対して，批評的な態度を取り戻し，研究へのアプローチと研究報告書の作成を，今まで以上に正確に，慎重に，徹底的に，さらには厳密に遂行する必要がある。少数派の意見を優遇することによって，社会的不平等を是正しようと試みる文献があまりにも多かった。このアプローチは，思考の断片としては望ましいが，入念な研究と事例の詳述を混同すべきではない。

われわれの実質的研究内容に関して，さまざまな観点がますます統合されていることと，IAICSの会員がより厳密な学際的分類によって生じたギャップを埋めていることを称賛したい。これらの功績にもかかわらず，学会プログラムと提出された論文に目を通してみると，三つの深刻な問題が浮き彫りになる。

(1)われわれは，めったに実社会の問題に焦点を当てず，学術研究というきれいごとで済ませようとしている。知識を活用して社会問題を把握し，できればそれを解決しなければならない。1997年のIAICSの会長就任演説で述べたように，かならず自文化内における民族問題や多文化問題の理解に貢献することができるはずである。

(2)より一般的な問題として上に述べたとおり，われわれは国際

問題と異文化問題を切り離して考える傾向にある。両者が，異なる伝統やさまざまな問題の内部で生じたとしても，実社会の実情によって，われわれにはこの二分野をふたたび統合することが求められるのである。このような相互に関連のある問題を考えてみると，われわれは両者のギャップをうまく埋められているとはいえない。

(3)特に先進国の会員は技術革新の欠点を見落としている。経済的メリットを優先するあまり，世界の民族間の隔たりを拡大するようなことがあってはならない。科学技術は，巧みにも，自民族中心主義を魅惑的に生じ，逆効果を生む可能性があることを見落としてはならないのである。全般的には，これらの問題から，IAICSの重要な関心事，すなわち，万人が人間らしい生活を送るための条件を真の意味で向上させるために，なお一層，われわれの研究成果を応用していきたいという学会の関心事を忘れてはならないことは明らかである。

このセクションの主要な目的は，異文化間コミュニケーション，国際コミュニケーション，開発コミュニケーションに共通の分野に携わる人々が，多岐にわたるテーマについて，将来の研究へ向けたより相互依存的な課題を作成してくれることを強く願うことである。この課題を熟考すると，われわれの学会にとって，いくつかの実行可能な事柄が顕在化する。すなわち，IAICSは，実社会の問題を解決するための指針を提示することができるのである。研究者は，単独では，「影響力をもたない声」であるかもしれない。しかし，協力すれば，影響力のある教員と研究者のグループを構成し，世界に影響を及ぼすことができるかもしれない。こういった学会の活動方針の定める範囲内で，多様な視点を集約し，文化の圧倒的な変動性や異文化関係の課題に立ち向かうために，活動し続けなければならない。つまり，われわれの学会は今まで以上に会員どうしの効果的なコミュニケーションを図らなければならないということである。そのため，新たにウェブの運営を開始した結果，ジャーナル

へのアクセスが改善され、掲載論文を最大限に活用できるようになった。ウェブサイトとジャーナルに「新着情報とお知らせ」欄を設け、会員どうしの親交を深め、相互協力的な研究を促進することを計画している。さらに、IAICSが主催する年次大会を利用して、眼前の問題を扱うという学会としての義務を新たにし、その可能性を拡大している。これまでに開催した12回の年次大会は、いずれも、われわれの学会組織としての活動目標を発展させ、推進してきたのである。

3. 異文化間コミュニケーション研究に関するテクノロジーの問題[2]

このセクションのはじめに、われわれの問題にとって重要な仮説について考察させていただきたい。どのように民族間の差異を認識し、扱うかが、異文化関係の核心的課題である。この考え方を認めるとすれば、当然、異文化関係の研究は、四つの相互に関連のある目標を持つことになる。すなわち、(1) 客観的事実に基づいて、偏見を持たずに差異を発見すること、(2) 差異の原因を理解すること、(3) 差異を寛大に取り扱うこと、(4) 自己と集団の実現と成長における差異を正しく認識すること、の四点である。より具体的にいえば、異文化間コミュニケーションは、われわれが人間の差異に関する知識を活用して、異文化関係においてある程度の効果をあげようとする際の、メッセージの発生、適用、そしてその伝達のための戦術と戦略を扱う。このように書かれているのを読めば、まず誰でも異文化関係に関心を持ち、多様な主眼点を持ってこの問題と向き合っていることになろう。職業上の肩書きや身分に関係なく、われわれの研究活動は、上記のいずれかの異文化関係の目標に貢献すると思う。私の視点は、実用面を重視したコミュニケーション指向である。

どの観点から見ても，異文化関係を指導する教員は，従来の教室という学習環境には限界があることを認識している。どれだけ熱心に授業を展開したところで，実際の異文化体験の臨場感を得ることはできない。それゆえ，私は，何年もかけて，従来の授業にさまざまな工夫をこらし，いわゆる体験学習の機会（experiential learning opportunities）を提供してきた。たとえば，留学，さまざまな交換留学制度，国際生活体験寮，夏期外国語集中講座，海外旅行，外国人教員との交流などがある。このような補助的手段は価値あるものであるが，多くの学生が利用できないこともよくある。そのため，テクノロジーを用いることによって，授業のやや静的な性質を改善しようと試みてきた。体験学習の代替案としてのテクノロジーの使用は，このセクションの中心的な疑問へとつながっていく。すなわち，異文化的な効果を求めた体験学習にテクノロジーをより多く導入することには，どのようなプラス面とマイナス面があるか，ということである。

　大半の重要なトピックの場合と同じように，このトピックも定義上の問題を抱えている。

　(1)定義に関する第一の問題は，「教育工学」に関係している。これは，近年の「教育メディア」プログラムを表す新しい名称である。しかし，以前の状況とは異なり，教育大学や教育学部の教員たちが教育工学に関する第一責任者ではない。もはや，所有する機器を少数の教室に集めておき，必要に応じて，教室に運んでいくことを求められているのではない。そのかわりに，最近の教育工学の傾向として，コンピュータの重要性が高まり，特殊な設備が必要であることから，分野ごとにサブジェクトエリアを適応させる必要性が，異常なほど高まったのである。そのため，現在は，「調理場のコックが多すぎる」状態である。しかし，私が心配しているのは，多様な貢献者が増えたために，かつての教育メディアセンターが直面したのと同じ問題をわれわれが再現しようとしているのではない

か，ということである。

　(2)第二の定義に関する問題は，マスメディアと媒介的対人テクノロジーとを区別しなければならない，ということである。マスメディアは，主にテレビ，ビデオ，映画などであるが，媒介的対人テクノロジーには，おびただしい数のコンピュータ援用対人インタラクションや，他のさまざまな対話方式の個別対応メディアが含まれる。しかしながら，全般的に言えば，これらのメディアの区別は絶対的なものではなく，人間と大差ない状態から，人間と機械の両方の性質を兼ね備えている状態，そして完全に機械的な状態まで，連続性を持っていることに加え，同一のメディアが，時により，違った役割を果たす傾向にもある。そこで，テクノロジーの強化に言及する際には，私はすべてのメディアを考慮に入れている。その証拠に，さまざまなメディアの組み合わせを強く支持している。あるいは，最も重要なことであるが，私はテクノロジーとコンピュータを同一視していないのである。なぜならば，両者を混同する傾向は，教育工学をより効果的に活用しようという現在の取り組みにとって，危険な脅威となるからである。アメリカ合衆国での「サイバースペース熱（cyberspace craze）」は，とどまるところを知らないテクノロジーの発展に，多くのアメリカ人が無邪気に心酔しきっている状況を映し出している。近い将来，経済的動機が生んだこのヒステリックな波が，バーチャル・リアリティーという仮想世界を投影するのではなく，現実世界に強靭な根を回復することを願いたい。

　(3)最後に，第三の定義に関する一連の問題にも注目しなければならない。この研究分野全般には，どのようなタイプの教育であろうと，テクノロジーが使用されることに対する懸念がある。たしかに，いくつかの分野における体験学習への関心にはわれわれの懸念に勝るものがあるが，われわれの懸念が的外れであるわけでもないのである (Kolb, 1984; Jackson & Caffarella, 1994; Lewis & Williams, 1994)。われわれは，ありとあらゆる教育工学を組み合わせ，応用することに特に関心を持っているが，そうすることにより，それだけ異文化間コミュニケーションの効果を体験的に学習するできる可能性が高まるからである (Jackson & MacIsaac, 1994)。このことが，莫大な労力を要するプロジェクトであるとすれば，教育工学，体験学習，異文化間コミュニケーションの有用性，そして究極的には，これらの相互関係を綿密に調べる必要が生じるであろう。しかし，むしろあまり労力をかけずに，異文化間コミュニケーションの効果が得られる体験学習を強化する目的で，テクノロジーの一般的な活用法を考えるところから始めたい。その際，そのように考えた場合のいくつかの利点に言及する。さらに，三つの最新の事例を検証したうえで，テクノロジーへの依存に関する問題を重点的に議論するつもりである。

今日，異文化間コミュニケーションや異文化学習 (cross-cultural learning) に対する，メディアの正当性を論じた多くの研究が存在する。これらの研究は，世界のさまざまな地域の学生に異文化間コミュニケーションを指導する際に，ビデオテープ，遠隔会議，テレビ電話 (freeze-frame telephone)，ファクス，電子メール，ビデオ会議などを効果的に活用した多くの事例を提示してくれる。全般的に言えば，指導の努力が実を結び，費やした時間，労力，お金に見合うものであることが，研究からうかがえる。しかし，たいていの場合，費用対効果についての疑問が残る。結果がどうであれ，研究論文の執筆者たちは，このようにテクノロジーを多用すれば，学生のモチベーションを高め，継続学習を奨励できると信じているようである。私たちのほとんどが，このような傾向を裏付ける多くの経験をしているだろう。非常に高度なレベルでは，シミュレーションとバーチャルリアリティー・プログラミングに大きな期待を寄せることができる。アドベンチャー・プログラムやビデオ・ゲーム，そして音楽番組 (MTV) でさえが，現在使用されている良

い見本である。基本的なレベルでは，世界のあらゆる地域をつなぐ学習プログラム計画で電子メールを使用している。認知マッピング練習（cognitive mapping exercises）は，異文化間コミュニケーションの応用はもちろんのこと，その理論と研究の概念を，より効果的に発展させるのに役に立っている。少し過去を振り返って努力の成果を総合してみると，「遠隔学習」に相当するものがある。これは，上記のようなテクノロジーの多くを駆使することによって，主たる学習地である教室に足を運ぶことのできない学習者に，授業を提供するものである（Lee & Caffarella, 1994）。

このような現行のテクノロジーの活用は，魅力的なものからごく平凡なものまで，さまざまである。費用も大きく異なるし，教員や学生が活用するには，さまざまなスキルが要求される。しかしながら，たしかに明らかな利点を備えていると思われる。すなわち，自宅から長距離，あるいは長時間離れることのできない学生や教員にも，最大限の機会を提供してくれる。このようなテクノロジーの活用によって，学生は文化変容や異文化関係の学びに対する動機や行動力を実感できるのである。さらに，一人の学生が学習したり，交流したりすることのできる文化の数が増大する。文化への感性や異文化関係を初めて知る段階において，テクノロジーの活用が成功を収めていることは，疑問の余地がないようである。しかし，テクノロジーの活用が長期にわたっても効果的で有用であるか，あるいは危険を伴うものであるのか，まだ検証されてはいないのである（MacIsaac & Jackson, 1994; Bassett & Jackson, 1994）。

異文化間コミュニケーションの体験学習を促進するために現在用いられているテクノロジーに関して，三つの事例を考察してみよう。最初の事例は，私が担当する学部生対象の国際コミュニケーションの授業で見られた。「インターネット」を検索していたある学生が，東欧の大学生と直接連絡を取らなければならなくなった。そこで，電子メールを用いて，共産主義支配が消滅し，ソビエト連邦

が崩壊した後の東欧の大学に関する問題について議論を始めた。このやりとりをきっかけに，私の学生は，「東欧の高等教育におけるコンピュータ」というトピックで，授業の研究課題に取り組むことになった。この経験は，関わったすべての者に刺激的な成果をもたらした。すなわち，私の学生は，海外の教育にとって重要な問題について直接学び，体験学習を通して，他の文化圏の学生との間に関係を築き上げた。そして，お互いに，それぞれの文化について多くのことを教えあったのである。私の学生が払った労力はごくわずかであったが，やりとりに費やした金銭的負担は比較的大きく，自己負担できる額ではなかった。この研究課題を通して，私の学生は，電子メールという限られた手段によるやりとりには，多くの欠点があることも学んだ。しかしながら，学生と私の結論は，金銭的負担を除けば，大学の通常授業に刺激を与え，多くのことを補ってくれたし，海外の学生から学んだ内容によって，私の学生の体験学習は際立った成果をあげたということであった。その後，私の授業を受講する他の学生たちが，インターネットと電子メールを活用し，さらに発展的な研究課題に取り組んでいる。そのレベルは，通常授業の限界や図書館の制約をはるかに超越している。そして，国内の教員仲間から聞いた話では，彼らの学生たちもまた，同じように高度な学習を行っているというのである。しかしながら，テクノロジーを用いた体験学習が，異文化の体験学習の効果を高めているかどうかは，疑わしい。なぜならば，学生たちは主として，異文化圏の人々との異文化交流のスキルを学び，上達させるためではなく，情報を収集するために，テクノロジーを利用しているからである。しかしながら，異文化圏の人々との交流というありふれた行為こそが，正しい学習に向けての大きな一歩なのである。そこで，皆さんに強くお勧めしたいことがある。もし可能であれば，インターネット検索や外国の学生との電子メールでのやりとりを通して，研究課題に取り組むことを，学生に奨励していただきたいのである。

[第 1 部] 異文化間コミュニケーションの課題と展望

　二つ目の事例を挙げよう。私の仲間が勤務している，アメリカ南西部の大学と西部の大学が舞台である。彼らは，アメリカとメキシコの大学間ネットワークを開発した。ここでは，電子メールを補助的に使用するビデオ会議が，異文化間コミュニケーションの主要な授業形態である。事前準備によって，両大学の授業担当者は指定された授業時間の共通シラバスを作成し，ビデオ会議と学生との直接的なやりとりによって，議論を展開できるようにした。明らかに，これにはかなりのコストを要する見通しで，アクティビティーを順序良く整理するためには，金銭的負担が発生するだけではなく，莫大な準備時間が取られるであろう。電子メールを用いることによって，多くの記号論理学上の問題が扱われることになる。世界中で行われている同様の取り組みと同じように，このプロジェクトもいずれ標準的な授業運営の手順となって，記号論理学上の問題は実質的にはなくなるかもしれない。もしこのプロジェクトを，相互のやりとりと協力的な取り組みによって細分化することができるのであれば，今後の見通しは，はるかに明るくなるであろう。しかし，この場合にもまた，費用と記号論理学上の問題が発生し，こういった現実的な問題によって，学習機会が制約されることにもなりかねない。

　最後に，三つ目の事例は，アメリカと日本の大学生によるビデオテープのやりとりである。このエクササイズは，もともと，英会話の用例を入手する目的で始められ，日本人教員から，ビデオテープが欲しいとの要望があった。彼女は，学生たちにアメリカ英語の会話を学ぶ機会を与えてあげたいと心から願っていたのである。開始後まもなく，進展が見られた。学生たちが，相手国の学生グループに，異文化関係への関心を高めるような質問や問題に取り組みたいと強く望むようになったのである。作成するビデオテープの内容が専門的である必要がないことは，一目瞭然であった。そのため，われわれは，ただ単に，学生たちにビデオカメラを与え，議論のため

に選んだ問題について議題を設定し,自由に,楽しみながらディスカッションの様子を撮影させたのである。その後,撮影したビデオテープを日本人教員に送った。彼女は学生たちにビデオテープを見せて,クラス内で同じエクササイズを行った。このビデオのやりとりによる総合的効果は,双方の学生グループによって,とても有用な体験学習が誕生したことである。最終的には,われわれのグループは,日本人学生グループに議論してもらいたい質問のリストを送ることができるようになり,日本人の学生グループも同様に,質問のリストを送ってくるようになったのである。やがて,学生たちは,お互いに打ち解けて,相手方の学生が議論している時に,実際にコメントをするようになった。ここでもまた,記号論理学上の問題に悩まされたが,やがて問題を克服できたのである。限られた授業時間内では,このようなエクササイズは決して必須のものではないが,とても学習意欲をかき立てるものであることはたしかである。現在のテクノロジーのおかげで,この種のプロジェクトは,以前よりもはるかに授業に採り入れやすくなっている。最終的には,われわれが準備を整えて,日本人学生が3月の休暇を利用して,われわれの大学を訪問し,アメリカ人大学生とともに寮で生活し,授業にも参加した。その結果,容易にアメリカ人大学生と「交流する」ことができた。このプロジェクトの準備には,他のプロジェクトよりも多額の費用を要したが,すばらしい成功を収めたのである。

　大半の読者は,上に述べた例よりもはるかに創造性に満ちた経験や,最先端のテクノロジーを十分に活用した経験をお持ちかもしれない。しかしながら,ここに挙げた事例は,詳細に説明したり,複雑な事例を挙げるよりも,私にとってはるかに有効なのである。テクノロジーとアクティビティーとの組み合わせという点において,おそらく,世間ではごくありふれた事例である。しかし,ここから,体験学習の補助的手段としてテクノロジーを使用することの問

[第1部] 異文化間コミュニケーションの課題と展望

題点や欠点のいくつかを，把握できるようになる。どのような欠点があるとしても，実際，学生を動機づけ，刺激することに役立っている。しかし，注意して使用しなければ，これまでにない大きな問題を引き起こすかもしれない。現在，評価の高い学術論文は，テクノロジーに潜む危険を考察するものばかりである (Wishnietsky, 1994)。ここでは，きわめて具体的な側面に焦点を当てており，また自由に議論できる時間的余裕もないため，これらの問題を簡略化して，三つの相互に関連のあるカテゴリーにまとめておきたい。すなわち，(1) テクノロジーの使用が直面する，より明白な問題，(2) 顕著というほどではないが，潜行性の問題，(3) 今後，テクノロジーの影響を受ける，異文化間コミュニケーションの中心的概念の実例である。

(1) 明白な問題

おそらく最も明白な問題は，単に利用できるテクノロジーと，これを使いこなすスキルが欠けていることである。先進国に暮らしていると，世界の大部分の人々が自分たちと同じテクノロジーを利用できないという事実を，認識できない場合が多い。そして，このことが原因で，テクノロジーがいかなる形態の教育やトレーニングに用いられたとしても，ほとんど無意味なものになってしまう。そのため，どのような潜在的価値があるとしても，近い将来，テクノロジーの利用によって恩恵を受けることが期待できる場所は，世界にそれほど多くない。テクノロジーが利用できないという理由で，利用方法のトレーニングを受ける人も，これまでにテクノロジーの潜在的価値について考えたことのある人も，ほとんどいないのが現状である。われわれの学会の年次大会では，セッションを開き，テクノロジーが利用可能となる日を期待して，教育へのテクノロジーの導入とその将来性について，議論しなければならない。残念ながら，異文化関係の仕事に携わる人でさえ，時には，テクノロジーを

3 異文化間コミュニケーションの将来

利用できる人とそうでない人との間に，大きな差があることを忘れてしまう。この差は縮まりつつあるが，テクノロジーの発展による恩恵を受けている人とそうでない人への対処方法を，把握しておかなければならない。

二番目の明白な問題は，かつての教育メディアプログラムの問題と類似している。テクノロジーを体系的にまとめて，包括的な教授法を構築することができない場合が多い。将来，テクノロジーの発展をうまく統合するためには，授業という概念を再確認し，教授法を大幅に修正することが求められる (Caffarella & Barnett, 1994)。テクノロジーは，その場の状況に応じて使用されることがあまりにも多い。その主な利点は，目新しさかもしれない。ひょっとすると，異文化間コミュニケーションの教授法を見直すべきなのではないだろうか。カリキュラム全体ではないとしても，少なくとも主要な単元については，体験学習を集中的に採り入れ，ある程度，現在のテクノロジーに頼らなければならない。現在，学部生を対象とした私の授業では，学期中のプロジェクトとして「コンタクト・ペーパー ("contact" paper)」を採用している (Javidi & Hill, 1987)。学生たちは，外国人学生と直接コンタクトをとり，膨大な量のインタビューを行い，ぐうぜん，体験した文化変容の問題についてまとめなければならない。テクノロジーを用いた媒介的対人コミュニケーションによって，外国人学生とのコンタクトを課すような補足的プロジェクトを同時に行えば，莫大な付加価値をもたらすことであろう。

第三の明白な問題は，現時点では顕在化していない潜行性の問題を，今後検討しなければならないことである。テクノロジーへの依存によって，学生を誤って過度の簡略化傾向へと導いてしまう恐れがある。いかに注意深く準備したとしても，エクササイズは不自然で中身の乏しいものになってしまう。たしかにエクササイズに触れることは貴重であるが，メディアと通常授業の慣習が介在するた

[第1部] 異文化間コミュニケーションの課題と展望

め，より深く中身のあるエクササイズを行える可能性が危ぶまれている。最大の危険は，学生が異文化を真に理解していると思い込んでしまうところに潜んでいる。その原因は，授業が作為的で不自然であるにもかかわらず，そのなかで，徹底的に相互インタラクションを行ったことにある。もしこの教授法を採用する場合は，細心の注意を払って，このような異文化的な効果を脅かす潜在的危険を克服しなければならない。

　過度の簡略化傾向に陥ることは，異文化間コミュニケーション教育の主要目標のひとつにとって脅威となる。テクノロジーへの依存は，教育効果の有無に関係なく，単にテクノロジーそのものへの関心に終わる可能性がある。このようなテクノロジーへの心酔によって，異文化間コミュニケーションの発展が妨げられるだけでなく，異文化研究が持つもう一つの主要な動機，すなわち，学生にとっての自己発見の旅としての役割が，損なわれてしまう恐れがある。アメリカの平和部隊は，他国が効率的に実社会の問題に対処できるように援助するが，まったく同じように，平和部隊の主な任務は，他者を援助するというよりもむしろ，この任務の機会を利用して，自国の若者が世界に対して豊かな感性を育む手助けをすることであり，若者の世界主義のレベルを高める手助けをすることなのである。同様に，文化的コンテキストに関係なく，学生は自己やコーピング行動[3]についての知識を増やすために，異文化との相互インタラクションについて学習する。この点において，異文化間コミュニケーションの学習課題もまた，自己発見の旅であるべきなのだ。メディアに気をとられていると，この文化を通じた自己発見が果たす重大な目的が，損なわれてしまうかもしれないのである。

(2) 潜行性の問題

　上に述べた問題ほど明白ではないが，ヘレン・ハリントン教授のことばを借りれば，「テクノロジーの最も重要な特質」ともいうべ

き問題，すなわち，テクノロジーの複雑な使用が，われわれ教員と学生にもたらしている問題がある。この本質的な問題に関する議論のなかで，ハリントン教授は，「テクノロジーの中立性についての錯覚」に焦点を当てた。彼女は，社会に浸透しているものがどのようにして中立性を失うのか，そして，特に教員が，テクノロジーを用いた教授法の潜在的影響に対して，どのようにして敏感であるべきかを明らかにしている。テクノロジーは，意図に反する影響をわれわれ人間にもたらす可能性があると同時に，われわれの注意をそらせて，この影響を認識できなくしてしまう可能性もある。

　たとえば，テクノロジーはあまりにも実用面を重視した，偽りの視野を引き起こす。特に，媒介的対人コミュニケーションの場合，問題の解決方法は，単に機器を使用しないように電源を切ることであるが，現実世界では，考えられない選択肢である。むしろ，われわれが注目すべきは，関係するすべての要因を掌握できているという誤った認識が，テクノロジーの機械的側面によって引き起こされる点である。このように，テクノロジーは，教育への応用の際に複雑な展開を見せたため，異文化的な効果がもたらす共感と感情移入を純粋に欲する気持ちとは逆方向に，作用してしまうのである。最後に，現実的には，テクノロジーの使用に費やされる時間とお金にも制約があるため，きわめて機能的側面を重視する態度が生み出されるのである。お金と時間の制約は少なくなっているかもしれないが，社会への適応を通して，われわれの行動や将来への期待に，深く浸透してしまっている。

　異文化間コミュニケーションの実情を綿密に調べてみると，実際の異文化体験は明らかに動的であり，個々のアクティビティーの総和としてではなく，全体としてのみ捉えることができるものであり，まさに人間味のあるアクティビティーであることがわかる。これらの重要な特徴のひとつひとつが，何らかの点で，テクノロジーによって損なわれている。今後われわれの使用する機械がどれだけ

改良されるとしても，人間の行動が理性的ではなくなる可能性と，行動の組み合わせが無限に存在する可能性を理解することはできない。かりに，これらの純粋な人間活動を体系化できるとすれば，ロボット工学は現在よりもはるかに大きな発展を遂げるであろう。利己主義文化の人々にとっては周知の事実であるが，集産主義文化の人々と接する際には，必ず彼らの行動全体をひとつの概念として認識しなければならない。テクノロジーは，実社会の一面を映し出すことはできるが，多くの構成要素のひとつひとつを理解する手助けにしかならないのである。おそらく，最も重要なことであるが，テクノロジーは人間の感覚のひとつひとつ，すなわち，他人の行動を理解する上で不可欠なニュアンスのひとつひとつを統合して，全体像を示すことは決してできないのである。

(3) 異文化間コミュニケーションの概念に関する問題

ここまで展開してきた議論の最後に指摘するべきことは，異文化間コミュニケーションの概念のなかには，テクノロジーの使用によって非常に扱いにくくなるものがあるということである。また，文化疲労とカルチャーショックのある部分は，テクノロジーの使用により明らかにすることができるが，抽象的な意味で行き先を見失ってしまったような場合の直感的な部分やそういう事態に対する個人の反応を理解できたと思うのは，錯覚である。同様に，テクノロジーの使用によって，不安や懸念を明らかにすることはできても，その不安の度合いや混乱，個人の適応といった側面もまた，明らかにはできないのである。

いかなるテクノロジーを用いても扱いにくい主題は，バーバル・コミュニケーションとノンバーバル・コミュニケーションが同時に行われる場合である。テクノロジーは，さまざまな側面を特定するうえで有効であるが，十分であるとは言えない。テクノロジーは，異文化間コミュニケーションの動的側面，全体論的側面，そして対

人的側面に関する問題と密接に関係しているため，学生が異文化の美的調和に接近する手助けをする際にも，困難に直面する。高度なテクノロジーを用いた学習によって，これらの概念を経験することはできるが，過度の簡略化と偽りによってもたらされる危険が，大きな問題となる。

　異文化関係の仕事に携わる人であれば誰でも確信していることであるが，効果的な異文化間コミュニケーションは困難な作業である。莫大な量の情報をたえず受信し，消化し，さらに効果的に利用しなければならない。あたかも，無数の「周知の事実」を明示したうえで，異文化におけるそれらの特性を解釈し，双方の文化体系をうまく機能する形にまとめあげようと奮闘するようなものである。成功を収めるには，異文化を機能面から学ぶのと同じように，継続的に感性を研ぎ澄まし，勤勉に努力し続けることが求められる。最終的な成功を収めるには，すぐさま，テクノロジーに対して感謝の念を抱くだけでは不十分である。学生であれ教員であれ，テクノロジーによって覆い隠されている複雑な実社会の問題に取り組まなければならないのである。

　ひとりの教員として，どのような機器も活用したいと思っている。そのため，説得力をもってその魅力を訴えかけてくる現在のテクノロジーに強く後押しされて，機会を十分に活用している。しかし，いまだ懸念しているのは，テクノロジーへの依存度が高まることによって，潜んでいる危険が今後，顕在化するのではないかということである。このセクションの結論として，同じ懸念を抱いている三名のことばを引用したい。"Networlds：Networks as social space" の魅力的な議論のなかで，リンダ・ハラシム教授は，二つの鋭い疑問を投げかけている。すなわち，「コンピュータ・ネットワークの介入が，どのようにして人間どうしの接触とコミュニケーションに影響を及ぼすのか。テクノロジーの顕著な特徴とはどのようなものであり，そして，どのようにしてこれらの特徴がコミュニ

ケーションに影響を与えるのか。」(1993) という疑問である。これらの疑問に関する議論のなかで、あえて部分的な解答だけを次のように提示している。「グローバル・ネットワークによって、われわれの経験や知識の選択の幅が豊富になっただけでなく、新たに複雑な問題ももたらされた。グローバルな会話における文化的要素、言語学的要素、そして政治的要素によって、われわれが意味を成すディスコースを構築できなくなる可能性がある。場を切り離す理論 (place-independence) は、対人コミュニケーションや集団コミュニケーションの多くの習慣や慣行に対する挑戦である」(Harasim, 1993)。私は彼女と同じ立場をとって、何の疑いも持たずに、テクノロジーを受け入れ、使用することに対して、心から異議を唱える。なぜならば、テクノロジーはわれわれを啓発する以上に、欺く可能性が高いからである。

同様に、さらに皮肉的な態度で、テクノロジーを支持する現在の浅はかな風潮に対して、われわれはみな疑念を抱くことも必要である。そう気付かせてくれるのは、マンダーとハリントンの次のことばである。

> われわれのテクノロジーに関する情報のほとんどは、その支持者から得たものであるので、すべての主張に対して深い疑念を抱かなければならない。すべてのテクノロジーは、「無害であると判明するまでは、有害である」と思っていればよい。
> テクノロジーは中立的である、すなわち、「価値判断に左右されることはない」と考えてはいけない。
> すべてのテクノロジーは、社会、政治、環境に対して影響力を持っている。これは、もともとテクノロジーに備わっている、特有の性質である。
> 現在、テクノロジー崇拝の風潮となっている。テクノロジーについて考える際に、マイナス面を重視しなさい。これによっ

て，均衡が保たれる。テクノロジーに対して否定的態度をとることは，好ましい結果へとつながるのである。(Mander, 1991)

ハリントンは，テクノロジーによって学生や授業にもたらされると予想される結果を考察し，「…われわれが失ったものに気付いた時には，既に手遅れになっているかもしれない」(1993) と慎重に結論を述べている。われわれ異文化間コミュニケーションに携わる者にとって，重大な危機である。なぜならば，効果的に異文化関係を築くには，さまざまな文化圏の人々との直接的接触や相互インタラクションを行うこと，さらには相互の差異を克服するばかりではなく維持することも必要なのである。テクノロジーの介入によって，新たな展望が開ける可能性があるし，学生が動機づけられるかもしれない。また，学習が成功を収める可能性が高まるかもしれない。しかし，このような魅力を秘めているにもかかわらず，テクノロジーは，動的で，すべてを網羅する対人インタラクションの役割を演じることはできないのである。

4. 民族関係の重要性[4]

　ふだん何気なく，主要な新聞やニュース雑誌に目を通している人でさえ，世界中で立て続けに勃発する民族紛争の記事に出くわす。なぜならば，ほとんどすべての大陸が民族紛争に悩まされており，民族の平和と平静を享受している国家など，皆無に近いからである。私は，人生の大半を通して，教室内外でこの問題を研究してきた。しかしながら，振り返ってみると，自らの研究テーマを抽象的に扱ったり，必要以上に深く掘り下げて，「体裁を取り繕う」研究をしたりすることによって，これらの深刻な問題に直接的に関わるのを避ける場合が多かったと認めざるを得ない。ときには，学生た

[第1部] 異文化間コミュニケーションの課題と展望

ちが，民族紛争という複雑な世界に私を引き込むこともあったが，そういう場合でさえ，深入りしないようにしていた。国内外の民族紛争による惨事に影響を受けて，この10年ほどの間に，大学の授業内容を変更して，世界中で崩壊しつつある社会生活の現実問題に取り組み始めた。私個人にとって，この使命は重要であったし，また，他の人たちにとっても，重要なものとなる可能性があるので，はじめに，触媒作用を起こし，かつ，作用を活発にする因子を特定しておきたい。この因子こそが，現在の私の行動を強く動機づけたのである。そして，民族問題に対するわれわれの分析をさらに促進するような文化へのアプローチを提示したい。この議論のはじめに，スキル，知識，限られた機会に基づいて，よりよい世界を作り上げるために，われわれに可能なことと礼儀との関係に関する，ひとつの立場を紹介しておこう。このセクションの最も重要で，おそらく根本的な目的は，すべての人に積極的に活動に参加していただくことである。言い換えれば，IAICSのヴィジョンは，差異に関するどのような基準があろうとも，限界を克服し，知識を活用することによって，すべての集団にとってよりよい世界を作り上げることであると認識していただきたいのである。

　皆さんは，触媒によって起こる化学作用とわれわれの思考の動きとの類似点に，お気づきであろうか。化学物質と同じように，多くのアイデアが頭のなかに浮かんでいるかもしれない。それから，何かのきっかけで，激しい運動が引き起こされる。1996年の春，私の思考はまさにこの状態にあった。ちょうどベイツ・ホッファ教授から，間近に迫ったIAICSの会長就任演説の具体的な題目を決めてはどうかと，依頼された時のことである。その頃，私が民族問題に関して何度か話した際に，不適切な発言をしてしまったことを思い出した。それで，ホッファ教授に，正直に題目を打ち明けてみた。その後，自分の立場を明らかにしながら，さまざまな情報源を探って，しばらく熟考しようと思ったのである。それから，まった

く思いもよらない情報源から,私の穏やかな思考のなかに触媒が注ぎ込まれ,激しい活性化を引き起こした。この化学反応は,私自身を激しく揺り動かし,行動を一気に加速させる因子となったのである。私にとっての触媒について説明しよう。

国内外のコミュニケーション学会のほかに,アメリカには人間コミュニケーションの研究を目的とした四つの国内組織がある。それぞれが年次大会を開催し,季刊ジャーナルを発行するほかに,さまざまな情報提供を行っている。私の活動拠点であるテキサス州は,アメリカ南部コミュニケーション学会[5]と密接な関係にある。私はこの学会に所属しているので,季刊ジャーナルである *Southern Communication Journal* が送られてくる。1996年夏号は,ルイジアナ州立大学のアンドリュー・キング教授が編集長を務める最終号であった。このなかで,キング教授は簡潔に編集後記をまとめていた。そのタイトルは"The Summing Up"(p. 363)であった。私がこのような小論を読むことはめったにないが,運命のいたずらによって,次の約束の時間まで数分の余裕ができたのである。そのタイトルが私の目に留まったのは,引退する編集長は在職期間に学んだ教訓で最後を締めくくる場合が多い,という理由にほかならない。

私は長年,楽観主義的な態度をとり,さらに自己満足に陥っていたので,キング教授のことばに衝撃を受けた。彼はこう記している。「編集長の地位を退くにあたって,述べておきたい。われわれの学問分野に関して,私が受けた最も鮮明な印象は,知らないうちに虚無主義と結びついた陰気な人間主義に陥っている,ということである。ひょっとすると,単に世紀末の虚脱感のせいかもしれないが,原稿の山を目にすると,失意のどん底に突き落とされる」。これほどまでに感情的な態度をとる理由を説明するために,提出された論文の二つの顕著な特徴を特定している。「第一に,犠牲的行為によって,社会は結束を手に入れた。そのため,社会の流動化のはずみ車としての役割を果たす連続集団強盗を特集する論文が多かっ

た。その論点は,もしブルータスが他者を殺害することができなければ,自害するであろう,というものであった」。第二の特徴は,「新しい社会のヴィジョンを構築しなければならないが,実際には構築できないでいる。一般的な主張はこうである,現代の深刻な危機的状況においては,イデオロギーの創出と破壊の必要性が,たえず高まっている。社会に関するテキストが弱体化すればするほど,社会分析はますます忍耐力を要するようになるのである」ということであった。ドイツの哲学者シュペングラーのことばを引用して,このような不吉な警告で締めくくっている。「すべての集約的な力が中心からそれてしまい,死の舞踏が始まると,暗黒の時期が訪れる」。

あまりにも要点をついていたので,キング教授の編集後記を読んだ後の私は,まるでシェイクスピアのマクベスに登場する魔女の一人になったような気分であった。まさに,私と敵対させるべく,眠れる悪魔を呼び起こすためにさまざまな材料が煮えたぎる大釜の前に,立ち尽くしているようであった。あたかもキング教授の苦しみを経験しているかのごとく,心のなかで,脱構築主義者を激しく非難した。彼らは,われわれの生活からテキストを奪い去り,解釈過程だけが永続的で尊重すべきものである,と主張した。私は,「自分自身のことだけをする」,「何でも許される」ということを正当化するための究極的手段として,傍若無人の相対主義を利用した学者たちを論破したいと考えた。私は,血圧だけでなく,批評の辛らつさもピークに達した。寛容に許すことができずに,幾度となく,邪悪な考えが私の脳裏をかすめた。このように,じっと耐え忍んで数日が過ぎたある朝のこと,ひげを剃る手を止めて考えた。そして,ほんの一瞬にして,鏡の社会的価値を理解したのである。鏡に映った自分の姿を見れば,他者が見ている自分自身の姿を見ることができる。ちょうど,社会が弱体化したことを,私が他者の責任にしようとするのと同じように,どのようにして,次から次へと私に罪を

なすりつけるのかを，他者の立場から理解していなかったのである。社会組織が，破壊とまでは言わないとしても，分裂した場合に，どのようにして，謙虚な態度でその責任を負えばよいのであろうか，と考え込んでしまった。

　自分自身の役割を考えるにつれて，ヴィジョンが明確になってきた。世界が民族紛争に苦しんでいるというのに，これらの問題を避け，あるいは少なくとも，専門的見地から研究したり，論文を執筆したりすることを避けたいと考えていた。政治的正当性や文化的感受性を意識しすぎていたため，過激な発言をしてはいけないと思い，自由に意見を述べることができなかったのである。この苛立ちと勢いが手伝って，新たな活力とかつてないほどの真摯な気持ちで，研究課題に取り組んだ。新しい活力を得た解釈によって，光と熱が強まり，その結果，はるかに明快さを増し，情熱を高めることになったのである。新たな活力を得たことをきっかけに，民族紛争の問題をはじめて採り上げた。学問的知識という道具だけで武装して，民族紛争に足を踏み入れたのである。

5. 文化と民族関係

　学者や，民族問題の解決に取り組む他の多くの人々と同じように，私は最も基本的な作業として，研究課題について容易に想定できる事柄を列挙し始めた。(1) 乏しい民族関係は，世界中の深刻な社会問題を包含している。(2) 民族問題は，さまざまな原因によって，大きく異なるコンテキスト内に生じた。(3) 民族問題を扱う人は，たえず作用している文化的要因を特定する。なかには，民族問題を世界的規模にまで拡大して捉えようとする者さえいる。たとえば，アメリカの政治学者サミュエル・ハンティントン (1996) と弟子たちは，将来の国際関係のためのコンテキストとして，異文化圏に移住した人々の間の紛争が，急速に，冷戦や超大国間の紛争に取

って代わりつつあると主張している。(4) ほとんどの著者は，言語とコミュニケーションとが複雑に絡み合って民族紛争が勃発したことを，多かれ少なかれ認めている。(5) 言語と人間コミュニケーションの専門家として，私は異文化間コミュニケーションに特別の関心を持っているので，民族問題の解決に貢献できるはずである。

これらの基本的な前提と考えを出発点として，私はどこで方向転換できるのであろうかと自問自答した。別の機会には，研究課題に対する異文化間コミュニケーションの全体像を想定することの意義について執筆した (1997)。しかし，パズル全体のうち，数ピースはまだ見つかっていない。どれだけ注意を払ったとしても，私の研究は異文化の観点や傾向を基盤としているため，これらの社会問題の文化的側面をより入念に調査し，そこから得られた知識を活用して，民族紛争の概念をよりわかりやすく説明するほかに方法はなかった。この一連の手順は，主観に大きく左右されるため，文化という概念を再考することにした。

意味の概念と同じように，文化の概念も社会に浸透しており，またどのような状況にも当てはまるように，さまざまに定義されている。実際のところ，理論的に用いるには定義があまりにも広すぎるという理由で，学者たちはいずれの概念も放棄してしまった。しかし，ひきつづき，私はこれら二つの概念を用いることにする。アメリカ人哲学者メイ・ブラッドベックの，洞察力に満ちた意味へのアプローチを頼りに，より有効な形で文化を概念化したいと考えた (1986:58-78)。分析において，ブラッドベックは，意味のレベルとカテゴリーを区別し，下付き文字を付した。意味$_1$ (meaning$_1$) は，参照される物や観念を指している。意味$_2$ (meaning$_2$) は，ある語が他の語に対して持っている意味と，両者の正当な関係を特定している。意味$_3$ (meaning$_3$) は，表象的意味である。意味$_4$ (meaning$_4$) は，心理学的意味を表している。これらの区別について詳しく述べる必要はない。ブラッドベックが，これらの違いを

3 異文化間コミュニケーションの将来

用いて，科学の議論や理論を展開する上で，意味の概念を用いやすくしてくれたし，また，後続の議論で詳細に述べていることをはるかに明確にしてくれた，と言えば十分であろう。この分析方法と同じように，文化のレベルを区別することをお薦めする。意味と同様に，文化のレベルを区別することも，民族関係の問題を概念化しようとするわれわれの取り組みを向上させる可能性がある。

私は，文化を三つの部分から成るプロセスと定義して，長年，この定義を学生たちに説明してきた。すなわち，(1) 文化圏を構成する人々にとって容認可能な方法で，知識を獲得したり，行動したりすること，(2) 意味論的枠組を発展させ，適切な知識の使用と行動を促進すること，(3) この知識，枠組，行動を伝達し，永続させること，である。この定義は抽象的であり，行動指向的であり，また認知的であるが，異文化間コミュニケーションを学ぶ学生にとっては，有益な出発点となった。利便性を優先して，私は「高級ドレス」や人為的な文化の遺物を省くことに決めた。なぜならば，これらのものは，便利な日常生活において，文化変容にあまり関心を示さない者に任せておけばよいと考えたからである。態度，価値観，信念，神話，民間伝承などといった，文化を構成する多くの要素を単に列挙する人たちには関心がない。私は文化のプロセスを重視しているが，コミュニケーションのプロセスに対する関心と完全に合致した。そのため，コミュニケーションの場合と同様に，文化の内容に言及せずに済ませることができたのである。しかしながら，民族問題に取り組む際，文化のプロセスと内容の両方と向き合わざるを得なくなった。とりわけ，プロセスと内容との相互関係を扱わざるを得なくなったのである。それゆえ，定義を拡大し，概念化しなおす必要が生じた。そこで，実行可能な概念化の方法を提案してくれたのが，ブラッドベックの意味へのアプローチである。

この数年間，民族紛争に関する論文を読んで，三つの顕著な特徴に感銘を受けた。第一に，民族問題に内在する原因はさまざまであ

るが,経済的価値観,政治的価値観,宗教的価値観の差異といった一般的カテゴリーに分類されるように思われる。貧困,無力,精神的喪失感は,これらの分析にきまって見られる特徴である。第二に,著者たちは必ず,会話参与者の言語活動やコミュニケーション活動を批評する。異なる集団間でのインタラクションについては,立場に関するさまざまな表現,主義についての最新の説明,あるいは交渉の各段階など,さまざまな観点から議論がなされている。第三に,大半の分析結果では,さまざまな性質や先入観との間の対立が,価値観かインタラクションのいずれか一方から生じていると述べられている。態度,信念,責任転嫁,固定観念の差異は,価値観の差異と実際の行動とのパラメーターとなる場合が多い。これらの説明に基づいて,私は,三つの部分から成る文化の概念に到達したのである。これは,文化の概念全体のごく一部しか把握できていないと思われる,私の主観的プロセス指向よりもむしろ,ブラッドベックの意味へのアプローチに類似している。

この論法によって,文化の三局面モデルが生み出された。Cv[6]は,第一の局面に相当し,中核的な価値観を含む。第二の局面はCp[7]であり,態度,信念,固定観念などの間接的性質を含んでいる。第三の局面は,行動に関する操作主義的表現であり,Co[8]と表記する。ここでは,言語やコミュニケーションが,もっとも直接的に,文化の他の側面と相互作用する。この三局面モデルを理解するためには,私の人生におけるもうひとつの象徴的存在であるゴルフボールを考えてみればよい。ゴルフボールには,コアと,これを覆うゴム,すなわち第二コア,さらにカバーがある。ゴルフボールがこのように出来上がってきたのとまったく同じように,われわれの文化の概念も,コアとそれを取り巻く要素とこれを覆うものがより一体化することにより,以前よりもはるかに大きなエネルギーを持った一個のボールのごとく進化してきたのである。

大半のモデルと同じように,この三局面モデルも,それがもつ動

3 異文化間コミュニケーションの将来

的なプロセスのおかげで，民族問題の分析の役に立つ。民族紛争は通常，集団が長年にわたって受けてきた抑圧と不平等な扱いが原因で生じる。もしすべての人が，資源，権力，精神的自由を平等に享受すれば，民族紛争を排除できると私は思う。しかし，このような平等な状況は，理想主義者の妄想にすぎず，決して実現することはできないのである。したがって，今後も，経済，政治，宗教が，民族紛争の根本的原因であり続けるであろう。大半の人々は，より現実的に世の中を見ているので，民族問題は第二の局面へと移行する。ここでは，価値観に根付いた傾向が，資本や権力や精神性の欠如という状況をさらに複雑にする。少数民族は，単により多くの財産を求めるのではなく，自らの状況を熱狂的に，切々と訴え続けながら，不公平という名の布を織りあげ，都合よくこれを身にまとうのである。言語とコミュニケーションによって，少数民族は，このような認識を有形なものへと加工しながら，自分たちは永遠の存在であるという感覚を強め，安全が確保されたという錯覚を強固にし，ついには正しいものの見方ができなくなってしまうのである。それゆえ，三局面モデルを用いれば，三つのどの局面にも疑問を投げかけることができ，可能ならば民族問題の本質と問題解決に向けての指針を明らかにすることができるのである。

　異文化間コミュニケーションの研究者として，私がこのモデルを用いる際，レトリック分析に重点を置くことになる。レトリックは，広義には，機能的な象徴的行動を対象とする体系的学問と定義されている。この方法論的な枠組には，言語研究とコミュニケーション研究の綿密なプロセスが関係している。IAICSに所属する会員の大半は，レトリック分析を行っている。より多くの会員に求められているのは，研究対象となる集団や民族集団のディスコース研究である。中核的な文化的価値観（Cv）の問題を解明し，この問題を性質に基づいたマトリックス（Cp）に関連づける必要がある。さらには，民族集団や他の同等の文化，上位文化が，戦術と戦略を

用いて，どのように目的（Co）を追求するのかを研究する必要がある。このアプローチによって，民族問題の各局面に見られる顕著な特徴を特定できる可能性がある。文化の概念が進化すれば，最終的には，パズルのすべてのピースがまとまると，われわれはたえず意識し続けることになるであろう。このアプローチを用いれば，社会構造の特徴を客観的に述べたり，考察することができるはずである。また，一致する点としない点とを突き止め，状況に応じて分析を行い，その後の経過を観察することができるはずである。このアプローチが期待通りに機能すれば，民族問題についての議論は好転するはずである。あいにく，鏡の社会的価値を心から享受する集団はなく，自らの行動を綿密に考察されて憤慨するばかりである。実際のところ，時には，民族集団が眼前の目標に没頭するあまり，自分自身の行動を見失い，その結果，長期間にわたる努力が水泡に帰すこともある。われわれの言語研究，コミュニケーション研究によって，より明確な問題意識をもって熟考を重ね，民族問題について議論するための基盤を構築することが可能となるのである。

　われわれには，中核的価値観の文化的局面（Cv）における問題を是正することはできないかもしれない。しかしながら，言語を用いて価値観を明確に語ることはできるし，レトリック分析によって，社会の不平等に対する絶望感の所在を突き止めることもできる。何が不満で，どのくらい不満で，どの程度ならば許容できるのか，判断できるかもしれない。この局面では，価値関係の四つの一般的なパターンを提案する。(1) さまざまな集団の価値観が一点に集結すると，紛争はなくなり，均一性が高まる可能性がある。(2) 異なる価値観が同時並行的に発展すると，意見は一致しないという良識的な合意に達するが，立場の平等を尊重することになり，意見の相違を安定させることができる。(3) 価値観の相違によって，分離や人種差別がさらに進み，その結果，ますます大きな誤解が生じたり，協力体制が後退したりするかもしれない。そして，(4) ある

集団の価値観を他の集団が公然と非難すると，問題解決の機会を拒み，道理に反し，反乱を引き起こしかねない。Cv 局面におけるレトリック分析による価値観の明確化は，さまざまな集団を象徴する価値観の関係を特定する際に有用であるため，民族問題への正当なアプローチの基盤を創出することができるのである。

　民族問題の次の局面は，ある集団が他の集団に関して集めた性質である Cp に関係している。Cv 局面における最初の価値観の明確化によっても，闘争への十分な動機が特定されないのであれば，適度な柔軟性をも許さない確固たる分類へとつながりかねない。この局面におけるレトリック分析は，集団の固定観念に注意を払いながら，入念に言語を分析し，これを解明する。たとえば，交流を持たない集団は，どのようにして他の民族集団，同等の文化，上位文化を分類するのであろうか。これらの分類を，どのように組み合わせたり，配列したりすることによって，相互の集団関係についての神話やプロットを創造するのであろうか。これらのレトリック分析による分類がきっかけとなって，混乱を招くようなテーマや一連の破壊的な記述がもたらされるのであろうか。正当に考慮の余地を残したものであろうか，あるいは，ただちに反対を煽るものであろうか。社会全体で監視し，客観的に検討することができるのであれば，これらの疑問に解答することによって，他者を侮辱するような傾向を，ある程度，制御できるようになるかもしれない。もし適切に監視できないのであれば，混乱を招くような固定観念として機能することになり，正当に検討したり，異文化関係を向上させたりする際に，不利に働くであろう。この局面における主な問題は，他の集団に対して，みずからの性質を積極的に考察，公表しようとしない受身的態度である。文化のこの局面が，意図に反する結果をもたらさないようにするためには，より自由に検討することが不可欠である。

　三番目に，文化の最も包括的な局面は，行動に関する操作主義的

表現，すなわち Co である。ここでは，目標を追求するために，民族集団は団結して戦略や戦術を形成する。われわれが価値観を徹底的に明確化していれば，目標と戦術はみごとに調和するはずである。しかし，もし価値観の分析が曖昧で漠然としたものであれば，明確な係留場がないまま，目標は漂うことになるかもしれない。あるいは，ひどい場合には，一時的な気まぐれによって，目標が一定しないこともある。後者の場合，結果として，戦術が戦略と混同されることになり，決して明確な戦術が生み出されることはない。この組み合わせは，多くの点で不安定であり，危険をはらんでおり，何らかの理由で優勢に対決し，しばしばこれを勝ち抜くことができる，主張が明瞭な当事者により，すぐさま操作されてしまうことにもつながりかねない。Co 局面は，最も識別しやすいので，どのようなレトリック分析でも，行動パターンを理解することができる。しかし，Cv と Cp の基礎となる目標がなければ，実行可能な戦略を決定する力は弱まってしまう。事態を改善しようとして，Co 局面のみにおいて，どのような行動を起こしたとしても，誰もが失敗するであろう。しかし，Co 局面でのレトリック分析によって，Cv 局面または Cp 局面において，問題に取り組む目標が浮き彫りになる可能性がある。われわれ研究者は，これらのレトリック行動を実際にことばで表現し，民族紛争を制御できる規模にまで縮小するべきである。

このような文化分析の概略を示すことによって，主要な論点が明らかになる。すなわち，文化，言語，コミュニケーションが民族問題の原因になることは稀であるという点である。しかし，これらはすべて，人間に関わる問題に付随して表面化するものであり，それ自体，民族問題を分析する際の重要な情報源となる。文化，言語，コミュニケーションは，民族紛争の主要な原因にならないのとまったく同じように，解決策にもならないが，民族問題に付随するものであるので，問題解決のための重要な予備知識となる。言い換えれ

ば，われわれのレトリック分析は，民族問題を解説，分析し，この社会病の治癒に貢献できるような視野を創造する一助となるのである。しかし，われわれのアプローチこそが唯一の解答であると思い込んではならない。より社会に対する影響力を持つ人々が問題を解決できるよう，それを解明し，骨組みを作ることくらいしかできないのである。最大の価値は，主として，さまざまなレベルのレトリック行動間に見られる問題や相互関係の局面を特定することに見出されるであろう。われわれに秘められた貢献可能性を実現するためには，自らの分析手法が今まで以上に注目を集めるような方法を考案しなければならない。

6. 民族関係と礼儀（civility）

トリニティー大学で行われたプレゼンテーション（1997年2月21日）のなかで，アメリカの著名な文化人類学者であり，国際的にも有名な文化活動家であるデイヴィッド・メイベリー・ルイス氏は，民族関係に取り組むことの重要性を強調した。「民族性に配慮しなければ，現代社会は崩壊してしまう」と彼は主張したのである。自身の体験を生かして，「民族の正当性がますます認められる傾向にある。ラテンアメリカ諸国が，自らをメスティーゾではなく多民族国家と位置づけていることも，その一例である」と指摘している。そして，政府は集団殺戮や，民族性を認めたうえで吸収するという，計画的な民族集団の絶滅政策を放棄しつつある。彼が説明しているように，この転換の根底には，「民族紛争は，民族性を表現することではなく，むしろ抑圧することによって生じる」という認識があると思われる。

海外に目を向けてみると，民族性は認識されているだけでなく，さまざまなかたちで賞賛されている。しかし，このように，民族性が肯定的に捉えられている状況でさえ，複数の民族集団どうしの関

[第1部] 異文化間コミュニケーションの課題と展望

係と，最有力の上位文化との関係が問題となる。現在，アメリカが置かれている状況では，民族性の問題は，もはや個の多様性を認識し，尊重することにとどまらない。民族集団が，民族性を利用して，現有の権力機構から，自分たちのすべてを守ろうとするので，社会工学のための政治的道具となってしまった。残念ながら，このように，民族のアイデンティティを正当に利用する過程で，民族問題における駆け引きとレトリックについて論じる際に，われわれは不適切なことばを用いてしまう。これが原因となって，民族の多様性といった根幹を成す生命力が減退し，民族紛争のさまざまな問題が悪化しているのである（Hill & Lujan, 1983, 1984）。民族集団に対する大量殺戮政策と，民族性の無差別な濫用との間には，民族のアイデンティティやすべての集団間における関係を積極的に発展させるための，より妥当なアプローチが存在する。この均衡の取れた状態を達成できる環境を創出するためには，礼儀とわれわれの潜在能力の両方が同時に不可欠となるのである。

　トリニティー大学で行われた別の講演では，ビル・ブラッドリー元アメリカ上院議員が，わが国が直面する主要な政治問題と認識していることを検証した（1997年4月3日）。これには，われわれの民族関係の問題も含まれている。彼は，民族問題に対する簡潔な解決策とは言わないまでも，少なくとも解決に向けての第一手を提示した。「われわれは，お互いに話し合わなければならない」と述べ，この単純明快な考えを拡大して，多くの課題に当てはめた。道徳性がなければ，アメリカが世界政治の舞台に超大国としてとどまり，世界のトップに立ち続けることはできない，と明言した。それで，われわれは，お互いを公平かつ公正に扱わなければならないし，他国に対して，そのような模範を示さなければならないのである。これに触発されて，われわれは，自らの状況を論じる際に，お茶を濁してしまうのに，どうして世界を導くことが出来るのであろうか，と自問してみた。おそらくご存知の方もいるであろうが，アメリカ

議会は現に，政府活動におけるポライトネス低下の問題に取り組む計画を撤回してしまった。実際には，わが国の政策や計画についての筋の通った議論が，不適切なことばによって妨げられており，礼儀の回復こそが，このような行き詰まりを打開するための第一歩であると議会は認識しているようであった。

われわれ研究者や教員は，礼儀という目標を推進する立場にある。礼儀を推進すれば，民族問題の展望が開かれ，問題を解決するきっかけが生まれるかもしれない。これを実現するには，礼儀の概念，礼儀ということばの含意，礼儀を推進する方法，その回復に基づいた民族紛争のレトリック分析，文化分析の応用方法を考察しなければならない。私はこの課題に貢献したいと思い，ありきたりの方法ではあるが，同僚に助けを求めた。イギリスの著名な古典文学の教授であるコリン・ウェルズ氏は，civility というラテン語の概念の歴史的発達を，私に指導してくれた。ローマの伝記作家スエトニウスは，クラウディウス皇帝の伝記を著した。そのなかで，クラウディウスは，控え目で気取らない（*civilis*）性格であったため，皇帝の称号を拒んだと書かれている。すなわち，いわゆる君主（*princeps*）と呼ばれることを好まなかったというのである。*The Oxford Latin Dictionary* はこの一節を引用し，ここに用いられている *civilis* を，「一国民にふさわしい，気取らない，見栄を張らない」と解説している。*civilis princeps* についてのこの見解に重点を置いて，イギリスの古典学者アンドリュー・ウォーレス・ハドリールは，*civilitas*，すなわち英語の civility について論じている。彼は，この概念を「多くの国民のなかにおける一国民の振る舞い」，要するに，社会的平等による礼儀正しさと配慮と定義している（1982）。さらに，「…抽象名詞が形成されるようになったのは，紀元2世紀のことである。英語の ideal は *civilitas* と表現できる」と付け加えている。この歴史的観点から考えると，英語の civility という語が，国民との関係において，一国の指導者を善人にも悪人に

も仕立て上げてしまう一連の行動を含意するようになった理由が理解できるのである。

現状では，civility という概念を，これら二つの古典的側面を包括するものと理解している。しかし，一般化されて，皇帝だけでなく，一般庶民の行動も含意するようになったのである。一方では，われわれが国民としての義務を遂行することを意味し，もう一方では，善良な国民にふさわしい道徳的行動規範を意味する。したがって，国民としての権利を有していることと，お互いに礼儀正しい (civil) 行動をすることを意味するのである。これは，affable, courteous, differential, gracious, polite, respectful などで言い換えることができる。さらに，礼儀正しい行動を意味する，これらの同義語をわかりやすく説明すると，すべてが，他者に対して失礼な態度を避けること，社会における必要条件を遵守すること，積極的に，威厳をもって，誠実な態度で，温かい心をもって他者を思いやることを含意している (*Random House Dictionary*)。これらの特質を慣習的行動規範に組み入れると，礼儀正しい人々が礼儀正しい社会を作り上げている，ということになる。明らかに，civility は，理性をもって人間集団間の問題を考察することと密接な関係にある。

civility は象徴的に用いられるので，われわれのレトリック分析は，行動規範を運用するうえで不可欠となりうる。急増している "face" という概念に関する文献について考えてみよう。そして，異文化圏の人々が，個人的な問題を解決するために，どのようにして顔を立てるインタラクション (face-saving interactions) に従事し，礼儀正しい態度を生み出すのかを考えてみよう。これ以外にも，私が研究対象とした多くの事例を用いて，われわれは，有能な国民にとっての行動規範の妥当性と，実際に民族問題を扱う際の行動規範の運用方法を，学生に指導しなければならない。現在ほど，この課題が関心を集めたことはこれまでにない。学生が，礼儀正し

く人生を送るための準備を，われわれが整えてあげなければならない。また，礼儀正しさを無視することによって生み出される破壊兵器ではなく，相手に敬意を表すための道具を与えてあげなければならない。この課題を克服するには，われわれの学問分野と教授法に，若干の修正を施すだけでよい。高度な異文化間コミュニケーションと，より協力的な民族関係を目指して，今まで以上に広範にわたる研究成果を重視する方向に，容易に移行することができるのである。

このセクションのトピックである民族紛争の研究を始めた時，控えめにではあるが，この研究課題に貢献したいと切に願っていた。キング教授の編集後記に記されていた失望が，私の行動に触媒作用を引き起こした。その結果，当時の私の予想をはるかに超える研究を，遂行することになったのである。この数ヶ月間，民族紛争というトピックから逃れることができなかった。私のことばが，ひとりひとりの読者に触媒作用を引き起こす一助となることを，願ってやまない。そして，学問分野や国といった境界を越えて，IAICS のヴィジョンに賛同し，われわれのスキルや知識を活用して，すべての民族にとって，より良い世界を築き上げていただきたいのである。はじめは，単に関心のある研究テーマにすぎなかったが，深く追求することによって，今では，ライフワークともいえる研究テーマとなっている。すなわち，私の異文化間コミュニケーション研究は，新たな主眼を得たのである。これは，相互依存社会において，学生だけでなく私自身も，より礼儀正しく生きるための一助となるであろう。

新世紀に突入したのを機に，過去の教訓を回想しながら，広範な地域に及ぶ社会分裂という病を治療するうえで，東洋と西洋の最も優れた要素を統合することが重要であるということを，われわれ自身が認識することを願っている。ここで，最も重要な要素として，個人主義指向と集産主義指向という二つの有名な考え方が挙げられ

る。アメリカを含む西洋の個人主義指向には,対話と自尊という概念がある。一方,東洋の集産主義指向には,社会的秩序と共同体という概念がある。個人主義指向と集産主義指向を統合することができれば,それぞれの長所を有効に活用して,新世紀を生き抜くための基盤を構築できるであろう。統合の過程において,最大の落とし穴の一つは,民族の不安定である。レトリック分析が持つ潜在的可能性を引き出すことができれば,高いリーダーシップを発揮して,民族問題を有効に説明できるかもしれないし,混乱を招くような差異を,理性をもって考察することを促す解決策を,考案できるかもしれない。私の提案が唯一の解決策であるわけではない。しかし,これに刺激を受けて,私の提案を改良し,民族問題の分析と解決におけるわれわれの役割を高める明確な方法を考案しようと志す読者や学生が,現れるかもしれない。キング教授の編集後記とは対照的に,私は未来について,明るいヴィジョンを持っている。すなわち,学問分野や国の境界を超えて,これまでに積み重ねてきた学問知識を世界の向上に活用するというヴィジョンである。IAICSの会員となって,われわれと力を合わせてこの課題に取り組もうではありませんか。

7. 結論

　光栄にも,本書に寄稿する機会をいただいた。研究生活のすべてを,異文化間コミュニケーション,国際コミュニケーション,開発コミュニケーションの研究と応用に捧げてきた者として,将来を担う人たちに貴重な貢献をさせていただくことができると心より信じている。本論で述べたように,われわれには最終的に取り組むべき三つの大きな課題がある。(1) コミュニケーション分野に取り組む非常に多様な研究者集団をまとめて,われわれの研究成果をより有効に体系化することに注力する必要がある。協力体制を整えれば,

われわれは今よりもはるかに強い影響力を持つことができるようになる。(2) 人と人との関わりよりもテクノロジーに傾倒しすぎることのないよう，注意が必要である。われわれが扱っているのは，世界の「人々の問題」だからである。どのようなテクノロジーにも，人間の問題に応用すればマイナス面があることを，決して見逃してはならない。(3) 最後に，これまでに経験したことのないほど脅威的な社会病の治癒に，徹底的に取り組まなければならない。世界の人口は増加し，科学技術の進歩によって人と人との距離が縮まった。そのため，われわれは，民族関係の希薄化という脅威を，たえず警戒していなければならない。これらの問題に関する対話に，有益な貢献を果たすことができる。また，対話を改善すれば，われわれの積み重ねてきた研究成果を，より明確な考えにまとめることができるかもしれない。すなわち，われわれの努力を結集すれば，われわれの知識や研究成果を，世界が直面する深刻な問題に応用する可能性が高まるであろう。

(岡裏佳幸 訳)

―― 注 ――

(1) このセクションの前身は次の論文に収められている。Hill, L. B., Dixon, L. D. & Goss, L. B. (2000). "Intercultural Communication: Trends, Problems, and Prospects." *Intercultural Communication Studies, X*(1), 189-194.

(2) このセクションの前身は次の論文に収められている。Hill, L. B. (1998). "Technological Enhancement of Experiential Learning for Intercultural Communication." B. Hoffer & J. Koo (Eds.), *Cross-Cultural Communication East and West in the 90's*. San Antonio, TX: Institute for Cross-Cultural Research, Trinity University. 15-22.

(3) ここでは，異文化に対して，単に受動的に反応するのではな

く，みずから積極的に対処，適応しようとする行動を意味する。
(4) このセクションの前身は，次の論文に収められている。Hill, L. B. (1997). "Ethnic Relations and the Decline of Civility." *Intercultural Communication Studies, VI* (2), 1-11.
(5) 英語名称は the Southern States Communication Association。
(6) 中核的価値観（values）に基づく文化の局面のこと。
(7) 性質（predispositions）に基づく文化の局面のこと。
(8) 操作主義的表現（operationalizations）に基づく文化の局面のこと。

【参考文献】

Bassett, D., & Jackson, L. (1994). Applying the model to a variety of adult learning situations. In L. Jackson & R. Caffarella (Eds.), *Experiential learning: A new approach. New directions for adult and continuing education, 62* (Summer), San Francisco, CA: Jossey-Bass.

Bradley, B. (1997, March 4). America: the path ahead. Speech delivered at Trinity University, San Antonio, TX.

Brodbeck, M. (1968). Meaning and action. In M. Brodbeck (Ed.), *Readings in the Philosophy of the Social Sciences* (pp. 58-79). London, England: Collier-Macmillan.

Caffarella, R., & Barnett, B. (1994). Characteristics of adult learners and foundations of experiential learning. In L. Jackson & R. Caffarella (Eds.), *Experiential learning: A new approach. New directions for adult and continuing education, 62* (Summer), San Francisco, CA: Jossey-Bass.

Harasim, L. M. (Ed.), (1993), *Global networks: Computers and international communication*. Cambridge, MA: MIT Press.

Harasim, L. M. (1993). Networlds: Networks as social space. In L. M. Harasim (Ed.), *Global networks: Computers and international communication*. Cambridge, MA: MIT Press.

Harrington, H. L. (1993). The essence of technology and the education of teachers. *Journal of Teacher Education, XLIV*, 1.

Hill, L. B., Long, L., & Cupach, W. (1997). Aging and the Elders from a cross-cultural communication perspective. In Hana S. Noor Al-Deen (Ed.), *Cross-Cultural Communication and Aging in America* (pp. 5-22). Hillsdale, NJ: Erlbaum.

Hill, L. B., & Lujan, P. (1983). The Mississippi Choctaw: A case study of intercultural games. *American Indian Culture and Research Journal, VII*, 29-42.

Hill, L. B., & Lujan, P. (1984). Symbolicity among Native Americans. *Journal of Thought, XVIV*, 109-121.

Honna, N., & Hoffer, B. L. (2003). L. Brooks Hill—A Professional Overview. *Intercultural Communication Studies, XII* (2), 181-185.

Huntington, S. (1996). *The Clash of Civilizations and the Remaking of World Order*. Old Tapper, NJ: Simon and Schuster.

Jackson, L., & Caffarella, R. (Eds.). (1994). Experiential learning: A new approach. *New directions for adult and continuing education, 62* (Summer), San Francisco, CA: Jossey-Bass.

Jackson, L., & MacIsaac, D. (1994). Introduction to a new approach to experiential learning. In L. Jackson & R. Caffarella (Eds.), *Experiential learning. A new approach. New directions for adult and continuing education, 62*

(Summer). San Francisco, CA: Jossey-Bass.
Javidi, M., & Hill, L. B. (1987). International students and intercultural communication instruction. *Journal of Thought, XXII*, 4.
King, A. (1996). *The summing up. The Southern Communication Journal, LXI*, 363.
Kolb, D. (1984). *Experiential learning: Experience as the source of learning and Development*. Englewood Cliffs, NJ: Prentice Hall.
Lee, P., & Caffarella, R. (1994). Methods and techniques for engaging learners in experiential learning activities. In L. Jackson & R. Caffarella (Eds.), *Experiential learning: A new approach. New directions for adult and Continuing education, 62* (Summer), San Francisco, CA: Jossey-Bass.
Leeds-Hurwitz, W. (1990). Notes in the History of Intercultural Communication: The Foreign Service Institute and the Mandate for Intercultural Training. *The Quarterly Journal of Speech, LXXVI* (3), 262-281.
Lewis, L., & Williams, C. (1994). Experiential learning: Past and present. In L. Jackson & R. Caffarella (Eds.), *Experiential learning: A new approach. New directions for adult and continuing education, 62* (Summer), San Francisco, CA: Jossey-Bass.
MacIsaac, D., & Jackson, L. (1994). Assessment processes and outcomes: Portfolio construction. In L. Jackson & R. Caffarella (Eds.), *Experiential learning: A new approach. New directions for adult and continuing education, 62* (Summer), San Francisco, CA: Jossey-Bass.
Mander, J. (1991). *In the absence of the sacred: The failure of*

technology and the survival of the Indian nations. San Francisco, CA: Sierra Club Books.

Maybury-Lewis, D. (1997, February 21). Indigenous peoples and the 21st Century. Speech delivered at Trinity University, San Antonio, TX.

Random House Dictionary. (1967). Civility, Civil, Civilized, and Civilization. *The Random House Dictionary of the English Language*. The Unabridged Edition. New York, NY: Random House.

Wallace-Hadrill, A. (1982). Civilis Princeps: Between Citizen and King. *Journal of Roman Studies, 72*, 32-48.

Wishnietsky, D. (Ed.). (1994). *Assessing the role of technology in education*. Bloomington, IN: Phi Delta Kappa.

異文化間コミュニケーション理論の方向性

第2部

4

文化的アイデンティティを越えて[1]

Kim Young Yun

1. 文化的アイデンティティ論争

　数年前，シンシナティー学区は授業妨害および他者に危害を与える行為を行なった生徒に対し，重罰を与える規律規定を制定した。この規定はアフリカ系の生徒に不当に作用するとして，抗議を受けている。近く行なわれる裁判では，懲罰処分を求めた教員の人種と性別，ならびに懲罰処分を受ける生徒の人種と性別に関する情報の記録を学校側に求める要求が出されている。これらの記録は教員の給料の査定や授業管理講習を受けるべきか，あるいは解雇されるべきかなどを決める手がかりにされる。もしこの裁判が勝訴すれば，規定の執行を大きく脅かすことになる。全米教員連盟（American Federation of Teachers）の会長であるアルバート・シャンカー氏はニューヨーク・タイムズ紙（1994年1月16日付け，社説・声の紙面）で次のような懸念を述べている。

　　この記録の解釈はどのような基準をもって行なうのだろうか。ある罪に対して，黒人の教員が黒人の生徒に懲罰を与えるのは良いが，同じ罪に対して，白人の教員が黒人の生徒に懲罰を与えるのはいけないとするのだろうか。白人の女性教員がア

フリカ系の男子生徒に懲罰を与えると問題があるが，黒人の男性教員が同じことをするのは良いのだろうか。同じ規則に違反をした子どもたちが人種の違いによって異なる扱いを受けることになるのだろうか。人種ごとに，一定期間に懲罰を与えられる子どもの数を決めるような割り当て制度でも作ることになるのだろうか。(p.7)

　学校におけるしつけを人種や性別にもとづいて考えることの問題点は明らかである。もっとも，白人生徒と黒人生徒で，懲罰の与え方に違いがあるという事実だけで，即座に差別があるとは言えない。重要なのは，ある教員がある生徒に懲罰を与えることを正当化できるかどうかであり，それは人種を見るだけでは答えることができないということである。もし，裁判所が上記内容の判決を下すことになれば，教員は生徒に懲罰を与えることに対し，きわめて慎重にならざるを得ない。シャンカー氏が述べるとおり，「この判決はすべての教員に対し，『生徒に懲罰を与えれば与えるほど，あなた方の境遇は悪くなるのですよ。そして，ついでながら懲罰を与える対象は人種的にバランスが取れていなくてはなりませんよ』」(p.7) と言っているようなものである。

　この話は現代アメリカ社会でよくある事象の一つにすぎない。すなわち，グループアイデンティティにとらわれるばかりに，解決すべき本当の問題から人々の注意をそらしてしまうという過ちである。アメリカ合衆国は，民族，先祖，地域などを超越した自由で民主的な原理にもとづいて作られたユニークな国家であるが，ここへ来てかつてないほど多くの，アイデンティティや違いを強調する主張を経験している。一見罪のない文化的アイデンティティというバナー（あるいは人種的ないし民族的アイデンティティという類似のレーベル）も，今では多くのアメリカ人にとって，痛い「はれ物」となり，しばしば彼らを「われわれ 対 彼ら」という姿勢に駆り立

ているのである。伝統的な「人種のるつぼ」というアメリカの理想は，*The Disuniting of America* (Schlesinger, 1992) や *Race* (Terkel, 1992)，*The Racial Crisis in American Higher Education* (Altbach & Lomotey, 1991)，*Race Matters* (West, 1993)，*Culture of Separation* (Bellah, et al., 1985)，そして *Culture of Complaint* (Hughes, 1993) など，つぎつぎに出される書物で議論される激しいアイデンティティ政見の真っただ中で脅かされている。

アメリカ政界の「右派」と「左派」間で悪化する分裂状態は，「ポリティカル・コレクトネス」(PC) をめぐる口論でさらに紛糾している。「多文化主義」がもたらした不幸な副産物である。実際，双方の歩み寄りは泥沼状態である。両イデオロギー集団における急進論者は，守り態勢の「犠牲者」モードに入り，論争激しい「分離主義」に関して演説を繰り返し，誠実な対話の価値や可能性さえ否定している。一方，急進左派は怒りあらわに「迫害」と「権利」を叫び，少数派のアイデンティティ強化を支持している。急進右派には，彼ら独自の PC，すなわちロバート・ヒューズが呼ぶところの「愛国的正当性 (Patriotic Correctness)」があり，スケープゴートと憎悪対象を作り上げることにより，アメリカ政治を分断し，等しく自己の特権保護をもくろんでいる。そして，急進的保守派の一部からは「われわれの文化を取り戻す」ための「文化戦争」への公約さえ聞かれるのである。かなりトーンは弱いものの，極右のアイデンティティ論争は，イスラム教を「冒瀆」した作家，サルマン・ラシュディに対するイラン人ムッラーのファトワ宣告に見られる偏狭に驚くほど類似している。

こうして，両極は衝突し，急進リベラルも保守派も対決という破壊的ゲームに身をおくことになる。ロバート・ヒューズ (1993) の言葉を借りれば，彼らはいまや「進行した二人精神病 (*folie a deux*) にかかり，お互いがお互い以上に嫌いな相手は，両者に『もっと冷静になれよ』と忠告する者のみである」(p.79)。このよ

うに緊迫した文化的アイデンティティ論争のなかでは，建設的な討論と妥協によって問題解決を図るというアメリカの伝統的精神も終息の危機にさらされている。こうした対立的な会話には，多文化主義の理想そのものも同時に欠落している。すなわち，異なったルーツを持つ人々が共存し，学び合い，偏見と幻想を持たず，人種と民族（そして性別や社会的カテゴリーも同様に）の境界を超えることができること，そして真の多文化主義を実現し，統合された社会を背景に，物事を考えるという理想が欠けているのである。憂慮すべきことは，アメリカ史上最も興味深い事柄の多くが，さまざまな文化的ルーツの接点（interface）で起こっているという事実に，現在の論争が気づいていない点である。

2. 文化的アイデンティティに関する学術的アプローチ

　文化的アイデンティティの体系的研究は心理学者エリック・エリックソン（1950, 1968）の重要な初期理論的体系までさかのぼることができる。エリックソンの理論はアイデンティティを個人の中核に置くと共に，個人の「共有文化」の中核にも置く。さらに，アイデンティティの形成過程を，二つのアイデンティティ，すなわち個人のアイデンティティとグループのアイデンティティが併合し，一つになるプロセスととらえている。以後，他の研究者もエリックソンの理論を継承し，文化的アイデンティティについて同様の推測を行なっている。たとえば，インガー（1986）は，自民族への愛着心を社会性形成期（periods of socialization）の初期段階で個人が形成する基本的アイデンティティとし，個人の尊厳を強化するものであると説明している。アイデンティティに関しては，社会的アイデンティティ理論（Tajfel, 1974, 1978; Turner, 1975）やこの理論にもとづく多くの実験研究でもさらに詳細に説明されている（たとえば，Giles & Bourhis, 1976; Giles & Saint-Jacques, 1979）。社会的アイデン

ティティ理論の主要な特徴は、グループアイデンティティに重要な価値と感情面における重要性を見出すこと、そしてグループアイデンティティと自己のアイデンティティ、自尊心、ならびに外集団に対する行動とに緊密な関係を認めることである (Brewer Miller, 1984; Turner & Giles, 1981)。

　総じて、文化的アイデンティティに関する現在の考え方は、それが「プラスの性質」を内在するという推定にもとづいている。文化的アイデンティティという概念に付与された道徳的価値について、文献には暗黙の合意がある。たとえ文化的アイデンティティと自尊心との関連性が実証的研究で立証されていなくても、そうなのである (Phinney & Rosenthal, 1992)。社会科学者の間では、アイデンティティの境界線は誰もが感じる、あるいは感じるべきものであり、またそれは変化や妥協を許さないものであると考えられている。また、社会が文化的に同一化することは、少数派民族の背景を持った人々の人格の低下につながると概ね信じられている。ジーン・フィニー (1989) が提案する民族的アイデンティティの発達過程などは、まさにこのケースのようである。フィニーは発達過程のモデルを示しながら、個人が自己の民族的アイデンティティへ深く傾注・専心することの重要性を強調し、そのような傾注・専心がないと個人の精神的、社会的機能に大きな支障をきたすことを示唆している。興味深いことに、少数派民族には重要視される文化的アイデンティティの保持は、アメリカの白人に対して重要視されることはほとんどない。

　文化的アイデンティティにプラスの価値のみを付与することは、間違いなく現実を単純化しすぎている。そうすることは現代アメリカ社会で頻出する文化的アイデンティティの「影の部分」、すなわち、集団的自己賛美と外集団軽視の傾向を見過ごすことにつながる。一つの文化的アイデンティティへの厳格な固執と他のグループへの不信感、もしくは分離主義的感情とが明らかな関連性を持って

いることについては十分な注意が向けられていない。それにもかかわらず，文化的アイデンティティには本質的に「善」が備わっているという概念は蔓延(はびこ)り，多くのジャーナリスト，政治家，そして一部の一般市民層にも広く共有されている。

　学界における文化的アイデンティティのプラス偏重は，社会科学者が文化的アイデンティティの排他性・専属性を過大視しすぎる傾向により，強化されつづけている。特定の個人は一つの文化的アイデンティティのみに「属する」と考えられているのである。すなわち，ある人が自身をメキシコ系アメリカ人とみなす，あるいは他人がその人をメキシコ系アメリカ人とみなした場合，その人のアイデンティティは他の全てのアイデンティティを排除すると考えられることになる。このような「全か無か」，「二者択一」の概念は，多くの人のアイデンティティが一つの確固としたカテゴリーに固定されているのではなく，他のアイデンティティも同時に混入している事実を見落としている。特にアメリカ合衆国では，30％から70％の黒人，事実上全てのラテン系とフィリピン系，そしてアメリカン・インディアンとネイティブ・ハワイアンの大半，そして白人と判別された人のうちのかなりの割合が多人種・多民族の血統である (Root, 1993:9)。

　また，それと関連して，文化的アイデンティティの一般的概念は特定のグループに関連付けられた人々の均一性を誇張しすぎるきらいもある。研究者は特定グループに属するとみなされた人々を全て，ひと括りにし，彼らが同一の特徴を持った均質的グループとして描写する傾向がある。たとえば，*Two Nations* (1992) のなかで，著者のアンドリュー・ハッカーは，反証する多くの統計が同書に示されているにもかかわらず，現代の黒人を白人社会において末端に追いやられ，分離され，苦しめられている存在として，ひと括りに描写している。文化的グループのこのような均一性は，当然ながら正確とは言いがたく，先入見的カテゴリーとステレオタイプに

もとづく一般化を存続させる要因ともなり，個人とグループの複雑な関係を正確に理解することの妨げにもなる。

近年の研究であまり考慮されないのは，共通の文化背景を持った個人でも，グループが共有する経験と掲げる目標に対する想いと傾注の度合いが異なるという事実であり，また，日々の活動や業績がそのグループへの帰属と結びついている度合いも異なるという事実である。さらに，多くの人にとって文化的アイデンティティは，複数のグループアイデンティティ間での行き来，または複数のグループアイデンティティの融合を許容する，社会・心理的な流動的プロセスに満ちている点も忘れられている。ヒスパニック系アメリカ人に関する近年の調査結果（Garza, et al., 1992）はそのような文化的アイデンティティの複雑さを浮き彫りにしている。その調査によれば，ヒスパニック系アメリカ人の大多数が少なくとも他のヒスパニック系アメリカ人に対するのと同じくらいアングロ系アメリカ人にも親近感を覚えることが分かっている。アイデンティティの保持を絶対視する人々の強い懸念とは裏腹に，調査結果ではヒスパニック系の大多数がアメリカ文化の主流に向かっており，60％以上がバイリンガル教育の意義は両言語を習得することと答え，スペインの言語・文化を保持するためのみであると答えたのは10％以下であった。さらに，調査を受けた人の大多数が合衆国に対する「愛情」と「誇り」を示し，合衆国全体に対する忠誠心を表している。

文化的アイデンティティに関する現行の学問的概念のさらなる誤りは，その永続性について過大な憶測をしている点である。すなわち，一度イタリア系アメリカ人であれば，つねにイタリア系アメリカ人であるという考え方である。文化的アイデンティティの形成プロセスを説いた学説（Erikson, 1950, 1968; Phinney, 1989; Phinney, Lochner & Murphy, 1990; Phinney & Rosenthal, 1992）ですら，人格形成期に作られる第一アイデンティティ以降のアイデンティティ発達の現象に言及していない。たとえば，フィニー（Phinney, 1989）

はマイノリティーの若者のアイデンティティ形成について，三つの段階をあげている。(1) 若者が民族的イメージやステレオタイプに対してほぼ受身的に反応する「非考察的民族的アイデンティティ」の段階。(2) 特定の民族グループに属することの意味を「模索」する時期であり，エリックソン（1968）が説明するところのアイデンティティ危機またはモラトリアムの段階。そして，(3) 若者が自分なりの民族的アイデンティティに至り，「グループに何らかの形で属することを約束する」(Phinney, 1989:41) いわゆる「決意」の段階である。この考え方は少数派の若者が，もがきながらも「エスニックグループの一員としての確固たる自意識を獲得する (p.42)」様子を理解する手立てにはなるものの，これらの若者の多くにとって，アイデンティティ形成は民族的自己の「確固たる意識」を獲得するだけにとどまらない事実を説明しきれていない。このような限定されたとらえ方は，移民やその子孫が時間と世代を越えて同化へと変容していくという，広く記録された事実を考慮に入れていないのである。（関連文献は，Kim, 1988 を参照のこと。）

上で考察した学問的通説は，トーマス・ペティグルー（1988）とユージン・ルーセンズ（Roosens, 1989）が指摘するように，分離主義の色合いを少量含んだ多元的共存へのイデオロギー傾斜をあきらかに反映している。文化的アイデンティティは交渉も変更もされてはならず，個人の最初のアイデンティティが変化することは，健全な生活のためには望ましくないと，文献は概ね語っている。ペティグルー（1988）はさらに次のように結論づけている。

> アイデンティティの自律的性質と文化的アイデンティティとの関係を強調してモザイクとキルトを語ることは多くの人にとって，アメリカの向かう方向を描写する試みであり，またそれを助長しようとするものでもある。(p.19)

3. システムという観点から見たアイデンティティ

　ハリー・ワインバーグ (1987) は，アルフレッド・コージブスキー (1958/1933) の一般意味論の原則である「地図は領土にあらず」を繰り返し，次のように指摘する。われわれの概念が実際の現実と合わないとき，そして，推論をあたかも事実として振る舞うとき，「必然的な結果として，フラストレーションや，領土を地図に無理やりゆがめ合わせるといったことが起こりやすくなる」(p.26)。いまやわれわれは，人の文化的範囲が生まれや育ちで決められた枠内に一生，絶対的に固定されるという間違った考えを改める必要がある。それと同時に，そのようなアイデンティティの変容が，必然的に元のアイデンティティを捨て去る，あるいはそれを裏切ることになるという通説にも待ったをかける必要がある。むしろ，今日までの学説で避けられてきた事柄に目を向け，現代の政界に蔓延るアイデンティティの考え方に異議を唱えるべきである。さらに，より多種多様な文化的アイデンティティに向けて，より柔軟で開放的な形を意識していかなくてはならない。そのためには，複数のアイデンティティがどこで分離し分かれるかだけでなく，どこで触れ合い一つになるのかについても注目し，それが人間のパーソナリティにどのような影響を及ぼすのか調査する必要がある。すなわち，アイデンティティの形成，交渉，拡張，そして変容といったアメリカの伝統的常識について調査すべきである。

　こうした新たな方向に向かうためには，すでに文化間のアイデンティティ貸借を行い，文化的アイデンティティの境界が不浸透でないことを認識している多くの人々の経験を分析する必要がある。文化間のアイデンティティ貸借は多くの場合，賞賛すべき行為であり，貸し手にとっても借り手にとっても，象徴的いかんを問わず，奪われた感のないものであることをこの人たちは知っているのである。そのような人々の一人に *Composing a Life* (1989) の著者であ

4 文化的アイデンティティを越えて

るメアリー・キャサリン・ベイトソンがいる。彼女の洞察力から彼女自身のアイデンティティの複雑さと豊かさを伺い知ることができる。

　　私は高校 3 年次をイスラエルで過ごし，大学進学のためにアメリカに戻って来た。しかし，イスラエルで見つけた新しい自分との狭間で分裂感を味わわずにはいられなかった。以後，アメリカ人としての異邦人的アイデンティティとイスラエルでの経験を並べて置き，二つの文化を組み合わせ，変換し，大学教育を駆使しながら，徐々に新しい自分を作り上げていくことが新たな課題となった。二人の自分が幾度となく，自分が何者であるのか問い続けなくてはならなかったのだ。(pp.212-213)

サンドラ・キットも自己の経験と見解が文化的アイデンティティの通説にそぐわないと感じる多くのアメリカ人の一人である。彼女は，*The New York Times Magazine* の「文化付随物 (cultural baggage)」という記事に対して，編集者宛に以下のような手紙を書いている。

　　私は 12, 3 歳の時から民族的レッテルと戦い続けてきたが，自分が何者であるかを定義できるのは自分だけであると心に決めていた。それは孤独な立場だった。私はいわゆる「WASP もどき (almost WASP)」ではない。私はアフリカ系アメリカ人である。私は，父方，母方双方からチェロキー・インディアンの血も引いている。でも，だから何だと言うのだろう。（中略）私は自分の責任のみにおいて，人生で多くのリスクを冒してきた。そして，単に人と違うというだけでなく，自分自身であろうと努力することで多くの報いも得てきた。(p.10)

さらにもう一人，A. J. ネーゲルは *The Tulsa World*（1992 年 4 月 17 日，セクション A）の新聞記事の文化的アイデンティティに関

する記事に反発し，次の手紙を編集者に書いている。

> 私はドイツ名を持つアメリカ人である。私の先祖は忠誠なるアメリカ市民として代々150年この国に住んでいる。そんな私はドイツ系アメリカ人なのだろうか。私にはチェロキー・インディアンの血も少し流れている。ならば私はネイティブ・アメリカンだろうか。グループまたは個人をそのような称号で呼ぶことは全く意味のないことだ。私たちは皆アメリカ人で，それゆえ均等の機会を与えられているのである。もちろん，これらの機会を享受する代わりに，責任も担わなくてはならない。アメリカ合衆国は背景や人種以外にも十分問題を抱えている。この国は全ての人の努力によって作られ，素晴らしく発展してきたのである。なぜ，その国民を細かく分けることでその成長と存在を妨げようとするのだろうか。(p.16)

4. アイデンティティの境界面と変容

本稿で主張するアイデンティティ概念のメタ理論的な根拠として，一般システムの視点がある。この視点では，人間を生涯進化し続ける「オープン・システム」としてとらえる (Bertalanffy, 1968; Ford & Lerner, 1992; Ruben & J. Kim, 1975; Slavin & Kriegman, 1992)。適応性，すなわち，新しい経験をとおして学び，変化することは，人間システムの最も奥深い特徴であり，個人が文化的アイデンティティを獲得する基礎となるものである。ある文化で適切に機能するために何が必要なのか全く知らぬ状態で生まれて来ながら，適応力を備えた人間の知性は，文化的「情報フィールド」のさまざまな局面と不断の係わり合いをするなかで，変化を遂げていく。その一つ一つの段階で，新しい概念，態度，行動がプログラムされ，アイデンティティ意識が形作られていくのである。

4 文化的アイデンティティを越えて

したがって，システム的視点による人間の生命はダイナミックで進化的であるといえる。人間は頻発する不安定状態にも関わらず全体的なまとまりを保持する能力を備えているのである。そのようなシステム上のまとまりが可能なのは，オープン・システムが特定の環境に際して新たな形を作り出す進化能力を持つからである。自己創生という概念（Maturana & Varula, 1975, Jantsch, 1980:7 から引用）は，絶え間なく自己を更新し，全体の組織の統一性を保持しながらこのプロセスを調整してゆく人間の性向を指すものである。この自己創生の特性は，同様に回想，予測，一般化，分析，計画することにより自身を変容させるという人間知性の自己内省性を反映している。エリッヒ・ヤンツ（1980）は，人間のこれらの能力を熟慮した後，人間を「自動組織」と描写している。すなわち，「われわれは，言うなれば，自分自身および，自分自身の精神的産物とともに生き進化している」（p.177）のである。

以上のような前提にもとづき，筆者は一つの文化を越えたアイデンティティ発達を「多文化間アイデンティティ（intercultural identity）」という新しい概念を使って説明したい。「文化的アイデンティティ（cultural identity）」という用語と対比して，この新しい概念は「われわれは何者であるか」という問いから「われわれは何者になれるのか」という問いへと，着眼点をシフトすることができる。文化的アイデンティティが，個人と，特定の生物学的または社会的集団との心理的リンクの役割を果たしたように，多文化間アイデンティティも人とそのような集団複数とのリンクになると見ることができる[2]。多文化間アイデンティティの意味はさらに，個人の属する社会グループに限定されない，他の文化への心理的帰属意識というきわめて重要な要素も含まれている。そのため，自分の狭いグループ利益に閉じ込められる視点ではなく，自分のグループ以外とも一体感を抱ける視点を提示している。ピーター・アドラー（1982）が述べているように，多文化間アイデンティティは，

> 文化を所有している，あるいは，文化に所有されているといった所属感にもとづくものではなく，無限の新しい現実を作り上げていけるという自己意識にもとづくものである。人は自分の文化の完全な<u>一部</u>になっているのでもなければ全く離れてしまっているのでもない。ちょうど，文化の境目に生きているのだ。(p.391)

　生まれながらに与えられた，すなわち，第一次的な文化の境界線を越えてアイデンティティが発達する現象は，異文化間で行なわれるコミュニケーション活動と密接に関連している。面と向かった，あるいは間接的なコミュニケーションの形態をとおして，異文化間のインターフェイスは，しばしばわれわれに多くの挑戦をしかけてくる。たとえば，人々は自己のアイデンティティと正面から向き合い，それを再評価することを余儀なくされる。同時に，当たり前に思っていた考え方，感じ方，アイデンティティにもとづく振る舞い方などを評価しなおすことも強いられるのである。自己のアイデンティティに対する挑戦の度合いは，相手の文化的アイデンティティとの相違と不適合の度合いに比例する (Sarbaugh, 1979)。しかしながら，その度合いが痛烈であろうとなかろうと，アメリカ合衆国のような多文化社会に暮らす人々はディーン・バーンランド (1989) が言う「近距離のパラドックス (paradox of closeness)」を免れることは難しい。つまり，他文化を持つ人と，物理的ないし情報的至近距離に立たされると，その人は自分を取り巻く世界を，そして自分自身と自分のアイデンティティを<u>相手との関係において</u>定義することを余儀なくされるのである。ヤンツ (1980) が指摘しているように，

> 自己創生的システム間のコミュニケーションでは，<u>互いに刺激し合うことにより，認知領域を探り，拡張し，知識の再編成を行う可能性も含まれている</u>。単に手近にある知識が交換される

だけでなく，それまで存在していなかった知識も積極的に構築されるのである。(p.206)

　実際，一般概念となった「カルチャーショック」(Oberg, 1960)も本質的にはこのような異文化間ストレスへの反応を指し示しているものである。ジャネット・ベネット（1977）の言葉を借りれば，「新しく，変化した環境に対し効果的に対応できない人間身体組織の自然な結果」(p.46) である。（カルチャーショックについての詳細はFurnham & Bochner, 1986を参照してほしい。）カルチャーショックとアイデンティティ危機の関係をより鋭く表現している「セルフ・ショック (self-shock)」(Zaharna, 1989) という言葉もある。つまり，人はしばしば強い精神力を持った状態と精神不安定状態，支持的な環境とストレスを生む環境の間で緊張に揉まれるのである。

　しかしながら，これらの概念が必ずしも明示していないのは，「ショック」経験のあとには，高次元の自己認識と自己成長につながる，深い学習を得られるということである (Adler, 1975, 1987/1972)。筆者が他の論文で説明したように (Kim, 1988; Kim & Ruben, 1988)，オープン・システムとしての個人は，新しい挑戦を前にすると，まず，不均衡，すなわちストレス状態を経験し，のちに均衡を取り戻すために，もがき努力する。ストレス自体は，ごく一般的なプロセスで，一時的なパーソナリティ崩壊，または「調和の途切れ」(Jantsch, 1980: 79) の表れとしてとらえられている。ストレスはオープン・システムの能力が環境の要求に適切に応えられないときに必ず起こるものであり，自分のアイデンティティを脅かす人物やでき事に直面したときに起こりやすいものである。

　しかし，防衛行為のみで自己を恒久的に安定化できる自己創生的人間は存在しない。やがては，直面するチャレンジと自己との「機能的適合性」(Kim, 1988) を最大限にするために，現在の内部構造

を調整, 適応することにより, 均衡を取り戻さなくてはならない。ここで, 現状を再構築させるよう駆り立てるのは, まさにこのストレスであり, それにより人は外部からの挑戦に対して適応力を高めるのである。ヤンツ (1980) が述べるように, 構造変革に対する反発が強ければ強いほど, 最終的に訪れる変動は大きく, 現れる精神もより豊かで多彩である (p.255)。

この一見矛盾する原理はストレスと適応が切っても切れない関係にあることを示唆している。自分自身の内部の均衡を取り戻し, 現実が突きつける要求と機会にうまく対処していくことを学ぶ異文化間変容サイクルにおいて, ストレスはなくてはならないものなのである。

このプロセスは, その人が環境と触れ合い, 環境から刺激され続ける限り続いていくものである。それゆえ, ストレスと適応の相関関係は自己構築と再構築のプロセスを指す。これは異文化間コミュニケーションの場面においては, 自己の元のアイデンティティの枠を越えて自己を再構築し続けるプロセスを示しているものと言える。平穏と落ち着きのなかで, 「精神の錬金術」ともいうべきプロセス, すなわち, 精神の統一性の回復が起こるのである。「古い」自己が解体し, 新しい文化知識, 態度, そして行動要素が微妙かつ徐々にではあるが, 成長に取り入れられ, より高次元の統合性を持った新しい自己が現れるのである。ここでは, 個人の内と外の世界の均衡は一時的に壊れているものの, 生物と環境の生態学的関係における均衡は保たれているのである。

図1が示すように, ストレス-適応-成長の変遷過程が, アイデンティティ変容の周期的, 継続的プロセスの基礎となる。これはまた, 異文化間での適応と成長へ向けて, 後退から飛躍, 前進そして上昇するアイデンティティ発達の根幹にあるものである。一つ一つのストレス経験は初め「後退」を招くが, その後, その人の適応力を活性化し「前進」へとつながる。身についた古い文化システムを

4 文化的アイデンティティを越えて

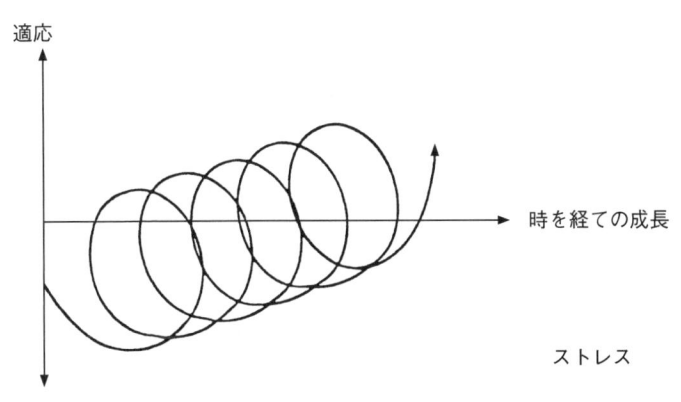

```
   適応
    ↑
    |    ╱╲╱╲╱╲╱╲╱╲
    |   ( ( ( ( ( ( →  時を経ての成長
    |    ╲╱╲╱╲╱╲╱╲╱
    |              ストレス
```

図 1　適応変容におけるストレス－適応－成長の変遷過程

(出典：Kim, 1988:56)

破壊し，新しいシステムへ移行することによって，人は，その後の異文化遭遇に対して，よりうまく適応できるようになるのである。異文化間ストレスは人類の文化的進化に対する内部抵抗のようなものである。

アイデンティティ発達を上記のようにダイナミックなプロセスととらえると，「最大の利益は与えることにある」[3]や「人は自己を失うことで自己を見つける」[4]などの多くの格言によく見られる一見矛盾する主張も理解できる。荘子（Chuang Tzu）が *Great and Small* で著したように，

> よって，過ちなくして，正しきを欲する者，
> 混乱なくして，秩序を欲する者は，
> 天と地の法則を理解しない者である。
> 物事の道理が分からない者である。

人間の心の進化における押し引きの論理は，人類学者エドワード・ホール（1976）の「アイデンティティ分離－成長の変遷過程」

でも説明されている。さらに，心理学者シドニー・ジュラード（1974）も同じ現象を「統合－分解－再統合」という言葉で説明している。

> 成長とは，一つの世界観が破壊され，それが新しい世界観とともに再編成されることである。一つの世界観の解体，または粉砕は，変わり行く世界からの新たな発見，常に発信されていながらも無視してしまっていた発見によりもたらされる。（p.456）

アイデンティティが，らせん状に形成，再形成を繰り返すにつれて，人は徐々に，新しく，より大きな人間社会の一部になる術を身につけていくのである。異文化間交流の結果として新しい認知概念も生まれてくる。もちろんこのことは，古い概念が消失したり，自分たちの第一文化の概念が同時に少しずつ獲得されていくことを否定するものではない。単に，新しい概念が重大な変容要素を構成するということを意味するのみである。

それゆえ，文化間で起こるアイデンティティ変容は個別化された自他の位置づけを徐々に達成する形で表れる。このことは，個人の文化的アイデンティティが多文化性（interculturalness）を増して進化するにしたがい，その人の自他の定義も，文化的・社会的カテゴリーにさほど厳格に制限されなくなることを意味している。それのみならず，特定場面におけるコミュニケーション状況のとらえ方を「詳細化する」力が増えたことにより，その人の知覚見当識（perceptual orientation）は広がり，より豊かになるのである。

それと同時に，個別化に向かうこの知覚の改善は，普遍化された自他の位置づけが育まれたことを示しており，これによりその人は特定の文化的アイデンティティを越えて自己の見当識を広げることができ，最終的には人類普遍（humanity）の域に達することができるのである。この一見矛盾するアイデンティティの発達過程は，

ポール・リクール (1992) が提唱する「先験的自我 (transcendental ego)」と総じて一致するものである。先験的自我とは，私的でも特定文化的でもない，普遍的アイデンティティ (universal identity) である。アドラー (1987/1972) も，異文化学習を「低次元での自意識・文化意識から高次元の自意識・文化意識へと移り行くこと」(p.15) とし，同様の意見を述べている。「文化的柔軟性」(Roosens, 1989)，「文化相対的識見 (cultural relativistic insight)」(Roosens, 1989)，「道徳的包括 (moral inclusiveness)」(Opotow, 1990)，「どちらにも振れる (double-swing)」(Yoshikawa, 1988)，「二重展望 (double perspective)」または「立体鏡視覚 (stereoscopic vision)」(Rushdie, 1991) などと呼ばれるものと同様の偉業である。

　一文化から多文化へとアイデンティティが進化していくことはエイブラハム・マスロー (1954) が呼ぶところの「自己実現する」人物の特徴を身につけることと類似している。すなわち，そのような人物は，(a) 現実をより効率的に認識し，それとより快適に付き合うことができ，(b) 自己と他人を受け入れ，(c) 自発的で自然体であり（つまり，慣例に従わないというより，比較的自律的で個性的な倫理規定を持っているということ），(d) 自己中心ではなく，問題中心であり，(e) 常なる新鮮さと鑑賞力を持っているのである (pp.232-234)。さらに，本稿で主張する多文化間アイデンティティの概念はリンダ・ハリス (1979) が述べるところの「最高レベルのコミュニケーション能力」と密接な関連がある。自己とは似つかぬ，相容れない相手と意思の疎通をし，自己文化の決まりきった行動様式に従うのではなく，自ら行動を選択できる最大の能力のことである。

　上で述べられた超文化的アイデンティティの発達は，一部の逸脱行為の産物ではなく，普通の人間が，自己の心理的，文化的しがらみから解放されようとする努力の表れであると見るべきである。個

[第2部] 異文化間コミュニケーション理論の方向性

別化と普遍化，道徳的包括性（moral inclusiveness）とコミュニケーション能力の高まりはブラックアメリカンの英文学者，グレン・ローリー（1993）によって最も鋭く表現されている。

> 私は自分自身が持つ自己像と社会から押し付けられた自分があるべき姿との間にしばしば不一致を感じる。私は他人の期待—白人，黒人双方の期待であるが，ことさら黒人からの期待—を裏切りたくないという気持ちと，自分に忠実に生きるべきだという信念との間で葛藤を続けてきた。人種差別により生み出された黒人どうしの仲間意識は，もはや個人の自己定義のよりどころになるべきではないと考えている。私にとって最も重要な試練や好機は私の人種がらみの境遇から派生するのではなく，むしろ一人の人間としての境遇から派生するものである。私は夫であり，父親であり，息子であり，教師であり，知識人であり，また，キリスト教信者であり，一国民である。これらすべての役割において，私の人種が全く無関係とは言えない。しかし，人種的アイデンティティだけでは，とうていこれらの役割を適切にこなすことはできないのである。私の置かれた社会的状況や外部から与えられたものは私の人生のステージを設定するに過ぎず，台本までは与えてくれない。人生の台本は私自身が作らなくてはならず，人生の意味を熟慮した結果でなくてはならない。いかなる政治的ないし民族的台本でも，とって代えることはできないのだ。私の個性は自らが作る人生の設計図のなかに見出されなくてはならない。そのような人生の設計図を作る際にでくわす困難は，人種，階級，民族に関わらず全ての人にとって普遍的な困難なのである。そのような困難に直面，解決していくなかで，人は成長し，人生に意味と中身を与えるのだ。(pp.7-10)

5. アイデンティティ発達における制限と自由

　ここまで，アイデンティティ発達の一般的性質を理論的に述べてきた。しかしながら，ここで，特定の個人のなかで多文化間アイデンティティがいかに発達していくかは，多くの外部的ないし内部的要素による（Kim, 1989, 1994）という点を指摘しておきたい。外部的要素として，特に顕著なものは，一方が他のグループを服従させるといった，歴史的ならびに制度化された社会環境である。そのような組織的不平等の下では，偏見と差別によって特定の民族背景を持つ人々の異文化間コミュニケーション活動への参加が制限され，多文化間アイデンティティの発達が阻害される可能性がある。歴史的に差別を受けてきたグループの人々の自画像は，社会が彼らに抱くアイデンティティの形とは大幅にずれがあるかもしれない。自分たちの主観的自画像を社会的に確認・確立できないために，彼らは自分たちが何者であるのか確信できず，型にはまった民族的アイデンティティに精神的安らぎを見出さざるを得なくなっているのかもしれない。このような状況にある人々は積極的な異文化体験の機会を避ける傾向があるだろう。

　内部的要素としては，個人が異文化間の困難から来るストレスにどれだけの適応力を発揮できるかで，その人のアイデンティティ発達の限界が決まる。このことは，多文化間アイデンティティ発達の過程で，ストレスと適応，未知と既知の間でバランスを取らなくてはならないことを意味している（Jantch, 1980:139）。そのようなバランスの最適なポイントの位置は人によって異なる。誰もが，異文化からの困難を快く受け入れたり，受け入れるだけの動機を持ち合わせているわけではない。生まれつきの気質により，そのような状況から来るネガティブな効果に対し，極度に影響されやすい人もいるだろう。しかし一方，文化的他人に対する恐怖心を和らげるために自分自身のアイデンティティの殻に閉じこもったり，逆に積極的

に自己のアイデンティティを主張するものもいるだろう。

それゆえ、自己の第一アイデンティティを越えて、さらなるアイデンティティを開発できるかどうかは、最終的には「その個人の能力」(Steele, 1990:171) にかかっていると考えるべきである。変化に必要な力とその責任は個々人にあり、自己の変容を阻害するか促進するかはその人しだいである。大抵の人にとっては、異文化の挑戦に適応することは好ましいことである (Cornell, 1988; Kim, 1988)。少数民族政策に関する一部の政治的過激主義者の激論とは裏腹に、大抵のアメリカ人は、公益のためには、多様なアイデンティティを実利的に受け入れ、折り合いをつける方が賢明だと考えている。本稿で、多文化間アイデンティティ発達の現実を明らかにする証言をくれた人々(メアリー・キャサリン・ベイトソン、サンドラ・キット、A. J. ネーゲル、そしてグレン・ローリー)の経験もまさにこのようなケースに当てはまる。彼らは皆、それぞれの文章で多文化個性の価値を訴え、異なるアイデンティティを肯定する証言を与えている。これらの人々、そしてさまざまなレベルで多文化間アイデンティティを実現した他の多くの人々が多文化コミュニティの中核、ないし「架け橋」(Molina, 1978) の役割をしてくれるはずである。彼らこそ、争いの際にはグループをまとめる倫理的基盤の中核となり、グループをつなぎとめる役割を果たしてくれる。そして、個人の自由を推進し、社会のカテゴリー化への行き過ぎた主張を食い止めてくれるのだ。

本稿で述べてきた進化論的アイデンティティ概念は、それゆえ、きわめて人本主義的な人間性を展望しているといえる。それは、多種多様な文化的アイデンティティのなかにおいても分別のある生き方ができることを意味している。多文化間アイデンティティは、また、個別化と普遍化の双方を実現しながら、個人の文化的根源を縮小することなく、自己と他人の定義の枠を広げていくことを可能にする。さらに、多文化間アイデンティティの概念を持つことで人々

を厳密にカテゴリー化しようとする執着心や，過去のグループ所属のみにもとづく忠誠心は妨げられるだろう。また，アメリカ社会を多くの「利益集団」へ分断化することも阻止されるであろう。

　結局のところ，本稿におけるアイデンティティ概念の基礎となるシステム原則は，「人の知性の究極的資源」すなわち，われわれの創造力と適応力なのである。この原則は，われわれ各自が，出生により決められたアイデンティティや他人によって作られた台本にとらわれず，自身のアイデンティティの形を見出すことができることを教えてくれる。ヤンツ (1980) の言葉を借りれば，「進展的精神 (evolutionary spirit) に生きることは，大志をもって取り組み，現在の構造にとらわれず，かつ，適切な時が訪れたときには，過去を解き放ち，新たな構造へと，まい進することである」(下線は筆者，pp.255-256)。その「適切な時」とは，まさに今である。

（足立恭則　訳）

―― 注 ――

(1) この論文は，第4回 International Conference on Cross-Cultural Communication (1993年3月24日～28日，テキサス州サンアントニオにて開催) で発表された基調講演に加筆したものである。

(2) 「多文化間アイデンティティ (intercultural identity)」という用語は，「多民族アイデンティティ (interethnic identity)」，「多人種アイデンティティ (interracial identity)」「多グループアイデンティティ (intergroup identity)」「多文化アイデンティティ (multicultural identity)」「超アイデンティティ (meta-identity)」「超文化的アイデンティティ (transcultural identity)」「種的アイデンティティ (species identity)」「普遍的アイデンティティ (universal identity)」などの関連用語と互換できる。

(3) 原文では "The greatest gain is in the giving."
(4) 原文では "One finds oneself by losing oneself."

【引用文献】

Adler, P. (1975). The transition experience: An alternative view of culture shock. *Journal of Humanistic Psychology, 15*(4), 13-23.

Adler, P. (1982). Beyond cultural identity: Reflections on cultural and multicultural man. In L. Samovar & R. Porter (Eds.), *Intercultural Communication: A reader* (pp. 389-408). Belmont, CA: Wadsworth.

Adler, P. (1972/1987). Culture shock and the cross-cultural learning experience. In L. Luce & E. Smith (Eds.), Toward Internationalism (pp. 24-35). Cambridge, MA: Newbury.

Altbach, P., & Lomotey, K. (Eds.). (1991). *The Racial Crisis in American Higher Education*. Ithaca, NY: State University of New York Press.

Barnlund, D. (1989). *Communication Styles of Japanese and Americans: Images and Realities*. Belmont, CA: Wadsworth.

Bateson, M. (1989). *Composing a Life*. New York: Plume.

Bellah, R. (1977). Transition shock: Putting culture shock in perspective. In N. Jain (Ed.), *International and Intercultural Communication Annual, 4*, 45-52.

Bellah, R., Madsen, R., Sullivan, W., Swidler, A., Tipton, S., & Bennett, J. (1985). *Habits of the Heart: Individualism and Commitment in American Life*. Berkeley, CA: University of California Press.

Bertalanffy, L. (1968). *General Systems Theory: Foundations, Developments, Applications*. New York: Braziller.

Boulding, K. (1985). *The World as a Total System*. Newbury Park, CA: Sage.
Brewer, M., & Miller, N. (1984). Beyond the contact hypothesis: Theoretical perspectives on desegregation. In N. Miller & M. Brewer (Eds.), *Groups in Contact: The Psychology of Desegregation* (pp. 281-302). New York: Academic Press.
Cornell, S. (1988). *The Return of the Native: American Indian Political Resurgence*. New York: Oxford University Press.
Erikson, E. (1950). Childhood and Society. New York: W. W. Norton.
Erikson, E. (1968). *Identity, Youth and Crisis*. New York: W. W. Norton.
Ford, D., & Lerner, R. (1992). *Developmental Systems Theory: An Integrative Approach*. Newbury Park, CA: Sage.
Furnham, A., & Bochner, S. (1986). *Culture shock: Psychological Reactions to Unfamiliar Environments*. London: Mathuen.
Garza, R. et al. (1982). *Latino Voices: Mexican, Puerto Rican and Cuban Perspectives on American Politics*. Boulder, CO: Westview Press.
Giles, H., & Bourhis, R. (1976). *Voice and Social Categorization in Britain*. Communication Monographs, *43*, 108-114.
Giles, H., & Saint-Jacques, B. (Eds.). (1979). *Language and ethnic relations*. New York: Pergamon Press.
Hacker, A. (1992). *Two Nations: Black and White, Separate, Hostile, Unequal*. New York: Charles Scribner's Sons.
Hall, E. (1976). *Beyond Culture*. New York: Doubleday.
Harris, L. (1979, May). *Communication Competence: An Argument for a Systemic View*. Paper presented at the annual conference of the International Communication Association,

Philadelphia.

Houston, J. (1981, May). *Beyond Mansamar: A Personal View on the Asian-American Womanhood*. Lecture given to Governors State University (audio recording). University Park, IL.

Hughes, R. (1993). *Culture of Complaint: The Fraying of America*. New York: Oxford University Press.

Jantsch, E. (1980). *The Self-Organizing Universe: Scientific and Human Implications of the Emerging Paradigm of Evolution*. New York: Pergamon.

Jourard, S. (1974). Growing awareness and the awareness of growth. In B. Patton & K. Giffin (Eds.), *Interpersonal Communication*. New York: Harper & Row.

Kim, Y. (1988). *Communication and Cross-Cultural Adaptation*. Clevedon, England: Multilingual Matters.

Kim, Y. (1989). Explaining interethnic conflict. In J. Gittler (Ed.), *Annual Review of Conflict Knowledge and Conflict Resolution 1* (pp. 101-125). New York: Garland.

Kim, Y. (1994). Interethnic communication: The context and the behavior. In S. Deetz (Ed.), *Communication Yearbook 17* (pp. 511-538). Newbury Park, CA: Sage.

Kim, Y., & Ruben, B. (1988). Intercultural transformation: A systems theory. In Y. Kim & W. Gudykunst (Eds.), *Theories in Intercultural Communication* (pp. 299-321). Newbury Park, CA: Sage.

Korzybski, A. (1933/1958). *Science and Sanity*. 4th ed. Lakeville, CN: The International Non-Aristolelian Library Publishing Co.

Louri, G. (1993). Free at last? A personal perspective on race and identity in America. In G. Early (Ed.), *Lure and Loathing* (pp. 1-12). New York: Allen Lane/Penguin.

Maslow, A. (1954). *Motivation and Personality*. New York: Harper & Brothers.

Molina, J. (1978). Cultural barriers and interethnic communication in a multiethnic neighborhood. In E. Ross (Ed.), *Interethnic Communication* (pp. 78-86). Athens, GA: The University of Georgia Press.

Oberg, K. (1960). Cultural shock: Adjustment to new cultural environments. *Practical Anthropology, 7*, 170-179.

Opotow, S. (1990). Moral exclusion and injustice: An introduction. *Journal of Social Issues, 46*(1), 1-20.

Pettigrew, T. (1988). Integration and pluralism. In P. Katz & D. Taylor (Eds.), *Eliminating Racism* (pp. 19-30). New York: Plenum.

Phinney, J. (1989). Stages of ethnic identity development in minority group adolescents. *Journal of Early Adolescence, 9*, 34-49.

Phinney, J., Lochner, B., & Murphy, R. (1990). Ethnic identity development and psychological adjustment in adolescence. In A. Stiffman & L. Davis (Eds.), *Ethnic Issues in Adolescent Mental Health*. Newbury Park, CA: Sage.

Phinney, J., & Rosenthal, D. (1992). Ethnic identity in adolescence: Process, context, and outcome. In G. Adams, T. Gullotta & R. Montemayer (Eds.), *Adolescent Identity Formation* (pp. 145-172). Newbury Park, CA: Sage.

Ricoeur, P. (1992). *Oneself as Another*. Chicago: University of Chicago Press.

Roosens, E. (1989). Creating Ethnicity: The Process of Ethnogenesis. Newbury Park, CA: Sage.

Root, M. (1993). Within, between, and beyond race. In M. Root (Ed.), Racially Mixed People in America (pp. 3-11). Newbury Park, CA: Sage.

Ruben, B., & Kim, J. (1975). *General Systems Theory and Human Communication*. Rochelle Park, NJ: Hayden Books.

Rushdie, S. (1991). *Imaginary Homeland*. New York: Penguin Books.

Sarbaugh, L. (1979). *Intercultural Communication*. Rochelle Park, NJ: Hayden.

Schlesinger, Jr., A. (1992). *The Disuniting of America: Reflections on a Multicultural Society*. New York: W. W. Norton.

Slavin, M., & Kriegman, D. (1992). *The Adaptive Design of the Human Psyche*. New York: Guilford.

Steele, S. (1990). *The Content of Our Character: A New Vision of Race in America*. New York: Harper Perennial.

Tajfel, H. (1974). Social identity and intergroup behavior. *Social Science Information, 223*(2), 96-102.

Tajfel, H. (1978). Social categorization and social discrimination in a minimal group paradigm. In H. Tajfel (Ed.), *Differentiation Between Social Groups*. London: Academic.

Terkel, S. (1992). *Race: How Blacks and Whites Think & Feel about the American Obsession*. New York: The New Press.

Turner, J. (1975). Social comparison and social identity: Some prospects for intergroup behavior. *European Journal of Social Psychology, 5*, 5-34.

Turner, J., & Giles, B. (1981). *Intergroup Behavior*. Chicago: University of Chicago Press.

Weinberg, H. (1959/1987). *Levels of Knowing and Existence: Studies in General Semantics*. Englewood, NJ: Institute of General Semantics.

West, C. (1993). *Race Matters*. Boston, MA: Beacon Press.

Yinger, J. (1986). Intersection strands in the theorisation of race and ethnic relations. In J. Rex & D. Mason (Eds.), *Theories of Race and Ethnic Relations* (pp. 20-41). New York: Cambridge University Press.

Yoshikawa, M. J. (1988). Cross-cultural adaptation and perceptual development. In Y. Y. Kim & W. B. Gudykunst (Eds.), *Cross-Cultural Adaptation: Current Approaches* (pp. 140-148). Newbury Park, CA: Sage.

Zaharna, R. (1989). Self-shock: The double-binding challenges of identity. *International Journal of Intercultural Relations, 13* (4), 501-525.

【参考文献】

Kim, Y. Y. (2001). *Becoming intercultural: An integrative theory of communication and cross-cultural adaptation*. Thousand Oaks, CA: Sage.

Kim, Y. Y. (2005). Adapting to a new culture: An integrative communication theory. In W. Gudykunst (Ed.), *Theorizing about intercultural communication* (pp. 375-400). Thousand Oaks, CA: Sage.

Kim, Y. Y. (2006). Intercultural personhood: An integration of Eastern and Western perspectives. In L. Samovar, R. Porter & E. McDaniel (Eds.), *Intercultural communication: A reader* (11th ed., pp, 408-420). Belmont, CA: Wadsworth.

Kim, Y. Y. (2006). On becoming intercultural. In M. Rustig & J.

Koester (Eds.), *Among us: Essays on identity, belonging, and intercultural competence* (2nd ed., pp. 249-257). Boston: Pearson.
Kim, Y. Y. (2006). From ethnic to interethnic: The case for identity adaptation and transformation. *Journal of Language and Social Psychology, 25*(3), 283-300.
Kim, Y. Y., Lujan, P., & Dixon, L. (1998). "I can walk both ways": Identity integration of American Indians in Oklahoma. *Human Communication Research, 25*(2), 252-274.

5

文化の発生：「現在」を理解し，「過去」を問い直す

Robert N. St. Clair

1. はじめに

　文化を定義するのは難しい。多様な見解があり，また，随一の動力が変化と関連しているからである。変化に関する有力なモデルは，トーマス・クーン（1964）の研究にみられる。クーンは，物理学の理論モデルは，通常科学（normal science）から科学革命（revolutionary science）に至る構造的変化を遂げると唱えた。ここで「文化発生」の概念が詳しく取り上げられている。「現在」は，日常生活の社会学を作り上げる過剰な習慣を理解するために，絶えず社会的に構築されているという。これらの習慣の一部は，人々によって日常生活の社会学のなかに組み込まれ，世界の中心にいる感覚や世界とつながっている感覚をもたらす。その他は，組み込まれずに残るのである。

　新しい「現在」では，これまでにない意識が高まり，新たな見解と知識形態が生まれる。情報は，新しい経験をする人々の新たな「現在」に集約される。それが人々の日常の経験に溶け込むと，継続的な習慣になることで社会的に強化され，象徴的維持に関わる社会的相互作用に意味づけすることで中心的になる。

「現在」が新しい意識レベルに発生し始めると、既に存在する多くの「過去」と対立状態に入る。この対立は解消しなければならない。通常は、文化的「現在」において筋が通るように「過去」を再定義すれば解消できる。「過去」に新たな意味を与えることは、クーンの科学革命理論の一部である。新しい科学革命が科学界の新たな支配パラダイムとして発展すると、古い思考形式は新しい枠組みのなかで再定義される。「過去」は「現在」の新モデルのなかに再現在化される。つまり、「過去」は古い文脈から取り出されて、新しいものへと代わるのである。そして、歴史的アナクロニズムという構造化された形態ができあがる。

なぜ、文化発生の研究は重要なのだろうか。それは、文化変容が断続的に起きている現象だからである。文化研究は、過去の事象を記述する学問ではない。文化は、専門家が定義した知識体系の分析にとどまるような知識体系を持たない。文化は動的なのである。時の流れのなかで常に変化し、自己再定義するものなのである。「過去」を定義しなおしながら、新たに「未来」を創造する。「未来」は方向を示す目印となる。目印は、「現在」から「未来」へと発生し続ける新しい力を、ただ認識するだけである。新しい「未来」に移行するためには、古い「過去」に新しい意味づけをしなければならない。「過去」を文化的「現在」のなかで理解するには、それを壊して再編成しなくてはならないのである。

上記の文化的ダイナミクスの本質を説明するには、文化発生という文脈のなかで展開すべき概念が複数ある。それは、構造主義、再現在化[1]、科学革命の構造、発達の最近接領域、構造組織、そして、「現在」を理解するために「過去」を書き換える過程を含んでいる。

2. 構造主義の原理

1900年代前半に，言語学者は，言語と文化の研究の新モデルを展開した。なかでもフェルディナンド・ソシュール (1916) は，言語記号の概念を発展させ，言語学は記号体系の研究であると主張した。従来，言語研究は通時的であった。つまり，単語の起源や，単語が時を経てどのように発達するかという研究であった。しかし，ソシュールは言語を共時的な記号体系として研究すべきであると唱えた。

表1　言語と文化の研究

通時的言語学	*dia*(通) + *chronos*(時間)	プロト言語の一部としての語源の研究と，祖語から派生言語に至る変化の研究
共時的言語学	*syn*(共) + *chronos*(時間)	「現在」における記号体系としての言語研究。歴史的情報に依存せず，「現在」においてまとまっている体系

この言語研究への新しい取り組みにより，フランツ・ボアズ (1928) は，北アメリカで接触した多くの現地語を分析することができた。どの現地語も書き言葉をもたず，文書に記録する習慣もなかったが，「現在」においては一貫した記号体系を有していた。これらの言語がどのように一つの体系に組織化されているのかを解明するため，ボアズは構造分析を利用した。まず，音韻体系（音韻論）を分析し，音が組織化されている方法を把握した。そして，この情報を利用し，単語がどのように構築されているのか（形態論）理解した。語形成の構造性を突き止めると，次に，文を作るにあたって語がどのように組み立てられるのか（統語論）に焦点を当てた。最後に残されたのは，分析の各層のなかで結合する記号体系で

あった。多くの分析レベルがあるだけではなく，各レベルには独自の単位と組織形態があった。音韻論上で音が組織化する方法と，形態論上で単語が組織化する方法は異なる。しかし，基本的に，構造主義においては，大きな体系はより小さな下位体系から成り，すべて言語の連動モデルのなかで作用し合うということである。

表2を概観すると，音韻論，形態論，統語論がすべて言語の下位体系であるという事実が見えてくる。下位体系は個々に組織化されている。それを統合するのは諸層にわたる分析である。音韻論の抽象的な単位（音素）は，形態論の具体的な単位（形態素）を作るのに利用される。形態論の抽象的な単位（形態素）は，統語論の具体的な単位（単語）を作るのに利用される。統語論の抽象的な単位は，文として現れる。

構造主義は，言語体系の発見に新しいメカニズムをもたらしたが，複数の解決すべき問題を抱えている。まず，構造主義が生んだ

表2

言語の下位体系	要 素	組 織 原 理
音 韻 論	音，音素	音とは，関連する単位の集合へと組織化された音声単位である。その集合は音素と呼ばれる。たとえば，英語では，[ph]と[p]の音は対立している。前者は有気音，後者は無気音である。前者は語頭にみられ，後者は[s]の後や語尾にみられる。[ph]も[p]も，同じ/p/音素として認知される。この認知された音は音素と呼ばれる。発音することはできない。単なるカテゴリー，認識である。音しか発音できない。

形　態　論	形態，形態素	単語は基部，接頭辞，挿入辞，および接尾辞と呼ばれるより小さな単位から成る。これらは形態と呼ばれる。形態は，より抽象的な形，形態素の異形として起こる。たとえば，異形態/in/や/im/は「否定」を表す形態素 {in} に関係する。"inept" の/in/は "impossible" の "im" と同じ形態である。"inept" は，適切ではないことを意味し，"impossible" は可能でないことを意味する。具体的な異形態は，形態素と呼ばれる抽象的な単位に組織化される。形態論が音声論と異なる点は，形態論の単位がより複雑であり，統合的に組織化されるということである。
統　語　論	単語，句，節，文	単語は，句と呼ばれるより大きな単位に組織化される。名詞句は，主要部名詞を中心に組織化された単位である。動詞句は，主要部動詞を中心に組織化された単位である。形容詞句は，主要部形容詞の周りで組織化された単位である。句は節と呼ばれる文のような単位にまとめられる。最後に生じるのは，文と呼ばれる単位である。文は複文（埋め込み文を含んでいる）か重文（他の文との等位構造として使われる）である。

意 味 論	意義素(シーム、ミーム)	これは、構造主義が失敗したところである。シームは意味の単位であったが、これらの単位がどう組織化されているのか、明確でなかった。認知言語学の現代モデルでは、意味は概念を中心に組織化され、これらの概念はエグゼンプラー (exemplar) として知られる基本形に定式化される。

　体系モデルは、静的である。見出された構造は定常状態にある。つまり、空間的にも時間的にも動きがないのである。たとえば、言語学者による古英語の研究を考えてみよう。言語学者は古英語の音韻体系、形態論的構造、文法パターンをうまく描写した。構造主義者はといえば、中英語を別の言語体系として記述した。構造主義者があまり説明しなかったのは、1066年のヘイスティングズの戦いの後の、フランス語の動的介入についてであった。新しい規則、単語、文法パターンが加わったと推測されるかもしれない。しかし、実際の変化の過程は研究されなかった。これは構造主義が静的な構造にしか関心がないからである。ひとたび構造が発見されると、それは不動の構造として提示されてしまうのである。

　変形文法 (Chomsky, 1957, 1966) が言語モデルとして導入されると、構造主義の静的モデルから、より動的な規則体系へと代わっていった。この規則は、深層構造上と、最終生成要素として知られる表層構造上で作用した。深層構造とは、抽象的な/John past see Mary/であり、表層構造とは、具体的な派生文としての"John saw Mary."であった。変形文法学者はこれらの規則により、同一の深層構造から一連の表層構造の体系が生まれることを説明できたのである。

5 文化の発生：「現在」を理解し，「過去」を問い直す

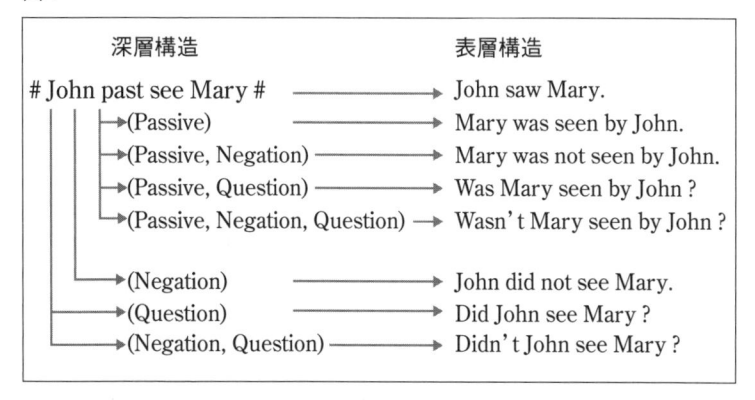

図 1

```
         深層構造                              表層構造
# John past see Mary # ─────────────→ John saw Mary.
       ├→(Passive) ─────────────────→ Mary was seen by John.
       ├→(Passive, Negation) ───────→ Mary was not seen by John.
       ├→(Passive, Question) ───────→ Was Mary seen by John?
       └→(Passive, Negation, Question) → Wasn't Mary seen by John?
    
    ├→(Negation) ────────────────────→ John did not see Mary.
    ├→(Question) ────────────────────→ Did John see Mary?
    └→(Negation, Question) ──────────→ Didn't John see Mary?
```

　変形文法は，いろいろな意味で，構造主義上の改良であった。言語変化の場合，変形文法は動的な規則体系のなかで言語構造を表し，表層構造上の変化は，添加，削除，または新体系のなかでの規則の再配置によって説明が可能であった。たとえば，二つの別々の表層構造が，一つの深層構造から派生する様子をみてみよう。

　　　外置変形と that 挿入
　　　That John saw Mary is obvious.
　　　It is obvious that John saw Mary.

この二つの文は，次の同一の深層構造から派生したものである。

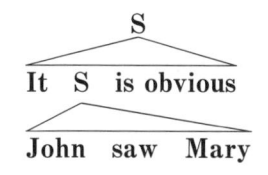

```
            S
    ─────────────────
    It   S   is obvious
       ──────────
       John  saw  Mary
```

この複文の深層構造に適用できる規則は，that 挿入である。that という機能語は，埋め込み文の前にマーカーとして置かれる。that（フランス語とスペイン語では que，ドイツ語では dass）は，that 以下が文であることを意味する。that という語がひとたび挿入されると，埋め込み文は外に置かれる（文の最後に再配置される）可能性がある。

> 深層構造：　［it［John saw Mary］is obvious］
>
> that 挿入　　it［that John saw Mary］is obvious
>
> X-位置　　　it is obvious［that John saw Mary］
>
> 表層構造：　It is obvious that John saw Mary.

X-位置が成り立たないとすると，以下の文が現れることになる。

> 深層構造：　it［John saw Mary］is obvious
>
> that 挿入　　it［that John saw Mary］is obvious
>
> it 削除　　　［that John saw Mary］is obvious
>
> 表層構造：　That John saw Mary is obvious.

言語学者たちは，it 挿入規則の正当性を主張した。それは，it is raining（雨が降っている），it is snowing（雪が降っている），などの天候動詞によく見られるような形式主語が表れる文法では，必要だったからである。新構造主義内のこれらの変化は大きいとはいえ，やはり，ある静的体系（たとえば，古英語）から別の静的体系（たとえば，中英語）への変化のダイナミクスは説明できていない。このモデルは，変化の要因を説明していない。また，規則が整理，削除，再整理を必要とする理由も説明していない。現象を記述こそすれ，説明はしていないのである。したがって，言語変化のダイナミクスを十分に説明できなかったのである。

3. 科学革命の構造

　本質をとらえた変化モデルは，自然科学史家トーマス・クーン（1962）の研究にみられるだろう。クーンは，科学革命の理論を構築するにあたり，ノーウッド・ハンソン（1958）の哲学モデルを利用した。そして，科学は知識の単なる増加によってではなく，科学的革命を通して進歩すると唱えた。クーンは，それ以前の歴史家とは異なっていた。それは，科学者は旧知識に新知識を加えるのではなく，各分野の旧モデルを新モデルと入れ替えて進歩を生み出す，と論じていたからである。その旧モデルを「通常科学」（Normal Science）と彼は名づけた。通常科学は，科学界の従来のモデルを代表しているという。それは，ある分野の底流にある認識論的枠組み，またはパラダイム（Kuhn, 1972:6）である。しかし，通常科学はいつまでも続かず，時が経つにつれ，静的だと言われている知の枠組みのなかにも例外は現れ始める。定義が意味を成さなくなることもある。また，実験が失敗したり，内部で矛盾が生じたりすることもある。最初は，これらの例外は否定される。異常，かつ規則の例外とみなされる。しかし，例外が限界まで増えるにつれ，科学界は従来の世界観の根源に不信感を抱くようになる。そして，危機的状況（ときに「失敗」と呼ばれる）に陥る。それは，科学者が実際に役立つ例示的メタファーを積極的に探し求め，問題解決に役立たない古い象徴的メタファーと入れ換えようとする状況である。クーンは，これらのモデルをパラダイムと呼び，その新モデルまたはパラダイムは，彼がいうところの「科学革命」を構成する。

　通常科学は，構造主義者の静的体系の概念と同じで，伝統を表すものである。また，変化を受けない神聖な領域として扱われる。そのため，同僚の科学者が定評ある雑誌の編集者に新しい思想を示すと，拒絶された。また，静的構造のモデルに収まらない新プロジェクトへの資金提供も拒否された。変化は，通常科学から危機的状況

への移行に始まる。通常科学の支持者は，親しんできたパラダイムにも問題があると認識し始める。実験は，理論の予測どおりにはならないと気づく。思考体系のさまざまな部分に，矛盾が存在するとわかると，科学界は体系への信念を緩め始める。モデルに異議を唱え，モデルに内在する多くの例外を記述する。この騒乱期は危機的状況を引き起こす。このとき，多様な考えが，従来のモデルに存在する問題の可能な解決策として提示される。学術誌は，革新的な論文を受け入れ始め，従来のパラダイムに対する変化の提案を許容し始める。資金提供機関は，通常科学という従来のモデルに存在する問題の解決を目的とするプロジェクトに出資し始める。公な討論や知的な討論が行われる。提案された多くの変化モデルのうち，他を圧倒し，新たな科学革命として現れるものもあるだろう。勝者は新たな科学革命として本部を設置し，そこに新科学界のメンバーを集め，古い通常科学への攻撃を開始する。新パラダイムは，闘争相手に誇示するために，古いものを利用する。新パラダイムは，古い通常科学上の誤りは二つしかないという。一つは通常科学が示してきたこと，もう一つは通常科学が行ってきたことであると。そして，新パラダイムは，新しい科学理論モデルの観点から「過去」に新たな意味を与え続ける。新パラダイムの信奉者は，何が歴史的に起こ

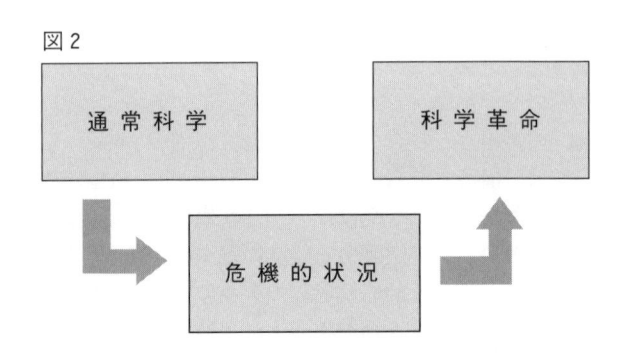

図2

ったかではなく，新理論モデルの文脈で物事がどのように起こったかのみを記述する。しばらくすると，新たな科学革命は中心的なパラダイムになる。そして，確立したモデルとなり，新しい通常科学となる。この変化は円形状ではなく，らせん状である。どの通常科学も過去のものとは違う。すべてが異なる軌道を通る。また，それぞれは独自の戦場を定め，自身の科学的信念の擁護者として出現する。それぞれには，目指すモデル，理論，および戦場がある。科学の進歩の本質とは，そのようなものである。

クーンの理論に欠けているのは，過去から現在への移行と，未来への移行である。通常科学と科学革命は，ともに思考の静的モデルとして扱われる。なぜ変化するのかは，クーンの頭にはなかった。変化は，科学者が問題解決をしようとするために起きると考えていた。彼は『コペルニクス革命』(Kuhn, 1971)のなかで，科学的問題がどのように起こるか，説明しようとした。先駆的な科学者の小グループが，現存のパラダイムを変えるよう駆り立てられ，それに関連する多くの問題を提起していると論述した。その先駆的な科学者たちとは，危機的状況において最終的に変化を求めた人々の前衛であった。パラダイム・シフトへの動機は，時代に先んじ，利用してきたモデルの多くの問題に直面した学者から生じている。クーン(1971)はパラダイム・シフトの動機に関する識見を示したが，これ以外の要素も記述される必要がある。危機的状況のなかで作用する何か別の構造があるのだが，それは構造化(Giddens, 1974;1981;1984)の話題のところで議論することにする。では，新しい見地から，クーンの科学革命モデルに取り組むことにする。

4. パラダイム・シフトとしてのメタファー

リチャード・ブラウン(1977:第4章)は，クーンの科学革命モデルの再解釈に，興味深い推論を引き起こした。クーンが通常科学と

みなしたものは，象徴的メタファーとして考えられる。それは，展望が非常に関連づけられており，元の柔軟性とさらなる理論的操作を欠くモデルである。そして，クーンが科学革命のパラダイムとして議論したことは，例示的メタファーである。それはいろいろな視野と理論構成に最大の柔軟性を持つ，より新しいモデルである。その上，これらの二つのパラダイム間，または認識論的メタファー間の危機的状況は，旧パラダイムから新パラダイムへの変化，象徴的メタファーの比喩的失敗から例示的メタファーの比喩的成功への移行以外のなにものでもない。弁証法的過程が大きな思想の対話を持つようにみえるのは，変化期の危機的状況においてである。しかし，弁証法（たとえば，カール・ポパーの科学的発見のモデルや，脱構築として知られている文学モデル）を論じる多くの学者の期待とは裏腹に，この過程に付随する思想の自由はかなり限られている。要するに，それは，象徴的ルートメタファーと，理論的疑問，社会政治的な価値，および関連する認識論的主張の伝統によって制限されるのである。これらの制約は，通常科学のパラダイムが関連メタファーでもあることから起きる。それは新しい概念が関連という観点で判断される基礎を提供する。その結果，科学革命を構成する例示的メタファーは，以前に認識されていたよりもずっと制御され，制約つきのものとなる。

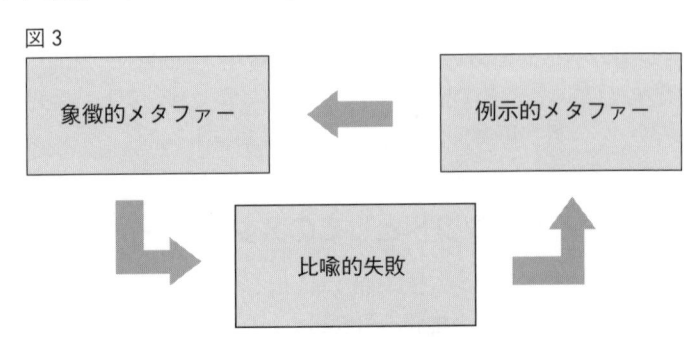

図3

5 文化の発生:「現在」を理解し,「過去」を問い直す

さて,トーマス・クーンの科学革命理論に関するすべての議論と,リチャード・ブラウンのテクストとしての社会のモデルは,どのように修辞学と弁証法の二項対立に関連するのだろうか。そして,パラダイム・シフトを理解するのに,なぜこの区別は重要なのだろうか。答えは,思考方法としてのメタファーに関するロイド(1990)の研究と,フーコー(1969; 1971)のエピステーメーにある。ロイド(1990:20-22)は,メタファーが哲学者と科学者からは否定的に,詩人,作家,エスノメソドロジー学者からは肯定的に見られる理由を考察した。その答えは,アリストテレスの『分析論後書』(Tredennick, 1960)と『トピカ』(Forster, 1960)に遡る。そこでは,独自の知識体系が確立されていた。これらの著書で,アリストテレスはメタファーについて論究した。彼はメタファーを,認識の常軌を逸したものであるとした。それは,彼の見地に合っていなかったからである。メタファーは,別体系から不当なカテゴリーを移行するもので,彼独自の認識論の枠組みと対立していた。アリストテレスは,自らの立場をロゴスとし,逆をミトスかメタファーとするのが都合がよいと気づいた。

> 元来の私の主張は,字義的(literal)と比喩的(metaphorical)の弁別 ― 神話(フィクションとしての)と論理的説明の違いのようなもの ― は,論理的分析の単に純粋で中立的な一端なのではなく,領土を防御するために,境界を廃止するために,ライバルを討伐するために鍛造された兵器であるということである。
>
> (Lloyd, 1990:23)

アリストテレスが『分析論前書』(Trendennick, 1967)と『範疇論』(Cooke, 1967)で示した三段論法は,オルガノンや修辞学的体系の論理を明確にする知的ツールにすぎなかった。このアプローチは,プラトンの弁証法的なアプローチとは異なっていた(Cornford,

1940, 1957; Lee, 1955)。

メタファーの現行モデルに関するこの弁別で重要なことは、修辞学が、クーンが「通常科学」と呼んだものと、ブラウンが「象徴的メタファー」と呼んだものを扱っているということである。したがって、修辞学は現状の構造や、社会で認知され確立された枠組みに言及する。弁証法は、より古い確立されたものの上の思考の新体系の強制と関係がある (Fish, 1972)。興味深いことに、修辞学や作文の教師の多くが、この違いに気づいていないようである。創造の利用を批判的思考に匹敵するものとして論じるときに、それが顕著となる。創造は、新しい産物、レポート、議論などに至るための体系利用と関わりがある。一方、批判的思考は弁証法的であり、より古い体系をより新しいものに取り替えようとする。その結果、英語教員は現状の保身者となる。そして、慣習や従来の形式を教えることになるのである。「クリエイティブ・ライティング」を教えるときでも、慣習的な方法や従来の期待を固く守るようである。

リチャード・ブラウン (1987) は、修辞学の慣習的本質をよく認識し、「社会はテクストである」と論じた。つまり、社会はある主流の見解をもつ自給体系なのである。言い換えれば、社会の機能は修辞的であり、公知の方法の組織の上で働く。それは、支配的な社会的メタファーによって正当化されるのである。社会的筋書きは、規範的な結果となる。それは体系内での解釈の可能性を抑制し、行動パターンを決められた役割の観点で決定し、受容の層を構築する。修辞学的枠組みに規定された領域からはみ出た人は誰しも、社会的逸脱 (Becker, 1973)、政治的脅威 (Douglas, 1985)、精神的狂気 (Szasz, 1966) とさえ見られる。さらに、社会的思考の主流は象徴的現実の維持に焦点を合わせる。それは、政治的象徴の利用や、公的態度の採用や規則化、他の社会的価値の構築を通じて、もろい社会的現実の再構成を維持し、支援する。

過去から未来まで、通常科学から科学革命まで、現状の修辞学か

ら変化の弁証法までの変革を踏まえ、これらの変革を動機づける要因を記述しなければならない。何が変革を引き起こすのか。個々の動因は文化変容の裏にあるのか。慣例は変化の抑制剤なのか。思考は変化を引き起こすのか。下位構造の変化は上位構造の変化をもたらすのか。これらは、科学革命の構造の文脈において記述されるべき問題である。現実の社会的構築における変化は、どのように起こるのだろうか。

5. 再現在化の概念

おそらく、象徴的体系がどのように再構築されるのかという手がかりは、ミシェル・フーコー（1966, 1969）の研究に見出すことができる。フーコーは、ルネサンスが現実の新しい見方をもたらすことに気づいた。以前は、芸術家や学者は、自然を模写して満足していたが、ルネサンスとともに、人は別の象徴的体系に認識を再現在化し始めたのである。物事は起こり、存在する。人々は、別の記号体系の形式に再現在化することで、事象と関わる。ある時点で、認知的シフトが起きた。現実の事象は、再現在化ほど重要ではなかったのである。

この情報の再記号化のなかで、何が起きているのか。「現在」は「過去」に埋め込まれる。「現在」は「過去」と共存する。「過去」が「現在」のなかに発生するからである。それは「現在」の意識のなかに存在し続けるハビトゥス（Habitus）[2]の一部なのである。人はこの「過去」を意識しているのだろうか。答えはイエスである。「過去」にも「現在」の意識の輪郭を定め、関連づける部分はある。しかし、「現在」は、「過去」のハビトゥスよりももっと多くを含んでいる。「現在」は、発生している事象への意識を高めることを伴い、それは、ある時は「過去」を再確認し、ある時は「過去」と関係のある価値や感情の間に存在する対立と、人がいかに「現

表3

事象は「現在」のなかで起こる。言語を通して記号化される。その記号は中立ではない。価値構造を含む。	事象は再現在化される。事象の意味は再現在化のなかで変わってきた。それは再記号化される。新しい記号は異なる価値構造を持つ。	認知シフトは，新しい再現在化が元々の「現在」を表すと仮定するときに起こる。実は，その関係は間違いである。新しい再現在化は意味を変化させてきた。それはもはや，異なった意味と価値構造を表すのである。
「現在」は「過去」の複製を含む。	「過去」は再現在化され，「現在」に置かれる。	再現在化された複製は，新しい「現在」として扱われる。
何かが発生する。	その発生は，書き直される。	元々の発生の意味は変化し，新しい意味とコンテクストとともに書き直される。

在」の意識と関係のある他の感情に挑み，疑問視するかを気づかせる。言語を構成する記号は中立的ではない。それは「過去」のなかに埋め込まれる。言語は価値を含んだものである。文化的に連結したものである。人々は「現在」のなかに新しい価値や意識レベルを見出すと，意識の瞬間は「現在」を新たに定義する役割を果たすようになる。「過去」に存在していたものは，新しいものとして再現在化する。この新しい知識は，「現在」と発生する「未来」の両方と関連がある。変化した知識は，「過去」と「現在」の両方と関連がある。原事象はひとたび変化すると，新しい「現在」と「未来」の発生の一部となる。

フーコー（1982）は，人々がどのようにシンボルを信じ，どのようにそれを新しい現実とみなすのかを指摘した。彼は，著書『これはパイプではない』のなかで，一つのパイプの絵を示し，その上に

フランス語で *Ceci n'est pas une pipe.* と添えた。彼は，多くの人がそのパイプの絵を見て，「これはパイプではない」という見出しに，即座に疑問を感じると思った。これがまさに彼の核心なのである。つまり，絵は単なる実物の現前なのである。

フーコー（1969）は，中世に起きた認知上の変化の発見に関する歴史的知識に大きく貢献した。彼は，新しい認識論の枠組みの始まりを，ベラスケス[3]が描いた『ラス・メニーナス』という絵に関する議論[4]のなかに記した。その作品では，描かれている人々を，鑑賞する者の視点で見ることはできない。画家であるベラスケス自身と，その絵を見る人たちがいる。絵の被写体であるはずの国王夫妻は，奥の鏡に映って間接的に見えるだけである。この絵の象徴的意味は，世界の現前に関するものである。フーコーが誤った意識に非常に関心があったことは，ベラスケスの絵の分析で明らかにされた。

また，フーコーは，『新社会経済史年報』の全アナール学派員と同じように，歴史的真実に関心を寄せている。この組織は 1928 年にマルク・ブロックとリュシアン・フェーブルが創立した。主な革新は，歴史的問題の記述に焦点を移すことであった。また，この運動は，構造的状況主義の形態として定義された。つまり，この学派の歴史家は，実証主義的歴史学を批判したのである。実証主義的歴史学は，政治上および軍事上の観点から，歴史上の事象の調査に携わっていた。アナール学派の創立者たちは，いくつかの点で，実証主義学派とは異なっていた。ほとんどは経済史学者であり，政治上の人物に焦点をあてる従来の歴史家に反発していた。彼らは，実証主義学派は偉人に妄想を抱いていると感じていた。アナール学派は調査方法の追及に乗り出した。彼らは，過去に物事が起きたときの状況の脈絡に関心を示した。この新しい方法は，歴史を哲学への従属から解放し，フランスの急進思想のなかに豊かな土壌を見出した（Foucault, 1971）。その新興構造の性質を議論する前に，まず「発

達の最近接領域（Zone of Proximal Development: ZPD）」の概念を考察し，構造化の概念（Giddens, 1984）と関連づける必要がある。

6. 発達の最近接領域

　カール・マルクス（1973）は，ゲオルク・ヴィルヘルム・フリードリヒ・ヘーゲルの下で哲学を学ぶ学生であった。師であるヘーゲルは理想主義者で，歴史は思想によって変化すると考えていた。一方のマルクスは，歴史が変化するのは，生活のニーズ，社会階級間の対立，日常生活における人間の相互作用といった，実質的要素によるものだと主張した。マルクスは師の理想主義に反発し，新しい概念である唯物論に身を投じた。マルクスの歴史的変化を動機づける力としての唯物論的主張は，当時は画期的であった。マルクスは，歴史に唯物論を導入しただけではなく，人間の意識モデルにもそれを取り入れた。すなわち，彼は自分の認知理論に，日常活動の概念を取り込んだのである。それは奥深い概念であった。人間の行動は認知に基づくという主張であった。認知は，世界内存在と，それとの相互作用の過程の外には存在しない。人間の行いは，人生観を決定する。マルクスが焦点をあてたかったのは，実存の人々，彼らの行動，生活の物質的状態が，どのように思考を決定づけるのかであった。マルクスは，人間が抽象的に扱われるヘーゲルの古い唯物論モデルを受け入れなかった。新しい唯物論の下では，人間は実世界で他者と相互作用する実態的なものである。

　ヴィゴツキー（1934, 1978）は，旧ソビエト連邦の心理学者で，マルクスの新しい唯物論を受け入れた人物であった。彼はさらに，人間の精神は文化的な影響と経験の産物であると主張した。また，人間は思考を変化させる装置を発明したと主張したが，その道具には二種類ある。一つは「技術」という物理的道具であり，もう一つ

5 文化の発生：「現在」を理解し、「過去」を問い直す

は「言語」という象徴的道具，つまり認識論的道具である。

表4

		知　　の　　道　　具
技術	物理的道具	人間はさまざまな種類の道具を通じて自然と交わる。自然を変えることができるのは，この道具を用いるからである。
言語	象徴的道具	人間はまた，言語を通じて自然を変える。言語は知の道具である。言語のおかげで，現実の新しい形を社会的に構築できる。

　子どもはこれらの道具的体系を創造しない。それらは世代を超えて伝えられるものなのである。ヴィゴツキーにとって，知力とは，道具を使った教育から学ぶ潜在的能力と関係があるものだった。したがって，教師が中心的役割を果たすことになる。教師は，生徒が現存の能力レベルを越えられるよう，支援するためにいるのである。つまり，知力とは，生徒が大人と関わりながらできることの指標である。現在の発達レベルから，新しい潜在的発達レベルまでの移行を，「発達の最近接領域（ZPD）」と呼ぶ。この領域は，子どもがひとりで管理するのには非常に難しい。そのため，メンター，教師，大人の助けが必要となる。教育における下積みは，「足場づくり」と呼ばれる。教師は，生徒がZPDという梯子の次の横木に移る手助けをする。

　ヴィゴツキーによると，この新しい知の道具は，社会的対話を伴う教育・学習過程を通して発達し，そこで共有された意味が共同作業を通じて発展する。より高次的な知的機能における変化は，普遍的ではない。文化特有である。文化心理学者たちが普遍的であると論じてきた認知カテゴリーと認知機能の多くは，そうではないのである。

表5

子どもの世界理解	「発達の最近接領域 (Zone of Proximal Development: ZPD)」	大人の世界理解
X	⟶	Y
メンターや教師の助けでXからYへと移行する。タスクはZPDとして教師によって決定される。一つのタスクが遂行されると，新しいタスクが用意される。このタスクの連続は「足場づくり」と呼ばれる。		

　社会変化の理論に対する足場づくり理論は，何を意味するのだろうか。それは人間の知識のより高次な形態を処理したり，運用したりする人が，一つの社会集団にはたくさんいるということである。これらの専門家は，促進者の役割を果たす。「発達の最近接領域」のあるレベルから別のレベルに学習者を移行させる手助けをするのは，彼らの義務である。学習者の意識レベルを，低いところから高いところへと引き上げるのは，彼らの仕事である。クーン（1964）が言及した先駆的な科学者とは，そのような人たちである。彼らは変化のきっかけなのである。クーンは，この科学革命モデルのなかで，科学は問題解決によって動機付けられると論じ，上位2％の小さな専門家集団を科学的変化の要因としている。彼らは，潜在的パラダイム・シフトを意識している数少ない人たちなのである。

7. ギデンズと構造化

　社会におけるこうした微妙な変化は，時間がたつにつれて，どのように機能するのだろうか。人間側の変化は，どのように社会変動につながっていくのか。答えはいくつかある。双方とも社会化の過程に関連している。子どもたちは，社会システムと文化が既に存在

5 文化の発生：「現在」を理解し，「過去」を問い直す

している世界に生まれる。両親や親族は，子どもたちのために第一次の社会化の行為者として行動する。子どもたちは，さまざまな役割のなかで機能することを学び，第一次の社会化に関連するさまざまな役割を果たす重要な他者をまのあたりに見る。その後，子どもたちは学校組織に入り，そこで第二次の社会化の過程に入る。そして，家庭環境外で機能する方法を学ぶようになる。科学，数学，社会，そしてさまざまな基礎的な社会スキルなど，新しい思考道具を教わる。この社会化は何を終着点とするのか。子どもたちは，家庭での社会化の具合で著しく異なるかもしれない。別の親子の対話形式に触れ，異なる社会経済的環境にさらされるかもしれない。学校では，同じスキルと同じ社会知識の形態を学ぶことになっているが，それは常に起こるとは限らない。なぜなら，学校組織が地域によって大きく異なるからである。つまり，社会的現実の概念は広く分布しているのである（Berger & Luckmann, 1966）。この分布は，世代の相違としても議論できるが，複雑さは差分法に近い。家族内に世代が生じているが，子どもは日々生まれる。これは，社会化の同じパターンを共有する人々が増えることになるが，実際にはそうならない。

　アンソニー・ギデンズ（1984）は，社会における分化の同様のパターンについて論じた。彼は，この変化を構造化と呼んだ。つまり，人間の集団は新しい社会的概念や経験に触れ，事象は人間を変える。変化の過程で，人間はある意識レベルから次の意識レベルへと動く。より高次な認識レベルに入ると，人間は新しい理解の像をもって社会に入る。ヴィゴツキー（1962, 1978）の枠組みでいうところの「発達の最近接領域」であり，より高い横木に登るということである。人間がより高い意識レベルに達してきたのは，新しい象徴的道具を与えられてきたからである。ちょうど，通常科学というパラダイムが，自然科学の別のパラダイムまで高められるように，「意識のはしご」に沿った変化も，らせん状を上がっていくことが

わかる。

8. 構造の発生

　通常科学から科学革命までの変化について重要なことは，新しい構造がその過程から発生するという事実である。新しい構造は，古い構造の再結合，あるいは再現在化である。つまり，「過去」は決してなくならない。「過去」は再構築され，再現在化され，再発見される。たとえば，科学革命のパラダイムが確立された後，通常科学というより古い形のものは新パラダイムの見地から書き直される。また，教科書に記された歴史や現在の情報は，新パラダイムの見地から改訂される。いくつかの構造は，同じ用語を保持するかもしれないが，新パラダイムの特性と価値が与えられている。古い構造は変形する。それは，新パラダイムのなかの新しい要素へと再構築された，埋め込まれた「過去」の要素である。再定義された構成は，ひとたび科学革命の分野に入ると，「現在」のなかで異なった意識レベルを示すようになる。「共現在」は，「過去」のハビトゥスと「未来」の新興構造を含んでいる。そこは，より古い構造が新し

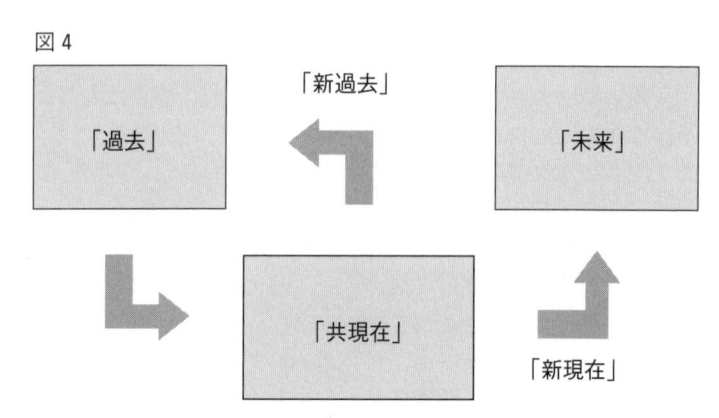

図4

「過去」 ← 「新過去」 ← 「未来」

↓　　　　　「共現在」　　　　↑「新現在」

い実体へと再現在化される場所である。再現在化は，体系の新しさと関わりがある場合は重要である。この場合，再現在化は発生する「未来」のパラダイムと関わりがあり，新しい意識レベルに見られるように，実体を意味する。パラダイム・シフト内の「共現在」の現実構造を創る過程で，変化を受けるかもしれない。それは修正されない構造としての「現在」に組み込まれたり，「共現在」にあるハビトゥスのなかに残ったりする。もしくは，その存在が「過去」の再定義を要求するといった，高められた変化レベルを与えられていたりする。

「過去」が常に定義を受けているという事実は，科学的研究に重要な疑問を投げかけている。「過去」とは何か。なぜ歴史的遺物という不安定なものが，科学的活動のなかで許容されているか。過去の歴史的説明は本当に信用できるのか。主な資料は，単に他の主な資料の再構築化にすぎないのか。文化について，「共現在」はさまざまな文化遺物を包含するかもしれない。文化遺物のいくつかは，専門家の意識範囲内にあるが，専門家以外はどのように理解するのだろうか。専門家以外は本当に文化的理論に気づいているのか。文化を構成するものを明示できるのか。文化は行動によって定義されるのか。非言語的な社会スクリプトも，文化の一部なのか。文化が永続的だとしたら，それは「過去」の一部なのか。もしそうなら，「共現在」事象とは関係がないかもしれない。「共現在」は「過去」の終点であると同時に，「未来」の始点でもある。それは移行点なのである。そして，流動的な世界である。

9.「現在」に一貫性を持たせる

「共現在」に生きるということは，流動的世界に住むということである。しかし，「共現在」に生きる人間は，構造化せずに絶えず変化する世界として，日常生活の社会学を経験しているわけではな

い。それはなぜだろうか。答えはハビトゥスの概念にある (Bourdieu, 1977, 1984, Bourdieu & Wacquaint, 1992)。日常生活の基礎となる構造は, 社会的・文化的ハビトゥスで知られる文化的複合体に生きることで得られる日課, 習慣, 信念, 行動パターンである。生活はこのハビトゥスに埋め込まれる。ハビトゥスがなければ, 生活は常に再検討を余儀なくされる。人間は日課について非常に基本的な疑問を持つだろう。レストランに入ったら, 何をしなければならないか。食事の注文をするのにどうするか。生活はこうした非言語的な社会スクリプトでいっぱいなのである。私たちは文化的複合体のなかで生き, 参加することによってそれを学習する。生活が意味をなすのは, これらの日課が日常の活動や行動に秩序のようなものをもたらすからである。他者が同じ社会スクリプトを共有すると, 社会秩序の感覚を得られる。初期, 第二期の社会化は, この社会秩序創りのための教育の場を作っている。テレビ番組は, 一般の市場で買えるものの情報を提供する。また, ホームドラマ, 映画, ドキュメンタリーの形で, 社会行動の実例を含んでいる。文化を構成するものの多くが, 暗黙知の形で存在している。それは日常生活の文化的ハビトゥスのなかにある。

10. 「共現在」を再考案する

生活は常に一貫しているわけではない。対立が起きるときもある。ジュラード (1971) は, 自己開示が個人間や信念体系間の社会対立を引き起こす様子を研究した。最初は, 自分と対立を引き起こしている人や状況を回避するのだという。次に, 自分を脅かすように見える他者を低く評価する。最後は, 適応である。これは, 個人が不和を受け入れ, 他者の価値や信念で生きようとするときに起きる。ジュラードは, 自分と対立する見解や信念への抵抗については議論していない。こうした人間にとって, 不穏状態は一生続くかも

5 文化の発生:「現在」を理解し,「過去」を問い直す

しれない。ジュラードの関心は,人々が自己開示を避けるために,どのように「現在」を解釈しなおすかということだった。

「現在」の社会的な実在を再構築することには,別の側面がある。ラフトとインガム (1955) は,人間がどのように「現在」を理解しようとするのかを調べるモデルを開発した。二つのパラメーターから成る「ジョハリの窓」と呼ばれるものである。初めのパラメーターは,「自分がわかっている自己」と「自分がわかっていない自己」,二番目は「他人がわかっている自己」と「他人がわかっていない自己」である。以下の図で,第一象限は,「自分はわかっているし,他人もわかっている自己」である。この象限は,開放の窓と呼ばれる。まさに公開された自己である。第二象限は,盲点の窓と呼ばれる。「自分はわかっていないが,他人はわかっている」領域だからである。他人とは,行動パターンを解釈する術を知っている専門家か,自分自身が気づかない人間の行動に関することを理解できる人であろう。第三象限は,秘密の窓と呼ばれる。「自分はわかっているが,他人はわかっていない」ところである。ここは,自分自身を他人に示すのに有利な場所である。第四象限は,未知の窓である。自分も他人もわからない領域である。

人間はどのように「現在」を理解するのだろうか。開放の窓での

図5

	自分がわかっている	自分がわかっていない
他人がわかっている	1. 開放の窓	2. 盲点の窓
他人がわかっていない	3. 秘密の窓	4. 未知の窓

表6

開放の窓	すべての人が日常生活の慣習や習慣を意識しているところである。人々が果たす役割は，既によく定義されている。ゴフマン（1951, 1971 b）が，日常生活における自己の表出と述べたものである。
盲点の窓	個人の諸相が他者に知られているところである。全慣例に関するゴフマンの研究は，現実構築のこのモデルに収まった。人間は，自分に及ぶ情報力を持つ他者に対処するために方略を要する（Goffman, 1959, 1963, 1971 a, 1974）。
秘密の窓	印象管理の維持が大きな役割を果たすところである。個人は，演じている役割を意識し，人生という舞台の上でどのようにその行いが受容されるのかを意識している（Goffman, 1961）。
未知の窓	人生の流動性と関係する。それは未知の力と状況の動的な分野である。個人は，何か対応を必要とすることを意識するようになるかもしれないが，それが何であるのか，どのようにそれに対処するのか分からない。

現実構築には，さほど問題はない。人間は他者が推測するように行動する。開放の領域を共有する他者のハビトゥスのなかで生きることになる。盲点の窓では，他者のわかっている自己を知らない。その人間は，他者が自分の行動に疑問を抱くような新しい行動パターンの創造から身を守らなければならない。人はそれをどのようにやるのだろうか。それは実質のない社会的役割を演じることで達成できる。これは期待どおりに機能する社会的役割ではあるが，その人個人に関わる独特な人間的特徴を多く欠いている。たとえば，裁判官には，司法担当という役割がある。裁判官はそれを人間的なものにするか，または非人間的なものにすることによって，この役割を果たすだろう。人間的な役割は，公人にとっては有害な結果になり

うる。自分の義務を法に則って果たし，個人的な政治心に則って果たすべきではない。盲点の窓で最も安全なのは，実質のない役割である。秘密の窓は，自己の管理下にある実在の社会的構築の形である。社会的マスクをかぶり，コントロールすべき印象管理の形を知る人間である。この領域はたいてい既に描写されている。役割は個別に定義されている。最後に，未知の窓は何よりも興味深いのであるが，それは個人や集団から隠れたままだからである。この領域は未知であるため，管理できない。したがって，「共現在」の意味を理解するための諸相は，個人と集団の両方に耳を傾けなくてはならないのである。

11. 仮想文化として「実在」を再構築する

これまで十分に記述されてこなかった社会化のある側面は，マスメディアの使用から生じているものである。メディアの使用は，さまざまな形式をとり，文化的諸分野に向けられる。人がテレビで見るものは，意識している「共現在」の一部になる。同じメディアを共有する人々は，社会的現実の構成を再確認するためにそれを使用する。人間が観るホームドラマ，映画，ホームコメディは，参加が受動的でメッセージが暗黙的であることを除けば，他の社会化の形態に匹敵する。ある出来事がテレビで報じられてから何年もたった後でも，人間は会話や役回りのなかでそれを思い起こすかもしれない。これらの出来事は，人間の仮想記憶の一部であり，仮想文化の一部でもある。さまざまな人間に個々に広がった集合記憶として部分的に機能し，公の場面で同時に同じ記憶を呼び起こす。たとえば，短い会話の後に，相手がケーブルテレビに加入しているかどうか，また，その人がテレビでどんな番組を観ているのか，分かったりする。このような仮想記憶の形態は，ある事象に関する集団一貫性の社会的マーカーになる。まるで，一つの事象を通してバラバラ

の人間をまとめるために呼び起こして使う特定文化が存在しているかのようである。

　社会学者は集合記憶の概念を扱うことを望んでいない。それが不可解であると分かっているからである。この概念が、社会学の創始者のひとりであるデュルケーム（1951）によってもたらされたことは注目すべきであろう。デュルケーム（1964, 1970）は、人間は二つの方法で社会に束縛されると主張した。ある共同状況で他者と生活を共有するか、もしくは、制度、法、規則によって束縛されるかである。生活を一つの社会とみなす人は、同じ信仰、希望、恐怖、野心を共有する。規則や規制によって縛られる人は、集団に属するが、帰属感はない。テレビの到来と消費者文化の誕生により、大衆社会で起こる結束は、デュルケームが議論した第一の共同体に関連する多くの要素を有する。仮想文化は仮想記憶を共有する。仮想文化は仮想の事象によって束縛される。仮想文化には、初期の社会タイプが直面した事象を通じて生まれた、同種の深い感情的なつながりがある。もし、さまざまな特定文化を超えて分布した仮想記憶の断片が存在することがあるとすれば、それはテレビ、インターネット、ブログコミュニティ、および他の媒介コミュニケーションの「共現在」世界のなかにある。

12. 文化的「過去」を再創造する

　グローバル化は、多文化主義の概念に代わる新しいラベルである。それが新しい用語として選ばれたのには、いくつかの理由があった。グローバル化では、文化的な空間の大地に、新しい土がかぶせられる。他文化の慣習と生活様式が、「過去」という文化的空間に侵入する。「共現在」は、新旧文化の混合というだけではなく、異文化の混合でもある。グローバル化が現代においてより重要な概念となってきたのにはもう一つの理由があり、これは新しい土地に

移り住むために国際的境界を渡る人類の大移動と関係がある。文化の古い概念は民族国家が定義した。それは，民族国家の政治実態がその文化的枠組みを形成するということである。人間は，ひとたび自分の民族国家を出ると，新しい文化に入る。グローバル化につれ，多文化主義のような定義はもはや成立しない。人々は，混合市民となる新しい文化に，一斉に移行する。母国では，「現在」は「過去」に埋め込まれた。しかし，新しい受け入れ国では，文化的な「過去」は異なっている。つまり，文化的アイデンティティが折衷されたことを意味する。彼らは新しい文化の参画者になろうとするが，以前の文化的「過去」も好ましいと感じる。この問題は，文化的「過去」の要素を新しい土地に移動させれば解決する。この現象外に生きる人々は，そのような共同体をゲットー，リトルトーキョー，バリオ，チャイナタウンなどと名づけた。実際には，その現象は混合文化の構築に深く関わっている。それは新しい文化的空間を構築する。知の考古学のフーコーモデルでは，母国からの土は，新しい国に運ばれ，新しい文化的空間のものと混ぜられるのである。

新建築，新商品，新言語，新思考方法の形態で，現代化に直面している人々にとって，その逆が真実である。文化的「過去」は，新しい土を大地に重ねる。混合文化も構築するが，今あるものと異なるものである。

13. おわりに

民族国家内のすべての人間が共有する知の単位としての文化の概念を維持することは，もはや可能ではない。ちょうど，経済的集団がビジネスのために国境を越えるように，マスメディアは商品を売り出すために境界を超える。かつては，部族か民族国家の慣習の定義で済んでいたことが，文化的所産の観点から見直さなければなら

なくなった。それは，数多くの消費者社会の「共現在」世界において役割を果たすことになる。人々はどのように，この新しい文化伝播を説明するのか。どのように，文化的象徴の導入の背後にある力を定義するか。どのように，人生の有り様を扱うのだろうか (Debord, 1995; Baudrillard, 1973)。

本論ではまず，クーンの科学革命理論が，社会の文化構造内に生じる変化の議論の基礎をもたらすと述べた。また，実在の社会的構築が疑問視され，新しい潜在的パラダイムが現れる危機的状況に焦点をあてた。そして，この場所は「現在」ではなく，「共現在」であると論じた。そこは，「現在」が「過去」のハビトゥスに埋め込まれたところである。また，新しいレベルの意識化と「過去」の所産の新再現在化によって，「未来」が創られるところでもある。そして，変化に対する理論的解釈が行われる場所でもある。文化変容が発生するのはこの文脈からである。

文化研究の新しい枠組が示すのは，文化は動的な変化分野における，止まった時間の直線的な瞬間を表す定常現象であるということである。必要なのは，文化の複雑性理論である。そのような状況においてこそ，文化変容の本質をより正確に知り，明確にし，定義することが可能なのである。

（三宅ひろ子 訳）

―― 注 ――

(1) re-presentation. 代替，表象，再表現，再現前，再現ともいう。
(2) ピエール・ブルデュー（1930-2002）の言葉で，「社会的に獲得された性向の総体」という意味で用いられる。
(3) ディエゴ・ベラスケス（1559-1660），17世紀を代表するスペインの画家。
(4) ラス・メニーナス［女官たち］（1656年）という作品について

は，画中の多くの人物のうち，誰が本当の被写体なのかを巡って論争が起きた。

【参考文献】

Baudrillard, J. (1973). *The Mirror of Production*. St. Louis, MO: Telos Press.

Baudrillard, J. (1995). *Simulacra and Simulation*. Ann Arbor, MI: University of Michigan.

Becker, H. (1973). *The Outsiders: A Study in the Sociology of Deviance*. New York, NY: The Free Press.

Berger, P. L., & Luckmann, T. (1966). *The Social Construction of Reality: A Treatise in the Sociology of Knowledge*. Garden City, NY: Doubleday.

Boas, F. (1928). *Race, Language and Culture*. New York, NY: Macmillan.

Bourdieu, P. (1977). *Outline of a Theory of Practice*. Cambridge, UK: Cambridge University Press.

Bourdieu, P. (1984). *The Logic of Practice*. Stanford, CA: Stanford University Press.

Bourdieu, P. (1991). *Language and Symbolic Power*. Cambridge, UK: Cambridge University Press.

Bourdieu, P., & Wacquant, L. (1992). *An Invitation to Reflexive Sociology*. Chicago, IL: University of Chicago Press.

Brown, R. H. (1977). *A Poetics for Sociology: Towards a Logic of Discovery for the Human Sciences*. Cambridge, UK: Cambridge University Press.

Brown, R. H. (1987). *Society as Text: Essays on Rhetoric, Reason, and Reality*. Chicago, IL: The University of Chicago Press.

Chomsky, N. A. (1957). *Syntactic Structures*. The Hague, The

Netherlands: Mouton and Co.

Chomsky, N. A. (1966). *Cartesian Linguistics*. New York, NY: Harper and Row.

Cooke, H. P. (Ed.). (1967). *The Categories*. Cambridge, MA: Harvard University Press.

Cornford, F. M. (1937). *Plato's Cosmology*. Indianapolis, IN: The Library of Liberal Arts, The Bobbs-Merrill Company.

Cornford, F. M. (1940). *Plato and Parmenides*. Indianapolis, IN: The Library of Liberal Arts, The Bobbs-Merrill Company.

Cornford, F. M. (1945). *The Republic of Plato*. Oxford, UK: Oxford University Press.

Cornford, F. M. (1952). *Principium Sapientiae: The Origins of Greek Philosophical Thought*. Cambridge, UK: Cambridge University Press.

Cornford, F. M. (1957). *Plato's Theory of Knowledge*. Indianapolis, IN: The Library of Liberal Arts, The Bobbs-Merrill Company.

Debord, Guy. (1995). *The Society of the Spectacle*. Cambridge, MA: Zone Books.

Douglas, J. et al. (1985). *Introduction to the Sociologies of Everyday Life*. New York, NY: Academic Press.

Durkheim, E. (1951). *The Elementary Forms of Religious Life*. New York, NY: The Free Press.

Durkheim, E. (1964). *The Division of Labor in Society*. New York, NY: The Free Press.

Durkheim, E. (1970). *The Rules of Sociological Method*. London, UK: Routledge and Kegan Paul.

Fish, S. E. (1972). *Self-Consuming Artifacts: The Experience of Seventeenth-Century Literature*. Berkeley, CA: University of

California Press.
Forster, E. S. (Ed.). (1960). *Topica* London, UK: William Heinemann Ltd.
Foucault, M. (1966). *Les mots et les choses*. Paris, France: Editions Gallimard.
Foucault, M. (1969). *L'Archéologie du Savoir*. Paris, France: Editions Gallimard.
Foucault, M. (1971). *L'Ordre du Discours*. Paris, France: Editions Gallimard.
Foucault, M. (1982). *Ceci n'est pas une pipe*. Paris, France: Editions Gallimard.
Giddens, A. (1979). *Central problems in Social Theory: Action, Structure and Contradiction in Social Analysis*. London, UK: Macmillan.
Giddens, A. (1984). *The Constitution of Society. Outline of the Theory of Structuration*. Cambridge, UK: Polity Press.
Giddens, A. (1991). *Modernity and Self-Identity. Self and Society in the Late Modern Age*. Cambridge, UK: Polity Press.
Goffman, E. (1959). *The Presentation of Self in Everyday Life*. New York, NY: Anchor, Doubleday and Company.
Goffman, E. (1959). *Asylum: Essays on the Social Situations of Mental Patients and Other Inmates*. Garden City, NY: Doubleday.
Goffman, E. (1961). *Encounters*. Indianapolis, IM: Bobbs-Merrill.
Goffman, E. (1963). *Stigma*. Englewood Cliffs, NJ: Prentice-Hall.
Goffman, E. (1967). *Interaction Ritual: Essays on Face-to-Face Behavior*. New York, NY: Anchor Doubleday.
Goffman, E. (1971a). *Strategic Interaction*. Philadelphia, PA: University of Pennsylvania Press.

Goffman, E. (1971b). *Relations in Public*. New York, NY: Colophon.

Goffman, E. (1974). *Frame Analysis*. New York, NY: Harper Colophon Books.

Hanson, N. R. (1958). *Patterns of Discovery: An Inquiry into the Conceptual Foundations of Science*. Cambridge, UK: Cambridge University Press.

Jourard, S. M. (1971). *The Transparent Self*. New York, NY: D. Van Nostrand Company.

Kuhn, T. S. (1964). *The Structure of Scientific Revolutions*. Chicago, IL: University of Chicago Press.

Kuhn, T. S. (1971). *The Copernican Revolution: Planetary Astronomy in the Development of Western Thought*. Cambridge, MA: Harvard University Press.

Lee, H. D. P. (Translator and Commentator). (1953). *The Republic*. Baltimore, MD: Penguin Books Inc.

Lloyd, G. E. R. (1990). *Demystifying Mentalities*. Cambridge, UK: Cambridge University Press, Themes in Social Sciences Series.

Luft, J., & Ingham, H. (1955). The Johari window, a graphic model of interpersonal awareness. *Proceedings of the western training laboratory in group development*. Los Angeles, CA: UCLA

Marx, K. (1979/1859). *A Contribution of the Critique of Political Economy*. New York, NY: International Publishers.

Marx, K. (1973/1957). *Grundrisse: Foundation of the Critique of Political Economy*. New York, NY: Vintage.

Marx, K., & Engels, F. (1965/1846). *The German Ideology*. In E. Hobsbawm (Ed.), *Precapitalist Economic Formations: Karl*

Marx (pp. 121-139). New York, NY: International Publishers.

Saussure, F. (1916). *Cours de linguistique générale* Paris, France: Payot.

Szasz, T. S. (1966). *The Myth of Mental Illness*. New York, NY: Anchor Doubleday.

Tredennick, H. (Ed.). (1960). *Posterior Analytics*. London, UK: William Heinemann Ltd.

Tredennick, H. (Ed.). (1967). *Prior Analytics*. London, UK: William Heinemann Ltd.

Vygotsky, L. S. (1962/1934). *Thought and Language*. Cambridge, MA: MIT Press.

Vygotsky, L. S. (1978). *Mind in Society: The Development of Higher Psychological Processes*. Cambridge, MA: Harvard University Press.

第3部 バイカルチャーとマルチカルチャーの最前線

承諾獲得に関する比較調査：中国[1]・日本・米国

Richard L. Wiseman[2], Judith A. Sanders[3],
Jeanine K. Congalton, Robert H. Gass,
末田清子[4], 杜瑞清

1. はじめに

　グローバル化の進展とともに，文化的背景が異なる他者との相互作用が求められる機会が増えてきた。しかし，ある文化的コンテクストではうまくいくコミュニケーションスタイルまたはストラテジーが，他方では通用しないことがある。自文化と他文化の間には価値観，規範，規則，相互作用のスタイルの違いが存在している。私たちはいったいどうすれば自分たちと異なる文化の人々と効果的かつ適切なコミュニケーションが図れるのだろうか。

　「人がいつどのように要求，命令，脅迫，提案等をするのか，それは参加者（そこに関与している人々）の文化的世界を反映している」とフィッチ（Fitch, 1994:125）は述べている。

　ますます頻繁に起こりつつあるこのような状況の一つとして，対人関係に見られる説得，俗に言う承諾獲得があげられる（Gass & Seiter, 2007）。対面的なやりとりにおいて，他者が私たちの利に反する発言または行為をすることはよくあることである。そのようなとき，私たちはさまざまなストラテジーを用いて自分の要求を他者

に承諾してもらおうとする。そして，文化の違いを超えて承諾獲得という行為をしようとすると，文化的相違がそのストラテジーの選択とその有効性に影響を及ぼす可能性がある。

多くの研究者が承諾獲得に関する比較文化研究を行なっている。そのうちのいくつかは，文化によってストラテジーの選択と有効性が異なっていることを検証している (Burgoon, Dillard, Doran, & Miller, 1982; Cai & Wilson, 2000; Chakron, 2006; Chen, et al., 2006; Cialdini, Wosinka, Barret, Butner, & Gornick-Durose, 1999; Fitch, 1994; Fu & Yukle, 2000; Kim & Wilson, 1994; Lu, 1997; Ma & Chuang, 2001; Miller, Reynolds, & Cambra, 1983; Neuliep & Hazelton, 1986; Ralston, Vollmer, Srinvasan, Nocholson, Tang, & Wan, 2001; Shatzer, Funkhouser, & Hesse, 1984; Wilson & Kunkel, 2000)。これらの研究は，各文化で好まれるストラテジーには多くの重要な違いが見られることを示した。例えば，ニューリップとハゼルトン (Neuliep & Hazelton, 1985) は，日本人学生（日本在住）と北米の学生を比較し，両者の好むストラテジーが著しく異なっていることを見出した。しかし，これらの研究の多くには，少なくとも以下のような三つの限界がある。第一に，米国での類型（例えばマーウェルとシュミット (Marwell & Schmitt, 1967) の分類など）が米国以外の文化においても同様に適用できるという前提に基づいているという点である。米国居住者による米国居住者のためのカテゴリーは，他の文化の人々の経験には適さない可能性がある。チャルディーニ他 (1999:1242) は「社会的影響に関する多くの心理学的研究は，北米人が北米人を調査対象として行なったものである」と述べている。第二に，文化的レベルにおいて非理論的であるという点である。これらの研究は文化的な次元を重視する理論的フレームワーク（例えばホール (1976) の高コンテクスト，低コンテクストなど）の影響に関する調査というよりも，単なる国家間の比較に過ぎない。文化的問題に言及している研究の多くは，国際的討議のような“公的

な"フォーラム（例：Bruschke & Wiseman, 1992; Glenn, Witmeyer, & Stevenson, 1977; Renz, 1987），または広告やマーケティングのようなマスメディアのコンテクスト（例：Cialdini, et al., 1999; Han & Shavitt, 1994; Jeon & Beatty, 2002; Shao, Bao, & Gray, 2004）の範囲内での影響である。第三に，区別のはっきりしていない文化を比較しているという点である。例えば「高コンテクスト」「低コンテクスト」のいずれかを代表する36の国の人々を比較した研究（Shao, Bao & Gray, 2004）がある。しかし，それらの調査対象者には合衆国で2年ほど生活したことのある者が含まれていた。人が欧米の承諾獲得のストラテジーを意識するには，6ヶ月間もあれば十分であろう。また，母語ではなく英語で回答を求められたことも，結果に影響したのではないかと考えられる。

　承諾獲得同様，コンフリクト・マネジメントに関しても比較文化研究が行なわれている。そのなかには米国で開発されたカテゴリーを他の文化に無理に援用した調査もあるが，文化的変数の理論を重んじ，文化的相違に基づく特徴の検証に焦点をあてた研究も見られる（例：Ma, 1990 a; Ma & Chuang, 2001; Ting Toomey, et al., 1991 b）。さらに，昨今のフェイスワーク理論をコンフリクト・マネジメント（Ting-Toomey, et al., 1991 b）に援用することは，文化的バイアスの少ない観点から対人関係上の言動不一致が研究できる好機となった。フェイスワーク理論は，承諾獲得とコンフリクト・マネジメントのパラダイムを統合させると共に，対人関係上の不協和への反応の文化差について，より広いレベルの理解を私たちにもたらしてくれるだろう。本稿の目的は，フェイスワーク理論を適用し，文化的変数と承諾獲得のストラテジーの関係を明らかにしていくことである。特に，本稿では三つの承諾獲得の状況と，個人主義であるか集団主義であるか（高コンテクスト/低コンテクスト）という二つの様相に焦点をあてることとする。この二つの様相とは換言すれば，フェイスワーク理論を基にしたストラテジー選択，つまり承諾

の申し出が直接的であるか間接的であるかということと,承諾を得るための統制の所在が自己にあるか他者にあるかということである。

2. 文化的変数

　文化的変数に言及している理論は多い（例：Hall, 1976；Hofstede, 1980）。そのなかでも個人主義―集団主義という次元（以下,個人主義―集団主義と記す）は,文化的相違を研究する上で最も基礎となる要因である（Cialdini, et al., 1999; Kim, et al., 1994; Ting-Toomey, et al., 1991 b およびそのなかの引用文献）。実際に,トリアンディス（1990）は個人主義―集団主義は社会行動における文化的相違の最も重要な次元であると述べている。フイとトリアンディス（Hui & Triandis, 1986：244-245）によれば,集団主義には「個人の目標が集団の目標の下位に置かれ,調和,相互依存,他者への関心への意識が高い」といった特徴が見られるという。一方,個人主義には「集団の目標が個人の目標の下位に置かれ,独立心は高いが,他者への関心は乏しい」といった傾向があるという。つまり「個人主義的文化では個人の目標が重視され,集団主義的文化では集団の目標が個人の目標に優先される」（Gudykunst & Kim, 1991：42）ということが言えるだろう。

　研究にとって欠かすことのできないもう一つの特徴をトリアンディス（1990）は提示している。彼は,個人主義的文化の人々は恥よりも罪に依存し,契約上の合意を反映した社会統制を行なうと主張した。一方,集団主義者には「罪よりも恥によって社会統制が行なわれ,道徳的考慮を重んじ」そして「社会的なこと（例えば義務,礼儀正しさ,内集団の権威への同調など）に価値をおく」（p.59）と言及している。これらから,個人主義的文化のメンバーは,人が何か（要求者からの制裁または社会統制）を"負う義務がある"こ

とを強調するが,集団主義的文化のメンバーは社会的な価値(または集団の利にもとづく制裁)を重んずるということが考えられる。

今まで多くの研究に影響を与えてきた文化的変数の第二の基本原理として,ホール(1976)のコンテクストの概念があげられる。コンテクストは,それぞれの文化において,その文化のコミュニケーションを理解するための方法を規定している。ホールは,高コンテクストから低コンテクストまでの一つの連続体としてコンテクストを捉えた。高コンテクスト文化では,コミュニケーションの方法がそのやりとりに関わる個人,またはそのコンテクストにしっかりと埋め込まれている。しかし,低コンテクスト文化ではメッセージの意味を明確に言葉でコード化しなければならない(Hall, 1976)。相対的にみて,アジアの国々の多くは高コンテクスト,米国は低コンテクストに位置している(Hall, 1976)。個人主義―集団主義とコンテクストの次元には関連がある。すなわち,個人主義的文化では低コンテクストをコミュニケーションの主たる方法としているが,集団主義的文化のコミュニケーションにおいては高コンテクストのほうが顕著である(Gudykunst & Ting-Toomey, 1988)。さらに,グディカンストとキム(Gudykunst & Kim, 1991)は「低コンテクストおよび個人主義的文化のメンバーは直接的なスタイルで,高コンテクストおよび集団主義的文化のメンバーは間接的なスタイルでコミュニケーションを図る傾向がある」(p.45)とも述べている。以上のことから,高コンテクスト文化のメンバーに比べ,低コンテクスト文化のメンバーのほうが対人関係上の不協和に対し直接的な交渉を行なうことが予測される。ティン・トゥーミー(1985)は,低コンテクスト文化でのコンフリクト・マネジメントの特徴として,対立的な態度,明示的なコミュニケーションコード,そして率直で直接的なストラテジーをあげている。それに対し,高コンテクスト文化でのコンフリクト・マネジメントには,非対立的態度,関係性重視,曖昧で間接的なストラテジーといった特徴が見られる

という。高コンテクスト文化において間接的なストラテジーが求められる理由の一つとして，自分自身および他者のフェイスを守る必要性があげられる。つまり，意見の相違や対立を明らかにしてしまうことは，双方のフェイスを失わせることにつながる（Ting-Toomey, 1985）。これらのことから，対人関係上の不協和において，フェイスの役割を考慮に入れることは不可欠であると考えられる。

3. フェイスワーク理論

フェイスは，ティン・トゥーミー（1988）の言葉を借りれば「ある関係性において投影された自分自身のイメージ。それは，ある状況に関与する者たちによって共に定義されたアイデンティティである」（p. 215）と定義される。フェイスには二つの基本的な次元，すなわちポジティブ・フェイスニーズとネガティブ・フェイスニーズがある（Ting-Toomey, 1994; Ting-Toomey & Kurogi, 1998）。ポジティブ・フェイスニーズは自己イメージの保持に，ネガティブ・フェイスニーズは自律の保護に焦点が向けられている（Chen, 1990/91）。さらに，ティン・トゥーミーは，フェイスの保持と文化的コンテクストおよびコンフリクト・マネジメントのスタイルがどのように関係しているかについて言及している。同氏は，低コンテクスト文化（例えば米国など）の人々は高コンテクスト文化の人々ほど直接的な行動に対し脅威を感じていないと述べている。特にフェイス交渉との関係に視点をおくと，低コンテクスト文化の人々のコンフリクト・マネジメントのスタイルには，ネガティブ・フェイスニーズ，直接性，威圧的で支配的なストラテジー，葛藤に対する解決志向の高さといった特徴が見られるという。一方，高コンテクスト文化の人々は，ポジティブ・フェイスニーズ，他者のフェイスの保持，間接性，円滑さ，葛藤を回避するスタイルなどが反映されたス

トラテジーに走る傾向があるという。これらのことから、ある葛藤が生じたとき、低コンテクスト文化の人々は高コンテクスト文化の人々より直接的な承諾獲得ストラテジーを用いるということが予測される。

異なった文化志向の人々がどのように葛藤を解決していくのか、フェイスをその要因の一つとしてみなすこともできる。例えば、コール（1989）によれば、米国人対象者はフェイスというと、自己のフェイスを守るものとして概念化するが、日本人は他者に対して与えるものとして認識するという。さらに近年、ティン・トゥーミー他（1991b）は一般に共通するフェイスワーク・カテゴリーと、特定のフェイスワーク・カテゴリーを開発した。（さまざまな文化から引き出された）丁寧さの度合いが異なる要求を厳密に分析した結果、フェイス・ストラテジーが個人志向/集団志向、直接的/間接的という一般に共通するカテゴリーに分類できることが見出された。ティン・トゥーミー他（1991a）は、自らの葛藤およびフェイス交渉の理論を検証することにより、集団主義的文化のメンバーは個人主義的文化の人々よりも他者のフェイスに関心を示し、後者は前者よりコンフリクト・マネジメントにおいて支配的なスタイルを用いるということを明らかにした。

フェイスが承諾獲得の重要な構成要素であることは明らかである。フェイスの概念およびフェイスの交渉方法に違いが見られる文化では、承諾獲得においても異なるストラテジーが用いられることが予想される。個人主義的文化では個人を意思決定の中心と見なすので、フェイス交渉は個人を中心とした承諾獲得ストラテジーと関わってくるだろう。それに対し、集団が意志決定の中心である集団主義的文化では、フェイス交渉が集団を中心とした承諾獲得ストラテジーと関係してくることが予測される。さらに、個人主義的な低コンテクスト文化は集団主義的な高コンテクスト文化よりも、直接的なコミュニケーションを図る傾向があると一般的に言われてい

る。よって，前者のフェイス交渉は後者よりも直接的な承諾獲得のストラテジーとなるということが考えられる。

中国と日本はともに集団主義的文化であると見なされている (Gudykunst & Ting-Toomey, 1988; Ting-Toomey, et al., 1991b)。しかし，集団主義は一つのコミュニケーションパターンによって示されるような一枚岩的な価値システムではない。さらに，集団主義は二極のうちの一つというよりも，むしろ個人主義とつながる一つの連続体の一部として概念化されている。例えば，中国は日本より集団主義的であると示すデータもある (Gudykunst & Ting-Toomey, 1988; Ting-Toomey et al., 1991b)。以上のことから，本稿では，二国間の比較ではなく，米国と中国および日本の三ヶ国を比較対象としたほうがより適切であると考えた。リサーチクエスチョンは以下の四つである。

RQ1：直接的な承諾獲得ストラテジーは，中国または日本より米国で高く評価されているか。

RQ2：間接的な承諾獲得ストラテジーは，米国より中国または日本で高く評価されているか。

RQ3：個人志向の承諾獲得のストラテジーは，中国または日本より米国で高く評価されているか。

RQ4：集団志向の承諾獲得のストラテジーは，米国より中国または日本で高く評価されているか。

4. 調査方法

調査対象者

中国人，日本人，米国人を対象とした本比較文化研究の調査対象者は計501名である。うち中国人は137名で，平均年齢は21.9歳

(SD(標準偏差)=2.6),女性が73.7％を占め,62.0％が中国南東部にある大学に在籍していた(残りの38.0％は日本北部にある大学に在籍している留学生であった)。

米国人調査対象者は241名で,平均年齢は21.8歳(SD=4.2),65.6％が女性で,ヨーロッパ系米国人が64.2％を占めている。全員が米国出身で,調査当時は米国西部にある大学の学生であった。日本人調査対象者は123名で,平均年齢は19.7歳(SD=2.5),73.2％が女性で,全て日本北部にある大学に在籍していた。

調査票

ルームメートとの潜在的な葛藤状況を解決するのに調査対象者はどのようなメッセージストラテジーを好んで用いるのか,その選好の度合いが測れるような調査票が作成された。葛藤状況のシナリオ作成には,問題となる状況がどの国にも共通しているということと,それが実際に対人関係上どこにでもありうる(政治的,人種的,性的なこと等ではない)ということの二点の基準を用いた。中国,日本,米国の学生たちと個別に話し合った結果,この二つの基準を満たす三つの状況が浮かび上がってきた。その三つのシナリオ(日本語版)を以下に示す。

シナリオ1
あなたは何週間か前にルームメートにお金を貸しました。しかし返済期限が過ぎてからすでに1週間がたとうとしています。しかも,あなたは授業に必要不可欠なものを買うのにお金が必要です。

シナリオ2
ルームメートはいつも部屋を散らかしっぱなしで,しかもめったに掃除を手伝ってくれません。勉強の時間を削ってまでして部屋の掃除に多くの時間をかけなければならないことは,あなたにと

って大きな問題となっています。
シナリオ3
あなたは重要な試験に備えて勉強しようとしています。しかし，不運にもルームメートがとても騒がしくするので，勉強が十分にできません。あなたはルームメートに静かにしてほしいと思っています。

以下，それぞれの状況を「借金を返さないルームメート」「片付けないルームメート」「騒がしいルームメート」のシナリオと示すこととする。

調査票作成における第二の課題は，米国人と日本人および中国人の文化を特徴づけている個人主義—集団主義の次元が反映された承諾獲得のメッセージを開発することである。そこで，ティン・トゥーミー他（1991b）のフェイスワーク・ストラテジーの分類を適用し，直接的/間接的，個人志向/集団志向が反映されるようなストラテジーの開発を試みた。ティン・トゥーミー他は誰のフェイスが脅かされるのかという点から個人志向/集団志向を検証したが，本稿が行なうのは承諾獲得に関する調査のため，統制の所在としてこれを操作することにした。さらに，ティン・トゥーミー他の直接的/間接的および個人志向/集団志向の分類には，いくつかのサブカテゴリー（すなわち肯定，否定，中立，明示，暗示）が含まれていた。本稿ではこれらのサブカテゴリーをそのまま用いることにし，それぞれの状況に対するストラテジーの位置づけを以下のように定めた。すなわち，各一番目のストラテジーは直接的かつ中立的，各二番目のストラテジーは間接的かつ中立的，各三番目のストラテジーは個人志向で明示的かつ直接的で否定的，各四番目のストラテジーは集団志向で明示的かつ直接的で否定的なストラテジーである。

シナリオ1 「借金を返さないルームメート」
1. ルームメートに直接お金を返すように要求する。

2. 授業で使うものを買うのにお金が必要だとほのめかす。
3.「もし今お金を返してくれないのなら,もう二度とあなたにお金は貸さない」と伝える。
4.「もし今お金を返してくれなかったら,あなたが無責任な人だとみんなに言う」と伝える。

シナリオ2 「片付けないルームメート」
1.「自分が散らかしたところは,自分で掃除してください」と伝える。
2.「私たちの部屋は散らかっている」「きれいにしなければならない」とほのめかす。
3.「もしあなたが片付けないのなら,私は別の新しいルームメートを探す」と伝える。
4.「もしあなたが片付けなかったら,訪問客が来たとき,私たち皆が困るだろう」と伝える。

シナリオ3 「騒がしいルームメート」
1.「あまりにも騒がしいので静かにしてください」と伝える。
2.「勉強しなければならないので,少し静かにしてほしい」とほのめかす。
3.「もし静かにしないのなら,今度はあなたが勉強しようとしたとき,同じように騒ぐから」と伝える。
4.「あなたの騒がしさは他者への配慮に欠ける」と伝える。

各シナリオに対する四つのストラテジーをそれぞれどの程度用いる可能性があるか,その評定を4件法(1=絶対に使わない,2=たぶん使わない,3=たぶん使う,4=必ず使う)で回答してもらった。そして,個人主義的文化には直接性および自己統制による制裁,集団主義的文化(例えば中国,日本など)には間接性および他者統制による制裁が浸透しているのではないかという仮説が立てら

れた。

　調査票の中国語版への翻訳は，米国留学3年目のバイリンガル兼バイカルチュアルの中国人大学院生が行なった。日本語版は，著者の一人であり，米国に数年留学していたことのある日本人によって翻訳された。どちらの調査票も，バイリンガルでバイカルチュアルの別の2名によってバックトランスレーションがなされた。バックトランスレーションの結果，中国語版および日本語版が英語版に対応するということが示唆された。

5. 結果

　三つのシナリオに対する全12の承諾獲得メッセージそれぞれを調査対象者がどの程度使う可能性があるか，その差の検定をMANOVA（多変量分散分析）を用いて行なった結果，文化による違いが顕著に表れた（$F(2,486)=24.8$, $p<.0001$, Pillai's criterion（ピライトレース）$=.77$）。さらに，それら12の可能性の度合いそれぞれに対しANOVA（分散分析）を行なったところ，文化差が承諾獲得メッセージに与える影響が三つのシナリオにわたって見られた（表1参照）。

　「借金を返さないルームメート」のシナリオでは，四つのメッセージにおいて文化の違いによる有意差が見られた。

- 直接性〜米国・日本＞中国（$F(2, 486)=23.2$, $p<.0001$；米国平均$=2.92$，日本平均$=2.92$，中国平均$=2.26$)
- 暗示〜中国・米国＞日本（$F(2,486)=53.3$, $p<.0001$；中国平均$=3.39$，米国平均$=3.28$，日本平均$=2.47$)
- 自己統制による制裁〜日本・米国＞中国（$F(2,486)=17.7$, $p<.0001$；日本平均$=1.64$，米国平均$=1.58$，中国平均$=1.16$)
- 他者統制による制裁〜日本＞中国・米国（$F(2,486)=14.1$, $p<.0001$；日本平均$=1.63$，中国平均$=1.31$，米国平均$=1.24$)

表1 文化によるストラテジーの使用可能性（平均値）

	平均値			F値	p値
	米国	日本	中国		
借金を返さないルームメート					
直接性	2.92 a*	2.92 a	2.26 b	23.2	.0001
暗示	3.28 a	2.47 b	3.39 a	53.3	.0001
自己統制による制裁	1.58 a	1.64 a	1.16 b	17.7	.0001
他者統制による制裁	1.24 a	1.63 b	1.31 a	14.1	.0001
片付けないルームメート					
直接性	2.37 a	2.77 b	2.39 a	7.2	.0008
暗示	3.38 a	2.62 b	3.39 a	40.8	.0001
自己統制による制裁	1.78 a	1.59 b	1.17 c	31.0	.0001
他者統制による制裁	2.43 a	2.68 b	3.02 c	16.9	.0001
騒がしいルームメート					
直接性	3.18 a	3.02 a	2.73 b	9.3	.0001
暗示	3.40 a	2.55 b	3.42 a	53.3	.0001
自己統制による制裁	1.54 a	1.49 a	1.46 a	.4	n.s.
他者統制による制裁	2.08 a	1.58 b	3.00 c	83.3	.0001

＊同じ記号（アルファベット）のついている平均値間には有意差が見られないが，異なる記号のついている平均値間には有意差が見られる。

「片付けないルームメート」のシナリオでも，四つのメッセージにおいて文化差が見られた。
- 直接性～日本＞中国・米国（$F(2,486)=7.2$, $p<.0008$；日本平均＝2.77，中国平均＝2.39，米国平均＝2.37
- 暗示～中国・米国＞日本（$F(2,486)=40.8$, $p<.0001$；中国平均＝3.39，米国平均＝3.38，日本平均＝2.62）

- 自己統制による制裁〜米国＞日本＞中国（$F(2,486)=31.0$, $p<.0001$；米国平均＝1.78，日本平均＝1.59，中国平均＝1.17）
- 他者統制による制裁〜中国＞日本＞米国（$F(2,486)=16.9$, $p<.0001$；中国平均＝3.02，日本平均＝2.68，米国平均＝2.43）

「騒がしいルームメート」のシナリオでは，直接性，暗示，他者統制による制裁の三つメッセージにおいて文化差が見られた。
- 直接性〜米国・日本＞中国（$F(2,486)=9.3$, $p<.0001$；米国平均＝3.18，日本平均＝3.02，中国平均＝2.73）
- 暗示〜中国・米国＞日本（$F(2,486)=53.3$, $p<.0001$；中国平均＝3.42，米国平均＝3.40，日本平均＝2.55）
- 他者統制による制裁〜中国＞米国＞日本（$F(2,486)=83.3$, $p<.0001$；中国平均＝3.00，米国平均＝2.08，日本平均＝1.58）

有意差の見られた結果の多くには，予測どおり，個人主義および集団主義と関連のある次元が反映されていた。すなわち米国人の調査対象者は中国人または日本人より直接性および自己統制による制裁をストラテジーとして用いる傾向が高かった。また，中国人と日本人の調査対象者には米国人よりも他者統制による制裁の使用が多く見られた。しかし，暗示のストラテジーは予想に反し，個人主義のメンバーすなわち米国人がこの間接的なストラテジーを日本人より多く使用するという結果となった。

6. 考察

本研究は，文化的変数と承諾獲得のストラテジーとの関連を検証することを目的としてきた。当初の予測は，個人主義的文化では直接的，個人志向の制裁，集団主義的文化では非直接的，他者志向の制裁がそれぞれ承諾獲得のストラテジーとしてより用いられるので

はないかというものであった。しかし，これらの仮説を完全に支持する結果は得られなかった。

集団主義的で高コンテクストの文化におけるコミュニケーションスタイルは概して間接的である。そのため，このような文化のメンバーは承諾獲得に間接的な要求を用いるのではないだろうかと考えられた。一方，個人主義的で低コンテクストの文化は，コミュニケーションスタイルが直接的であると一般に言われているため，承諾獲得にも直接的な要求を用いることが予想された。調査の結果，中国人対象者が米国人および日本人よりも直接的なストラテジーを好ましく思っていないということが，三つの全ての状況において見出された。この結果は，高コンテクスト文化においてはフェイスを保持することが不可欠であるという考えと一致している。このような文化で直接的ストラテジーを用いることは，ポジティブ・フェイスを傷つけることとして認識される恐れがあるだろう。その一方で，三つのうち二つの状況において，米国人と日本人の調査対象者は直接的ストラテジーを同程度選好していた。しかも片付けないルームメートのシナリオにおいては，日本人のほうが米国人よりも直接的ストラテジーを高く評価していた。

これらの相違の理由としていくつかのことが考えられる。第一に，中国のほうが日本よりも集団主義的文化傾向が高いという点である。実際，ホフステッド（1980）のデータによると，日本はやや集団主義的であると位置づけられている。これに従えば，中国人調査対象者が日本人より間接的なストラテジーを好んだとしても，それは驚くべきことに値しないであろう。この結果は，"アジア"の文化を一つのまとまりとして分類すべきではないということの重要性を表している。すなわち，フランスや米国のような個人主義的文化と同様に，中国，日本および他の集団主義的文化の国々を容易に一括りに扱うことはできないのである。

第二に，ストラテジー選択がかなり状況に依存している可能性が

ある。実際，状況の逼迫度によって，相手に対して影響力を与えようとするかしないかが変わってきてしまうということを明らかにした研究もある (Chen, et al., 2006)。一つの可能性として，米国では個人主義的な行動が許容される幅が広いため，それほどルームメートを規制する必要がなかったのではないかということが考えられる。米国人にとって直接的なストラテジーは平素のスタイルである。そのうえ彼らは風変わりな行動に対する許容範囲が広い。そのため，特にそのストラテジーを変える必要がなかったと言えよう。それに比べ日本は，規範への同調に対する要求が高いので，ルームメートの行動を規制しようとする力がより働く傾向にある。つまり，日本人調査対象者にとってこれらの承諾は必要に迫られたものであるため，直接的ストラテジーを用いる必要があったのではないだろうか。

また，比較対象となっている調査対象者の特性があげられる。一般的に，大学生は成人よりリベラルで，開放的で，そして前向きな考え方を持っている。この調査の対象となった日本人大学生は日本の一般的な社会人よりも葛藤および承諾獲得のアプローチにおいて西洋化されている可能性がある。米国の映画，音楽，文化との接触が，承諾獲得に対する日本人学生の見解に影響を与えているということもあり得る。このような日本人学生の直接的ストラテジーの使用は，少なくともこの研究で使われたシナリオに関しては，彼らがより個人主義的なコミュニケーションスタイルに向かっている傾向を反映していると言えるだろう。

「暗示」というストラテジーに視点を向けると，注目すべき新たな結果が見えてくる。暗示は三つの全てのシナリオにおいて，米国人と中国人の調査対象者に高く評価されたが，日本人には好まれなかった。日本人が米国人，中国人よりも暗示を選好しなかったのは，これらの状況での逸脱が日本人学生の許容範囲を超えているため，暗示では効果が見込めないと判断したからではないだろうか。

もしくは，日本人学生が承諾獲得へのアプローチに関して個人主義的になったということも考えられる。しかし，暗示は典型的な間接的ストラテジーなので，日本人よりも集団主義的である中国人対象者は，それを適切なストラテジーと見なしたのだろう。それでは，どうして米国人対象者は日本人よりも暗示を多く用いたのだろうか。それは，米国人にとってそれらの状況が直接的ストラテジーを用いる必要がないほど重要さに欠けるものとして捉えられたからではないだろうか。

　上述した二つの考察に加え，ここではさらに個人主義―集団主義の再概念化に関する興味深い解釈をしていきたい。この次元は，既存の文献では個人主義から集団主義までの一つの連続体として表されている。もしそうであるのなら，ホフステッドのデータでこれらの次元の中心近くに位置している日本人調査対象者は，個人主義からも集団主義からも大きな影響を受けていないということになる。しかし，筆者らのデータは，日本人が個人的な行動をとることもあれば，集団主義的な規範に従うこともあるということを示している。これは，集団主義と個人主義というのは二つの独立した連続体であり，まるで潮の満ち干のようにそのときどきでコミュニケーション行動に与える影響が変わってくるということを示唆している。特に，日本のように集団主義から個人主義への過渡期と考えられる文化では，時折この揺れが個人主義的な行動と集団主義的な行動を際立たせてしまうことがある〔イスラエルにおけるこのような変化についての議論は Katriel (1991) を参照〕。同様のことが，チェン他 (Chen, et al., 2006) の香港の居住者に関する研究よっても観察されている。それによれば，香港人は，ある状況においてどのような行動が期待されるかを敏感に察知しながら，バイカルチュアルまたはマルチカルチュアルな行動をとる傾向があるという。

　本調査は，集団主義的文化と個人主義的文化では異なるストラテジー選択を行なうという面において先行研究をほぼ支持する結果と

なった（Ting-Toomey, et al., 1991b）。さらに，ティン・トゥーミー他（Ting-Toomey, et al., 1991b）によるフェイスワーク・ストラテジーの分類が，承諾獲得における文化的相違の解釈に適用できるということを本稿は示している。しかし，その特徴は「集団主義者は間接的なストラテジーを使い，一方，個人主義者は直接的なストラテジーを使う」と断言できるほど単純なものではない。一般的な原理では高コンテクスト文化は間接的，低コンテクスト文化は直接的であると言われているが，本稿では状況的要因がこれらの傾向を変化させる可能性があることが見出された。

同様にマー（1990b）は，葛藤状況に際して，必ずしも北米の人々が中国人より明示的であるとは限らないと述べている。「さまざまな考慮から導き出された彼らの自然な感情表現」（p.149）およびその状況に関与する人々の関係の多様性によってこのようなことが引き起こされるのではないかとマーは示唆している。

本稿では関係性が一定に設定されていたため（ルームメート），これまでの考察で結果が十分に説明できたとは言い切れない。むしろ，ストラテジー選択に影響を与えるのは（文化的価値観はもちろんであるが），状況的な規範であると解釈したほうがよいのかもしれない。今後の課題として，この現象に関する調査をさらに進めるべきである。また，どうして直接的あるいは間接的ストラテジーを選択するのか，その理由をより深く検証する必要もあるだろう。このような調査では，その状況が承諾を得ようとする者にとってどの程度重要であるか，つまり承諾の必要性を測定することが不可欠になる。さらに，閉ざされた質問（選択肢が与えられている質問）ではなく，開かれた質問（自由回答式の質問）によってストラテジーの調査を行なえば，より実りのある研究になるに違いない。内容分析を取り入れるとリサーチデザインは複雑になるが，それによってストラテジー選好の隠れた理由が明らかにされるだろう。

次に興味深いのは，個人主義—集団主義が制裁の拠り所の選好に

影響を与えるかどうかという点である。当初の予想では，個人主義的文化は承諾を得ようとする者による制裁，つまり自己および個人に焦点が置かれた制裁を選ぶ傾向があるのではないかと考えられた。一方，集団主義的文化は集団に焦点を置くことを好むのではないかと予測された。調査結果は，これらの推測を部分的に支持する形となった。三つのうち二つの状況において，中国人対象者は他の対象者より個人的な制裁に基づくストラテジーを低く評定していた。それに対し，米国人対象者は他の対象者より集団に基づく制裁をやはり二つの状況において低く評価していた。日本人対象者は，ある一つの状況では他者に基づく制裁を低く評価していたが，他の二つの状況においては米国人よりもこの制裁を選好していた。この結果は，承諾獲得に関する比較文化研究にティン・トゥーミー他のフェイスの分類を適用することの妥当性および適合性が立証されたことを示している。さらに，ティン・トゥーミー他（1991b）は，米国人対象者が韓国人よりも自己のフェイスへの関心を保持しようとする傾向があるということを見出した。これは，前述した，物事を完全に一般化してしまうことへの警告を繰り返している。すなわち「集団主義者は常に他者統制による制裁，個人主義者は常に個人統制による制裁を好む」と見なすことはできないのである。それに加え，これは日本社会に見られる個人主義と集団主義の間での揺れの現象をも支持していると言えるだろう〔日本の集団主義志向から個人主義志向への変化に関する議論はIshii-Kuntz（1989）参照〕。

　これらの結果は，承諾獲得のストラテジーに対する文化的変数の影響，およびこれらの研究にティン・トゥーミー他のフェイスの分類が適用できることの妥当性を支持している。しかし，多くの解明されていない点もまだ残っている。第一に，本研究での状況的コンテクストは，承諾を求めるということに限られている。しかも，それはルームメートとの葛藤というさほど重要ではない状況である。今後の課題として，本調査とは異なる対人関係によって引き起こさ

れる葛藤，および，さらに重大な結末をもたらす可能性のある葛藤を設定し調査していくことにより，これまでの研究を発展させていきたい。第二に，本稿の結果は三ヶ国の比較によって得られた事実に限られている。コンテクストの度合いがストラテジー選択に与える影響を明きらかにするためにも，他の文化からもデータを収集すべきであろう。それに加え，要求の明確さおよび制裁が向けられる方向を変えることによって，ティン・トゥーミー他（1991b）のモデルをさらに検討していく必要があるだろう。第三に，この研究も含め，多くの承諾獲得に関する比較文化研究がなされているが，異文化間の影響を調べたものはわずかしかない。ある文化の人々は他の文化の人々からいったいどのように承諾獲得を得ようとするだろうか。米国人が日本人から承諾を得ようとするとき，米国人はそのまま直接的ストラテジーに頼るのだろうか。中国人が米国人から承諾を得ようとする場合，中国人は間接的ストラテジーを好んで用いるのだろうか。そして，人はお互いに相手の文化がよしとするストラテジーに合わせるのだろうか。今後，異文化間の出会いにおける承諾獲得ストラテジーの適応性について，さらに検証すべきであろう。

　本研究は，対人関係上の不協和における異文化間の相違を解釈するにあたり，承諾獲得とコンフリクト・マネジメントの観点を統合する手段としてフェイスワーク理論が適用できることを明らかにした。さらに，ストラテジー選択に文化的変数が与える影響を調査することにより，文化的相違の理解を発展させることができたのではないかと考える。これらは地球村での効果的なコミュニケーションを達成するためのさらなる探求の基礎となるのではないだろうか。

謝辞：調査票の翻訳に協力してくださったシウリー・マーさんとケ
　　　イ・ラウさんに感謝の意を表します。

（横溝　環・末田清子　訳）

―― 注 ――

(1) 中華人民共和国。以下，中国と記す。
(2) 故ワイズマン教授（2006年11月ご逝去）は末田清子の恩師である。故ワイズマン教授の異文化間コミュニケーションという分野への多大な貢献を称え，ご生前のご指導およびご支援に心より感謝申しあげたい。
(3) ジュディ・サンダースは同校名誉教授。
(4) 執筆当時は北星学園大学に所属。

【引用文献】

Bruschke, J., & Wiseman, R. L. (1992). Differences in data and warrant selection in international debates. *Florida Communication Journal, 20*(1), 55-75.

Burgoon, M., Dillard, J. P., Doran, N. E., & Miller, M. D. (1982). Cultural and situational influences on the process of persuasive strategy selection. *International Journal of Intercultural Relations, 6*, 85-100.

Cai, D., & Wilson, S. (2000). Identity implications in influence goals. A cross cultural comparison of interaction goals and facework. *Communication Studies, 51*(4), 307-328.

Chakron, O. (2006). Persuasive and politeness strategies in cross-cultural letters of request in Thai business conduct. *Journal of Asian Pacific Communication, 16*(1), 103-146.

Chen, S. X., Hui, N. H. H., Bond, M. H., Sit, A. Y. F., Wong, S., Chow, V. S. Y., Lun, V. M., & Law, R. W. M. (2006). Reexamining personal, social, and cultural influences on compliance behavior in the United States, Poland, and Hong Kong. *The Journal of Social Psychology, 146*(2), 223-244.

Chen, V. (1990/1991). Mien Tze at the Chinese dinner table: A study of the interactional accomplishment of face. *Research in Language and Social Interaction, 24*, 109-140.

Cialdini, R. B., Wosinka, W., Barrett, D. W., Butner, J., & Gornick-Durose (1999). Compliance with a request in two cultures: The differential influence of social proof and commitment/consistency on collectivists and individualists. *Personality and Social Psychology Bulletin, 25*(10), 1242-1253.

Cole, M. (1989, November). *A cross-cultural inquiry into the meaning of face in the Japanese and the United States cultures*. Paper presented at the Speech Communication Association Convention, San Francisco, CA.

Fitch, K. L. (1994). A cross-cultural study of directive sequences and some implications for compliance gaining research. *Communication Monographs, 61*(13), 100-123.

Fitch, K. L. (2003). Cultural persuadables. *Communication Theory, 13*(1), 100-123.

Fu, P., & Yukl, G. (2000). Perceived effectiveness of influence tactics in the United States and China. *Leadership Quarterly, 11*(2), 251-266.

Gass, R. H., & Seiter, J. S. (2007). *Persuasion, social influence, and compliance gaining, 3rd ed*. Boston: Pearson/Allyn & Bacon.

Glenn, E. S., Witmeyer, D., & Stevenson, K. A. (1977). Cultural styles of persuasion. *International Journal of Intercultural Relations, 3*, 52-65.

Gudykunst, W. B., & Kim, Y. Y. (1992). *Communicating with strangers: An introduction to intercultural communication, 2nd ed*. New York: McGraw-Hill.

Gudykunst, W. B., & Ting-Toomey, S. (1988). *Culture and interpersonal communication*. Beverly Hills, CA: Sage.

Hall, E. T. (1976). *Beyond culture*. New York: Doubleday.

Han, S., & Shavitt, S. (1994). Persuasion and culture: Advertising appeals in individualistic and collectivistic societies. *Journal of Experimental Social Psychology, 30*, 326-350.

Hirokawa, R. Y., & Miyahara, A. (1986). A comparison of influence strategies utilized by managers in American and Japanese organizations. *Communication Quarterly, 34*(3), 250-265.

Hofstede, G. (1980). *Culture's Consequences: International differences in work-related values*. Beverly Hills, CA: Sage.

Hui, C., & Triandis, H. (1986). Individualism-collectivism: A study of cross-cultural research. *Journal of Cross-Cultural Psychology, 17*, 225-248.

Hunter, J. E., & Boster, F. J. (1987). A model of compliance-gaining message selection. *Communication Monographs, 54*, 63-84.

Ishii-Kuntz, M. (1989). Collectivism or individualism? Changing patterns of Japanese attitudes. *Sociology and Social Research, 73*, 174-179.

Jeon, J., & Beatty, S. (2002). Comparative advertising effectiveness in different national cultures. *Journal of Business Research, 55*, 907-913.

Katriel, T. (1991). *Communal webs: Communication and culture in contemporary Israel*. New York: State University of New York Press.

Kim, M., & Wilson, S. R. (1994). A cross-cultural comparison of implicit theories of requesting. *Communication Monographs*,

61, 210-235.

Kim, U., Triandis, H. C., Kagitcibasi, C., Choi, S. -C., & Yoon, G. (Eds.). *Individualism and collectivism: Theory, method, and applications*. Thousand Oaks, CA: Sage.

Lu, S. (1997). Culture and compliance gaining in the classroom: A preliminary investigation of Chinese college teachers' use of behavior alteration techniques. *Communication Education, 46*(1), 10-28.

Ma, R. (1990a). An exploratory study of discontented responses in American and Chinese relationships. *Southern Communication Journal, 55*, 305-318.

Ma, R. (1990b). Types of responses to conflicts in Chinese and North American cultures. *World Communication, 19*, 139-151.

Ma, R., & Chuang, R. (2001). Persuasive strategies of Chinese college students in an interpersonal context. *Southern Communication Journal, 66*(4), 267-278.

Marwell, G., & Schmidt, D. R. (1967). Dimensions of compliance gaining behavior: An empirical analysis. *Sociometry, 30*, 350-364.

Miller, M. D., Reynolds, R. A., & Cambra, R. E. (1983, May). *Cultural influences on the use of intense language in persuasive messages*. Paper presented at the International Communication Association, Dallas, TX.

Neuliep, J. W., & Hazelton, V. (1985). A cross-cultural comparison of Japanese and American persuasive strategy selection. *International Journal of Intercultural Relations, 9*, 389-404.

Rahim, M. A. (1991, June). *Styles of handling interpersonal conflict: A critical review of theory and research*. Paper presented at the International Association for Conflict Management, Den Dolder, Netherlands.

Ralston, D. A., Vollmer, G. R., Srinvasan, N., Nicholson, J. D., Tang, M., & Wan, P. (2001). Strategies of upward influence: A study of six cultures from Europe, Asia, and America. *Journal of Cross-Cultural Psychology, 32*(6), 728-735.

Renz, M. (1987). Argumentative form and negotiating strategy in three United Nations Security Council debates. *Central States Speech Journal, 38*, 166-180.

Schwartz, S. (1990). Individualism-collectivism. *Journal of Cross-Cultural Psychology, 21*, 139-157.

Seibold, D. R., Cantrill, J. G., & Meyers, R. E. (1985). Communication and interpersonal influence. In M. L. Knapp & G. R. Miller (Eds.), *Handbook of interpersonal communication* (pp. 551-611). Beverly Hills, CA: Sage.

Shao, A. T., Bao, Y., & Gray, E. (2004). Comparative advertising effectiveness: A cross-cultural study. *Journal of Current Issues and Research in Advertising, 26*(2), 67-80.

Shatzer, M. J., Funkhouser, A., & Hesse, M. (1984, May). *Selection of compliance-gaining strategies among four culturally diverse groups*. Paper presented at the International Communication Association, San Francisco, CA.

Ting-Toomey, S. (1985). Toward a theory of conflict and culture. In W. Gudykunst, L. Stewart & S. Ting-Toomey (Eds.), *Communication, culture, and organizational processes* (pp. 71-86). Beverly Hills, CA: Sage.

Ting-Toomey, S. (1988). Intercultural conflict styles: A face negotiation theory. In Y. Kim & W. Gudykunst (Eds.), Theories in intercultural communication (pp. 213-235).

Beverly Hills, CA: Sage.

Ting-Toomey, S. (1994). *The challenge of facework: Cross-cultural and interpersonal issues*. Ithaca, NY: SUNY Press.

Ting-Toomey, S., Gao, G., Trubisky, P., Yang, Z., Kim, H. S., Ling, S., & Nishida, T. (1991a). Culture, face maintenance, and styles of handling interpersonal conflict: A study of five cultures. *International Journal of Conflict Management, 13*, 275-296.

Ting-Toomey, S., & Kurogi, A. (1998). Facework competence in intercultural conflict: An updated face negotiation theory. *International Journal of Intercultural Relations, 22*, 187-225.

Ting-Toomey, S., Trubisky, P., Bruschke, J., Nadamisu, Y., Sakai, J., Nishida, T., & Baker, J. (1991b, February). *Face and culture: Toward the development of a facework taxonomy*. Paper presented at the Western States Communication Association, Phoenix, AZ.

Triandis, H. (1990). Cross-cultural studies of individualism and collectivism. In J. Berman (Ed.), *Nebraska symposium on motivation* (pp. 41-133). Lincoln, NE: University of Nebraska Press.

Wilson, S. R., & Kunkel, A. W. (2000). Identity implications of influence goals: Similarities in perceived face threats and facework across sex and close relationships. *Journal of Language and Social Psychology, 19*(2), 195-221.

Wiseman, R. L., & Schenck-Hamlin, W. (1981). A multidimensional scaling validation of an inductively derived set of compliance gaining strategies. *Communication Monographs, 48*, 251-270.

【参考文献】

Fu, P. P., & Yukl, G. (2000). Perceived effectiveness of influence tactics in the United States and China. *Leadership Quarterly, 11*(2), 251-266.

Guéguen, N., Fischer-Lokou, J. (2002). An evaluation of touch on a large request: A field setting. *Psychological Reports, 90*(1), 267-269.

Leong, J. L. T., Bond, M. H., & Fu, P. P. (2006). Perceived effectiveness of influence strategies in the United States and three Chinese societies. *International Journal of Cross Cultural Management, 6*(1), 101-120.

Levine, R. V., Norenzayan, A., & Philbrick, K. (2001). Cross-cultural differences in helping strangers. *Journal of Cross-Cultural Psychology, 32*(5), 543-560.

Pascual, A., & Guéguen, N. (2004). Cultural differences in altruistic behavior: Quasi replication of Uranowitz's "Foot in the Door" with implicit demand. *Psychological Reports, 94*, 767-770.

Petrova, P. K., Cialdini, R. B., & Sills, S. J. (2007). Consistency-based compliance across cultures. *Journal of Experimental Social Psychology, 43*, 104-111.

7

コミュニケーションと文化の進歩

D. Ray Heisey

1. はじめに

IAICS が主催した 2001 年 7 月のコンファレンスには，世界中の約 30 ヶ国の研究者が参加した。このコンファレンスで多くの研究分野が扱われたことは，異文化間コミュニケーションが広くさまざまな学界で高い評価を得ていることを示していた。本章の目的は，このコンファレンスのテーマであった「コミュニケーションと文化交流」に沿って，研究と教育の進歩を解説することである。

「進歩」ということばは，これまでに多くのことを経て，今，この研究分野においてわれわれがめざすべきところに向かって新たな一歩を踏み出そうとしていることを意味している。医学，技術，政治，紛争解決，そして人間の生活のあらゆる分野において，進歩が大きなニュースとなる。コミュニケーションが文化に影響を与え，文化がコミュニケーションに影響を与えるので，私たちはみな，この新しい分野の未来には，成長と大きな可能性があることを知っている。異文化間コミュニケーションは，研究と教育において急成長しているのである。

専門的なコンファレンスや学術会議は，最先端の研究発表を聞き，新しい人々や新しい考え，そして新たな展開に遭遇する機会で

ある。IAICSのコンファレンスでは，大変に興味深いトピックや珍しい研究分野，伝統的な概念の再考，そして私たちの概念への挑戦が見られた。本章は，厳しい評価や審査を経て発表されようとしている研究を紹介する。また，異文化間コミュニケーションを教える者自らがこの分野でとるべき行動に関する提案も行なう。したがって，本章には，新たな研究に関するセクションと，対話を用いた授業のための新しい提案に関するセクションの二つを設け，どちらのセクションでも，コミュニケーションと文化交流の進歩を論じることとする。

2. 新しい研究

「コミュニケーションと文化の進歩」というトピックは，数年前にアブレクス出版に持ち込んだ本のタイトルから取ったものである。コミュニケーションと文化に関する最新の研究を進め，双方の連動性が与える影響を追究するためのシリーズ本で，2000年から2002年の間に五巻が出版された。

第一巻は，このシリーズの編者であるD. レイ・ハイズィが編集し，*Chinese Perspectives in Rhetoric and Communication*[1] という題で2000年に出版した。この巻はR.T. オリバーによる *Communication and Culture in Ancient India and China* (1971)[2] の出版を最後に中断していた研究を再開するという目的を持っていた。オリバーの著書は，今日，異文化間コミュニケーションとして知られている研究分野が出現し始めたのとほぼ時を同じくして出版された。「〔オリバーの〕草分け的な研究において，彼は自分の本が"パイオニア的な研究"であり，"なお一層のより多くの的確な研究へとつながっていくであろうということを察知していた"」(p.ix) とハイズィは述べている。ハイズィは「レトリックとは文化のマトリックスにおいてのみ真実となる」(p. ix) という仮説をたてている

7 コミュニケーションと文化の進歩

が，それをこの巻の三人の中国人著者は繰り返し立証している。信頼のおける中国人研究者らによるレトリックとコミュニケーションに関するこの文化的観点は，オリバー教授の解釈を超えた進歩であるとみなすことができるかもしれない…（Heisey, 2000：xiv）。

　第一巻の目的は，中国人研究者らによるレトリックとコミュニケーションの基本的見解への現在のアプローチを明らかにすることにより，オリバーの研究を発展させることにとどまらなかった。加えて，「東洋と西洋のコミュニケーションの相互理解を深めるような異文化間の対話を行なうために，中国のコミュニケーション研究に注目してくれるよう，より多くの主流の研究者に」（Heisey, 2000：xvi）呼びかけることも目的であった。このようにして，私たちにできるかもしれないことは「レトリックとコミュニケーションに関するこれらの点の西洋的な解釈を，東洋の視点から発展させることである。あまりに長い間，私たち西洋人はレトリックとコミュニケーションの現実に関する自らの解釈に満足しすぎてきたからである」（Heisey, 2000：xix）。

　第一巻はまず，中国の状況と政治的なレトリックに見られるコミュニケーション理論のいくつかの側面を考察することから始まるが，これは，対話を生み出すこと，あるいはもっと正確に言うと，中国的な観点で対話を続けることを目的としたためであった。というのも，その前年の1999年，ランディ・クラヴァーとジョン・パワーズは *Civic Discourse, Civil Society, and Chinese Communities*[3] を編集し，受賞していたからである。

　2002年に出版されたシリーズの第二巻はジョセフ・チャンとブライス・マッキンタイヤが編集した。彼らは最先端の本を編集したことになる。その題名，*In Search of Boundaries: Communication, Nation-States, and Cultural Identities*[4] を見ても，多くのさまざまな境界に迫っていることがわかる。各章は，映画，市場，インターネット上の関係，個人の活動範囲や政界などの文化レベルに

おいて境界線が消滅しつつあるという考えを取り上げている。さらに，国々が直面する国内の文化的な難題に答えを出そうとして，衛星放送を自前で運営し，メディアと国のアイデンティティが境界線を引きなおすなど，境界が再設定されていることを論じる章があり，最後にメディアやポップカルチャーやグローバリゼーションのさまざまな段階における越境に関する章がある。

　チャンとマの二人の著者は序章で，"文化的グローバリゼーションの再解釈"として"文化を越えた現代性"にこめた意味を解説しているが，それが全巻に通じるトーンを定めている。序章からの次の引用を読めば，それがどういうことであるのかが明らかである。

　　この章では超文化的な視点，つまり，自由な観点と冷徹な観点を統合した視点を提案する。この視点では，文化的グローバリゼーションとはむしろ現代性が世界規模で拡大し適応したものであると考える。超文化とは，二つの文化が遭遇するとき，一方の文化が別の文化によって変容し，自己発展を遂げるプロセスのことである。超文化的観点では，文化の境界は常に流動的であり，内部からの影響を受けやすい。世界が技術的にも経済的にも，そして政治的にも統合されるにつれ，文化的主権は関連を弱めていく。しかし，民族国家の地域的な利益や地域的アイデンティティのニーズが仲裁役を果たすため，外国の文化が押し付けられ，土着化するようなことは起こらない。そのときどきに受け入れ文化のニーズと合致するものに限り，吸収され保持されていくのである。私たちが提案する"超文化的現代性"とは，グローバルな文化の遭遇における押し引き，あるいは混合と断絶を捉えようとする試みであり，同時に，文化の形成の力強さと方向性の本質を浮き彫りにすることである。これは，初期の近代化理論に見られたような単純で直線的な"伝播主義者的テーマ"ではない。今，私たちが体験しているのは，

西洋から世界各地への普及ではなく,遭遇する文化間のギブ・アンド・テイクであるというのが私たちの見解だからである。それは一般的かつ包括的な"グローバリゼーションのテーマ"でもない。私たちは不均一なハイブリダイゼーション(混成)における現代化の力のベクトルを追っているからである。それは"帝国主義のテーマ"でもない。現代化の多面的,弁証法的な結果を分析しようとしているからである。(Chan & Ma, 2002:4)

この本の目的の解説のなかで,編者は次のように書いている。

グローバリゼーションに関する本は多数出版されており,民族国家に関する論文にも同様のことが言えるであろう。しかし,グローバリゼーションの勢いのもと,民族国家と文化的アイデンティティの間の相互作用の統合をめざしているという意味で,私たちの本はこれまでの著作を超えている。グローバルコミュニケーションの時代にあっては,文化的なものであっても,政治的,あるいは経済的なものであっても,境界線は流動的な状況にある。この本は人間の経験のさまざまなレベルにおける境界の解消と再生を研究する目的を持っている。そのために,批判的視点と分析的視点を兼ね備えた研究者を,東洋と西洋の両方から集めた。(Chan & McIntyre, Book Proposal, 2000:1)

本書は,グオ−ミン・チェンとウイリアム・J・スタロスタが2000年に出版した *Communication and Global Society*[5)]に収められた彼らのすばらしい研究に基づいている。チェンとスタロスタは序章で次のように書いている。

それでは,グローバルな状況で,アイデンティティと多様性の弁証法的な関係を反映する新しい共同体観を形成するプロセスに見

られる，人間の相互作用を研究することが研究者の義務である。私たちが述べる能力を使うと，国がすたれ，アイデンティティが新しい状況に左右されるような思いも寄らぬ方向につながっていくかもしれない。私たちが予測する変化とは，相当な権力を持った者がグローバルコミュニティの感覚を育てる必要性を認めた状況で起こるものである。グローバリゼーションにつながっていく相互作用は，対話とディベート，国民性と民族性，自己と共同体，地理的な近接性とバーチャルな共同体，法的な規約と経験的な主観性の中間に進路をとるであろう。(p. 7)

チャンとマッキンタイヤの本は，チェンとスタロスタの本と姉妹書のような関係にあるといえる。

アブレクス社のシリーズの第3巻は，*Chinese Conflict Management and Resolution*[6] (2002) というタイトルで，グオーミン・チェンとリンゴ・マの編集による。この本は，中国的観点による紛争管理と紛争解決に関する最新の研究をまとめることを目的としていた。中国は，潜在市場という意味で世界でもっとも巨大な国の一つとなり，中国の経済改革が急速に進んでいるため，東洋的な視点による紛争管理の方法を理解したいという，かつてないほどの関心が寄せられている。チェンとマはこれに応えるために，主に中国人の学者と，中国事情を研究している少数の西洋の学者を集めた。この本はまず，調和，縁，礼節，そして交渉といった概念に重点を置き，中国式の紛争管理の文化的・哲学的基礎を論じることから始めている。次に，中国人の紛争管理へと話を移していくが，対人関係において，組織において，政治的な場面で，そして交渉の場面で，どのように紛争管理を行なうのか，それぞれの場面のケーススタディを用いて論じている。不可解な中国人の心が，どのようにさまざまな文脈で紛争の状況を切り抜けていくのか，理解し，評価することができると，未来への可能性が開かれるのである。

シリーズの第四巻は，*Chinese Communication Studies: Contexts and Comparisons*[7]（2002）というタイトルで，シン・ル，ウェンシャン・ジア，D. レイ・ハイズィの編集によるものである。この巻の第一編者のシン・ルは次のように書いている。「本書は，中国本土，香港，台湾というさまざまな地域の，時を越えた，さまざまな方法による中国式コミュニケーションの力学に貢献してきた多くの要因を論じている。著者は，歴史的，修辞的，批判的，民族誌学的，そして相対的なアプローチといった，多様なアプローチを通じて研究をしている」。シン・ルはさらに，このように説明している。

> この本を執筆するにあたり，編者は中国的なコミュニケーションの力学と複雑さを理解するには，社会的・政治的，文化的，メディア的，言語的，そして異文化間的な状況を考察することが不可欠であると思いました，さらに，編者は，中国人のコミュニケーション行動は中国哲学や文化の伝統などの多様な要因と政治的・経済的なニーズによって形成されているという見解を持っています。加えて，中国と西洋の考えや伝統の比較研究が異文化間コミュニケーションにおける障害や妥協点を特定するのに役立つのです。さらに重要なことは，このような研究は，レトリックや人のコミュニケーションの多文化的展望を形成するための洞察力を与えてくれるということです。(Lu, 2000, Book Proposal)

この分野の新天地を開拓し続けるいくつかの章のトピックには，メアリー・ガレットの "Women and the Rhetorical Tradition in Premodern China: A Preliminary Sketch"[8] という章がある。ここで彼女は次のように述べている。「レトリックの理論と実践には性差構造を認識することが，いかなる文化のレトリックの伝統…や性別と権力の関係を包括的に扱うために重要である」[9]。

[第3部] バイカルチャーとマルチカルチャーの最前線

中国式の談話の研究を明らかにするもう一つの章は，リン・チェンが現代中国の政治の動きにおける文化の力について書いた章である。彼女はこのように述べている。「私たちは，本来の力を失いつつも必死に関連を持ち続けようとする革命と，またひとつ，新たな前代未聞の文化思想の革命の岐路に立つ人々を目の当たりにしている」[10] (L. Chen, 2002:30)。

さらに新しい見解を発見したのは，リン-リー・リーである。彼女は，湖南で最近発見された千年の歴史を持つ女性ことばである女書の談話を分析している。彼女によると，女書の談話には純然たる説得力があるため，村の女性は中国人女性に対して劣勢と無知と依存を強いる結婚制度や儒教的な女性観に抗議することができたのであった。彼女はこのように締めくくっている。「女書は強力で独特である。それは，従来の西洋の慣習と伝統的な中国の慣習のモデルである雄弁家／聴衆に挑む，平等主義的なレトリックの慣行であるからにほかならない」(Lee, 2002:113)。

東洋と西洋の比較研究に焦点を当てた最後のセクションの内容は，ヒューマニズム，人権，中国とアメリカの世界観や総体的なコミュニケーション，そして中国の教科書に見られるレトリックといった概念の差異と類似の研究である。

シリーズの第五巻は *Chinese Communication Theory and Research: Reflections, New Frontiers, and New Directions* [11] (2002)で，ウェンシャン・ジア，シン・ルとD. レイ・ハイズィが編集した。この巻は四巻の中国人のコミュニケーションの焦点を受け継ぎながら，中国の理論と研究の最先端について論じることに力点を置いている。この本の最大の貢献のひとつは，超論理的な論評を掲載していることである。一例をあげると，文献には中国人のコミュニケーションをヨーロッパ中心的に書き表したものが多く見られるが，ルイリン・チュアンとクラウディア・ヘイルはそれを批

7 コミュニケーションと文化の進歩

判的に検証した。続く章では，ジョン・パワーズが中国人のコミュニケーションを段階的に考察し，シン・ルが西洋と中国のレトリックを比較し，シャオスイ・シャオが西洋の学問が中国の教育に同化した様を論じ，ワンが中国のコミュニケーションキャンペーンの長所と欠点を述べ，発達や健康，交渉や宣伝目的のコミュニケーションが今日の中国でどのようにして経済改革のもとに形成されているか，考察している。

この本の最後のセクションでは，リンゴ・マが中国人のコミュニケーションにおける文化と技術の接点に関する章を，シェンがCMCの挑戦に関する章を，マンスフィールド-リチャードソンがグローバルコミュニケーションにおける世界有数の表語文字を使った書記体系である中国語が果たす重要な役割に関する章を担当している。第一編者であるウェンシャン・ジアによると，この本は，グローバル化する社会における中国のコミュニケーション理論と研究の意義を立証し，同時に中国の理論の刷新を図ることにより，方法論を確立しようとしている。

コミュニケーションが文化に与える影響と，文化がコミュニケーションに与える影響は，この分野の研究者を魅了して止まないのであるが，五巻からなるこのシリーズは，対話と熟考に必要な肥沃な土壌を提供している。比類なく中国的な特色に加えて，普遍的な要素も持ち合わせているような理論の構築に必要な，肥沃な土壌である。この五巻の大きな特徴のひとつは，西洋と東洋の文化的対話，あるいは伝統的な見解と多様な見解の文化的対話における応答の役割を暗に果たしていることである。個々人がミクロのレベルで異文化間コミュニケーションを行なうのと同様に，文化もマクロのレベルで異文化間コミュニケーションに関わっている。このシリーズは，対話に焦点を当てて透明性のルールに則り，私たちのソースが西洋であるか，東洋であるか，あるいはそれ以外であるかということも認識している。

この新しい研究における多様な見解は，私たちには異文化間コミュニケーションにおける真の対話に必要な実体があるということを意味している。次のセクションでは，教育と研究のいずれにおいても，異文化間コミュニケーションの対話をさらに進めることを提案し，その二つの分野における対話の実践方法についても提案する。

3. 対話の提案

　異文化間コミュニケーションの分野をさらに発展させるためには，学生の指導と研究の双方においてもっと対話が必要である。異文化間コミュニケーション研究の論文や本の執筆者に東洋人と西洋人の名前があることは，常に好ましいことである。実質的に，二つの異なる手法を用いて，二つの異なった背景を持つ，二つの異なった見解から教育と研究における概念を検証するという利点がなければいけない。対話ということばそのものが「人のことばを経て」という意味である。ことばとは，複数の人間の目から見た現実を象徴するものである。人々は，さまざまな視点と経験からことばを組み立てていくのである。対話により真実にたどりつき，人生の意味を追求するなかで存在の根拠を決定することができる。私の提案では，対話という方法を用いて，教育の実体とプロセスを考察することになる。

　まず，異文化間コミュニケーションの指導をするうえで，具体的にどのように対話を用いることができるであろうか。教材は，ノンバーバル，文化的アイデンティティ，文化適応，言語記号といった問題や話題に関するさまざまなテキストや雑誌記事から取ってくることができる。この対話的アプローチでは，同じデータに関する異なった見解や解釈を紹介しているテキストを意図的に選択することにより，一つの発見に関しても研究者の意見は分かれるのだということを学生に知らせるのである。紙面で活発な議論をかもすような

7 コミュニケーションと文化の進歩

意見を編集者が選択し，掲載している雑誌の誌上対談を学生に読ませたい。文化的アイデンティティの場合を考えてみよう。西洋の研究者はこの概念にどのようなアプローチをし，東洋の研究者はこのことばをどのように用いているだろうか。個人主義対集団主義ということばの用法をめぐる論議はどうであろうか。ホフステッド（1980）がこれらのカテゴリーの本を出版して以来，特定の社会についてこのようなことばを用いることには限界があり，不適切であると主張してきた研究者らがいる。私たちは学生が対話に実体を重ねてみることができるような読み物を意図して備えなければならない。学生には，このような異文化に関する概念を理解するうえで，自分が直面することができるような見解を読ませておかなければならないのである。

指導内容ももちろんながら，指導のプロセスにおいても，私たちは対話を用いなければならない。これは，二つのレベルで実行可能である。人類学者，社会学者，心理学者のような異なった視点を持つ同僚を他学科から招くとよい。そうすれば学生は異なった概念と直に出会い，概念とはどのように発達するものであるか，対話を通じて学生に示すことが可能となる。そのような対話では，互いの前提や手法，出典，データ解釈，結論などについて質問することもできる。以上，対話者が挑戦を受けて，考えがより明瞭になり，ことばによる表現がより巧みになるような状況を見てきたわけである。

もう一つのレベルの対話には，別の見解を持っている同僚を他大学やよそのキャンパスから招くとよい。誰にでも同僚を呼んで来られるような他大学が近所にあるではないか。説得力のある考えや発言を喚起するような対話をするために，特定のトピックや概念を設定し，同僚を招くのである。準備には多くの労力が必要であるため，それほど簡単なことではないかもしれないが，多様性と弁証法的全体論をモデルとして異文化間コミュニケーションを真剣に教えたいならば，それくらいの負担を負うべきである。

もちろん，実行にはまだ問題があるとしても，理想的なアプローチは，異なった視点を持つ二人の教員がチームで授業を担当することである。北京大学のシージエ・グアン教授がケント州立大学と北京大学の交換プログラムで1997年の秋学期にいらしたとき，彼と筆者はティームティーチングを実践した。その授業は，中国文化とコミュニケーションのワークショップや短期コースで，二人の教員が毎回の授業の指導にあたった。相違点と類似点を示すために，一方が中国人の視点を持ち，もう一方が西洋的な視点による質問やデータを提示した。このようにして論点に関する対話を継続し，学びのプロセスをよりダイナミックで興味深く包括的なものにしたのである。

　対話方式の授業のもう一つのアプローチは，学生を対話のプロセスに関わらせることである。私たちは自分自身の経験から，学生と教員の両方が積極的に関わったときに多くの学びがあることを知っている。私が教員になりたてのころ，質疑応答を用いたソクラテス方式に基づいた討論の授業を優等課程で開始した。この授業では，学生どうしや学生と教員の間で，学生が考えを述べたり自分の考えの正しさを主張するというやり方を用いた。私の目的は「アカデミックなグループと社会全般の両方で話題となっている問題を調査し，分析し，評価することのできる見識の広い批判的な知性を育て」，教員の指導のもと，「自由社会で真実を追究する市民」となることの意味を学生に体験させることであった（Heisey, 1968:202）。

　最近，北京大学の教壇に立つ機会があり，対話式の授業をした。あるとき私は，キャンパス内の銀行では列を作るのに，キャンパス外のバス停では並ばないのはなぜか，と学生にたずねた。チウ・リンチュアンというひとりの学生がこの質問に答えた（この学生は，学期中，この授業で私が出していた中国人の文化的行動に関するほかの六つの質問も併せて答えることによって，教員を論難した）。彼は対話の原則に従い，質問に答える形でエッセイを書き，何週間

もかけて一編ずつ私のアパートに持参し，対話と議論をさらに発展させる材料としてエッセイを活用したのであった。

とてもよく書けたエッセイばかりだったので，私はそれらを一本の論文にまとめ，1997年にシカゴで開催されたナショナル・コミュニケーション・アソシエーションに提出した。その論文には"American-Chinese Serendipity Dialogues in Intercultural Communication"[12] (Qiu & Heisey, 1997) というタイトルをつけたが，なぜ中国人の学生が控えめなのか，現在の中国のナショナリズムの裏にあるものは何か，そしてもし孔子とアリストテレスが出会えたなら，彼らはどのようにコミュニケーションを図っただろうか，というような疑問を研究する内容の論文であった。このような対話は非常にインタラクティブで，教育的で，生産的でもあった。そのチウ・リンチュアンという学生は香港に行って修士号を取り，のちにロサンゼルスのUSCで博士号を取得し，現在は香港中文大学の教授になっている。こうして，この学生は中国文化の教員となり，彼の西洋人の指導教授は彼の学生になったわけである。

2000年秋，著者が北京大学の教壇に戻ったとき，自分の学生が何を考え，学んでいることに対してどう反応しているのかを調べるために，異文化の授業で対話の形式を用いて学生にアプローチした。ある夜，教員のアパートでオープンディスカッションを行なった時，ひとりの女子学生が私にどんな映画が好きかとたずねた。私は観ても時間の無駄なので，アメリカ映画は観ないと答えた。彼女はその答えに対して，異文化間コミュニケーションの教授ならば異文化のプロセスの一例として映画を観るべきだと真っ向から主張した。彼女は，*Before the Rain*[13]という中国映画に言及した。彼女はこの映画を非常に異文化的な体験であると考えていたので，コンピュータで視聴できるようにと教員にディスクをくれた。この対話の結果，彼女は異文化体験としてのこの映画に関するリサーチペーパーを書くことにした。彼女はとてもよい分析をしたので，私はニ

[第3部] バイカルチャーとマルチカルチャーの最前線

ューヨークのロチェスター工科大学の異文化間コミュニケーションの会議に提出し，それを彼女のために発表した。この論文（Zhang & Heisey, 2001）のまえがきには次のように書かれている。

> 教授（論文の第二著者）は彼が間違っていることを証明する努力をするよう，学生に勧め，のちに彼女が巧みに論難したことを認めた。教授はこの経験から三つのよいことが生まれたと信じている。第一に，学生は自身の体験から得た考えをアカデミックペーパーの題材として選択したことを褒められるべきである。異文化間コミュニケーションを学ぶ学生には，自分自身を分析する価値がある対象として，自分と向き合い，考えをめぐらせ，考察する機会とすることが望ましいからである。
> 　第二に，このケーススタディは創造的な知性が働いたすばらしい例である。その知性は，ある課題に関する彼女の立場と教授の立場が食い違いをみせた，知的な対話から生まれたものであった。その議論は，前提，支持する根拠，確立した出典，文献からの引例というありきたりの形ではなく，創造的で芸術的で知的な答えを出すに至った。
> 　第三に，このケーススタディは，これまでに他文化を経験する機会が十分になかった学生たちに異文化間コミュニケーションを教えるための大変に有効なツールの一例となった。(pp. 3-4)

このケースのあとには，その学生，ジャン・ジエからのEメールが続くが，そこには教室で教授に挑戦してみるよう勧められたことで，彼女の問題や仮説全般に対するアプローチが変わったと書かれている。彼女は，ある意味でそのことが彼女の人生を変えたとも言っている。対話を用いた結果である。

同じクラスのワン・シャオティエンという別の学生は，中国を転々とした結果，自分の家族が中国国内で体験した適応のプロセスに基づいたペーパーを提出した。彼女は，アメリカとの衝突が起き

た場合，中国政府はどのようにふるまう，あるいはふるまわない可能性があるかということについて，クラスメートと対話をした。学生たちは，ある質問で対話を始め，この質問がさまざまな学生からいろいろな答えを引き出すことになった。学生たちは熱心に問題に取り組んだ。

アイデンティティ，文化，コンテクストなどの異文化的なことばに対応する中国語は何であるか学生に問う形で，対話方式をこのクラスで使ってみた。質疑応答形式から，多くの効果的なディスカッションをすることができた。中国では，寛容と動機づけのどちらが，上手な異文化間コミュニケーションにとって重要な資質であるかということについて，熱心なディスカッションをした。異文化間コミュニケーションの場面における衝突に関するディスカッションから生まれた対話もあった。中国人は衝突に対してどのように対応するかという問いに対して，学生たちはこのようなことわざがあると言った。「しばらく耐えれば，状況は穏やかな海のようになるだろう。一歩下がれば，視野が広がる」[14]。彼らによると，一歩下がるのは衝突を避けるためであるが，そのようにすると，状況をより広い視野でながめることができるのだそうだ。この対話の結果，教授は中国文化と言語をさらに学ぶこととなり，学生は教員もまた学習者であり，ひとつの分野では優れているが別の分野ではそうでもないかもしれないという重要な教えを学んだのだった。

対話方式の授業の成果の最後の例は，教員が学生に教えた教科書に対する姿勢である。マーティンとナカヤマによる *Intercultural Communication in Contexts* (1997) の出版社にお願いしたところ，寛大なことに，学生全員にこの教科書を無料で提供してくださった。教員はこの本は単にひとつの見解であり，アメリカ人の学生のために書かれたこの本のアメリカ的視点ではなく中国人学生の視点から，批判的な姿勢で，もっと包括的な見解を出し合うべきであると強調した。すると学生は，本は弁証法にもっとページを割くべき

であるとか，異文化間コミュニケーションを学ぶ理由をもっと述べるべきであるとか，異文化に接する人だけでなく，人間はみな文化適応を実践しているという事実をもっと強調するべきであるなど，不足している部分についての提案を自由に出した。

　対話的な指導の実践方法に関する具体的な提案を加えておこう。著者は七回の中国訪問で，北京の中国人民大学の国際政治学科のソン教授と実施可能な交換プログラムの準備をした。計画では，西洋の考えや教員を学生に紹介するためのよい方法として，ケント州立大学を定年になった教授が人民大学へ一ヶ月だけ行き，コミュニケーションの授業をするというものであった。ケントを退職した教授がそれ以上続けられなくなると，他大学を定年退職した同僚を招き，春学期終了後，まだ中国の学期が続いている五月末に一ヶ月間教えに行くことのできる第三グループも編成した。彼らはみな，この経験で自分の視野が広がったことを喜んでいる。中国から戻った教授のひとりは，自分の中国の認識が完全に変わったとも述べた。

　ケント州立大学が北京大学との間に開発したこの交換プログラムにより，1997年の秋学期にグアン教授があちらの学部からケントにやってきた。前にも述べたとおり，彼と私にはティームティーチングの経験があった。受け入れ大学以外にも対話を広げていくために，彼が近隣の大学でも中国文化とコミュニケーションの講義ができるようにした。

　もし学期全部を使うことが問題であれば，ケント州立大学で実施した別のプランが可能である。私は，中国人の学者でありジャーナリストでもあるジャン・ミンを数ヶ月間招待したのだが，その結果，彼が関わっている *Guangming Daily* 新聞との交換プログラムを作ってはどうかとの提案をすることになった。この計画では，まず四人のケントの教授が二週間，客員として中国を訪れ，そののちに四人の新聞記者が二週間，ケントの客員としてアメリカに滞在するというものであった。私たちは互いの文化をよりよく学ぶことが

7 コミュニケーションと文化の進歩

でき，研究と教育に関する共通の関心について同僚たちとも話し合うことができた。この交換プログラムは1992年に始まり，14年たった今も続いている（Heisey, 2001）。ケント州立大学のいくつもの学部学科から参加した教授のなかには，想像もつかなかったように人生が変わり，指導が豊かになったと報告している者もいた。

　大学教員には，授業をし，研究し，専門家の責任として，大学と地域へのサービスをすることも求められている。論文発表や出版をしなければ昇進しないことも承知している。異文化間コミュニケーションの研究者として，近くの大学から同僚を呼び，手始めに数回でも対話をし，のちに異なった視点を持つ異文化の人を招き，そして他国の研究仲間に対して，先方の大学に授業や対話をしに行くので招待してほしいという依頼をする，というような責任がある。もし一週間ほどの出張が可能ならば，提携大学やその他の外国の大学で授業や対話をしながら共同研究プロジェクトを立ち上げる目的で一週間の休みを願い出ればいい。そうすれば，私たちの理論がこの専門分野に不可欠なものであることを実践することになる。異文化間コミュニケーションとは，本物の出会いで生まれる双方向的な交流から得られる多様な視点から構成されるものである。招聘される教員のグループには，コミュニケーションが専門の退官済みの教授を充てることが可能であろう。一週間ほど，喜んで他大学に行き，学生たちと対話し，真の対話を通じて人の考えがどのように発展するかということを学生たちに体験させたい思う教員には事欠かない。

　要するに，異文化間コミュニケーションの実践指導と授業中の指導のプロセスには，もっと多くの対話を用いるべきなのである。異文化間コミュニケーションの教員には，対話式の指導に進んでアプローチする責任がある。そうすることにより，この研究分野の中心的な概念，すなわち，多様性とアイデンティティは同じコインの裏表であるという概念を実践することになる。

最後に，研究の内容とプロセスの両方にも，もっと対話が必要である。これを実行する方法のひとつは，異なった視点を持つ同僚，または異文化のなかにいる同僚に，研究の論点や研究目的，研究の問題点を打診することである。自分に賛同してくれる人や同じ見解を持つ人ではなく，意見を異にし，違う仮説を持っている人と，真に協力し合おうとすることが必要である。本稿で挙げた本のいくつかは，異なった文化出身の共同研究者が編んだり著したものである。チャンとマッキンタイヤの *In Search of Boundaries* とチェンとスタロスタの *Global Society* は，東洋と西洋の文化の出身者を編者とするよい例である。このようにして，本の構成と適切なコンテクストを持った概念構成の両方でバランスのとれた視点が生まれるのである。

　研究における対話には，初めから対話的な方法で概念を積み上げていくための意見交換を伴う必要もある。二，三ヶ月，ケントにやってきた，ジャーナリストでもある客員研究者と私は，互いの文化の特色に関する対話をするために，定期的な会合の予定を組んだ。私たちは，考えていることを徹底的に論じ，中国人の目から見た中国文化の主要な特徴であると考えられること，アメリカ人の目から見た中国文化の主要な特徴であると考えられることをそれぞれが挙げ，アメリカ文化の特徴についても同じことをした。会話を重ねるにつれ，互いの比較のなかでこれらの要素をどのように特徴づけるか，明瞭かつ正確に考えることができるようになった。意見が合わないこともあった。この対話が基礎となり，この論点に関する研究成果が書かれた文献検索の可能性が広がる結果となった。この経験から，私たちの対話の努力を論文にし（Heisey, 1993），海南島の海口で行なわれたコンファレンスに提出した。

　研究で使われている対話のよい例は，カレン・デイスとマーク・マクファイル（1997）が書いた章と二人の実際の対話である。そのなかで二人は「連座と一貫性の理論が，アメリカの政治コミュニケ

ーションの研究と実践における文化の扱われ方の分析にどのような関わりを持つか」(p. 33) ということに関する知的なやりとりを提示している。同じ本のなかで，"Forum: Politics in Intercultural Training Programs"[15] の出版をもって新しい特色がナショナル・コミュニケーション・アソシエーションの国際異文化年鑑に紹介された。この対話のなかで，チャンとホルト (1997a) は異文化トレーニングにおける政治と権力の役割について再考している。ふたりによると，権力は単なる変数ではなく「国外居住者のような人々の相互関係の形成にきわめて重要な役割を果たしている」(p. 208) と論じている。このモデルに従って，リーズ-ハーウィッツ (1997) は「異文化間交流の具体的な部分を敬遠しすぎることに対する」(p. 231) 警告を発するという反応を示し，権力に関する彼らの議論は「状況の誇張である」(p. 233) と言っている。フォーマン (1997) は「二人の提案はトレーニングの状況で権力が実際にどのように扱われるかというと」，彼らが批判する「静的な文化スタイルと比較して，さほど変化がないということの裏づけにはなっていない」という結論を出し，チャンとホルトを批判している (p. 241)。フォーラムの最後はチャンとホルト (1997b) の "A Rejoinder"[16] であったが，このなかで彼らは権力に関する知的対話について挙げられた四つの問題を論じている。そのような対話から生まれる考えは，本質的に変形力を持ち，権力とコンテクストなどの問題の理解を深めることができる。

　よい例が雑誌 *Communication Theory* にある。ディビッド・マイヤーズ (2001) は，この雑誌のなかでロバート・クレイグのエッセイ (1999) に応え，彼のエッセイでは，私たちの分野の問題の中心は「複数のコミュニケーション理論が急増し，それらの理論間のコンセンサスがないこと」(Craig, 1999：119) であるが，その利点は，「論理的多様性，議論，ディベート」(p. 124) を生むような「生産的な論争」(p. 120)をすることができるということであると

述べている。これに対してマイヤーズは次のように述べて応酬した。クレイグが提供する戦術は「不正確で見当違い,まったく間違っている」(Myers, 2001:219)。マイヤーズによれば,クレイグにはその真実性をめぐり競い合っている理論を判断するだけのメカニズムがないことが問題である。マイヤーズは *Communication Theory* (Craig, 2001:231) の同じ問題について,クレイグの作業仮説は「コミュニケーションに関するあらゆる理論は,どの専門分野から出てきたものであっても,基盤となる仮説がどのようなものであっても,実践的な意味合いを持っており,したがって潜在的にそのような分野に関連がある」というものであると答えている。

クレイグは次のように締めくくった。「理論を判断する基準の範囲が拡大すると,社会におけるコミュニケーションの実践を特徴づけることのできるコミュニケーション理論の分野が可能となる」(p. 238) と同時に,「結びつきが強くなるので,私たちは互いを注意深く読み,互いを寛大に解釈し,重要な差異について活発に議論する必要がある」(p. 239)。*Communication Theory* の問題に関するマイヤーズとクレイグの学問的対話は,私たちの異文化間コミュニケーションの表現手段においてもっと行なうべき交流のすばらしい例である。

アトランタのNCA大会のプログラムに,珍しく,人種の変容のレトリックに関する黒人と白人の研究者の対話があった。異なった大学の黒人と白人の研究者が,人種の相違に関する社会的・象徴的特徴は何であり,既存の制度と社会のコンテクストにおける基本的な変化に影響を与えるためにはどのようにその特徴を定義しなおすべきかという問題について,意見交換をするという設定で,七組の対話があった。これは重要な問題について対話し始めた研究者が,いることを示すよい例である。

世界中でインターネットが使えるようになったため,一切移動しなくても,そのような対話をすることができる。私は,北京の中国

人学生たちに,インターネットを用いて異文化間コミュニケーションの問題に関する対話を続けさせている。このようにして,私たち誰もが疑問を追究し,見解を共有することが,ますます可能になっているのである。

対話を通じた学びは,プラトンや孔子にさかのぼるほど古く,インターネットほどに新しい。ハモンドとガオ(2002)は次のように述べている。「対話を通じた指導は,中国では新しいものではない」が,それは「全体論者のパラダイムと対話的アプローチに基づいた道教の哲学の全体論や孔子の教育哲学」が西洋のアプローチに匹敵する(p. 228)からである。彼らはこのような結論を出している。「現代の対話的学びは全体論的,相互作用的,協力的,そして多様化しており,クリティカルな考え方,リアルタイムの評価,実践の経験と総合的な教育の質を重視している」(p. 229)。

マーティン・ブーバー(1958)は,個々人が直面し合うなかで,友誼と率直さを持ち,他者に象徴されるあらゆる差異を理解したうえで尊重し合うときに真の対話が生み出すような「私とあなた」の関係に焦点を当てた。異文化間にある人はこのような資質を持っており,だからこそ,異文化の教員であり研究者である私たちは,学生との間に,そして同僚との間に「私とあなた」の関係を樹立する資質を,対話的指導と研究の実体とプロセスの両方においていち早く示さなければならないのである。

4. 結論

本章の二つのポイントを,透明性のルールと連動性のルールとして表すことができる。透明性のルールは,すべての新しい研究は前提と情報源と手法において明瞭でなければならないということを表す。新しい研究の情報源と視点は確かに明瞭である。西洋では,最近まで,私たちの視点が西洋的であるということをきちんと認識し

ていなかったが，東洋の研究者たちがその点を指摘し始め，たとえば，中国的な視点からの異文化間コミュニケーションは受容された理論とみなされてきたものとは異なっているということを主張し始めたのである。中国人や日本人，ネイティブアメリカンやアメリカの黒人やヒスパニックなどの異なった視点を持つ研究者のおかげで研究が進展しているのであり，伝統的な西洋の異文化間コミュニケーション観によるものではない。このような研究者たちが伝統的でないデータベースからの情報源や視点を明確にするとき，透明性のルールが働いていることになる。

透明性のルールを認識すると，異文化間コミュニケーションの多次元性という結論に到達する。異文化間コミュニケーションの多次元を見ると，連動性という第二のルールに直面する。異文化間コミュニケーションの多次元に導かれ，私たちはこれらすべての異文化の次元が関連し合い，つながり合い，相互依存しているという結論に至る。積極的な連動性がポストモダンの時代の特徴である。グローバル経済とグローバル情報技術が大規模で無限なワールドワイドウェブを構築しつつあり，ますます多くの人が世界のあらゆる場所のあらゆる人々と，常に交流する必要性に迫られているのである。

研究者たちが私たちの注意を促している新しい観点は，異文化間コミュニケーションの研究者や教員どうしの対話を必要としている。多様な視点と対話的遭遇の新しい時代に対して学生たちを備えるためである。おそらく，陰陽の輪における東洋的な視点のおかげで，伝統的な西洋の視点と，グローバルな陰陽の総括的な視点として新たに台頭してきた東洋の視点の対話が可能になるであろう。そうすると，アインシュタインの物理の統一場理論のように，コミュニケーション原則の動的でリズミカルでバランスのよい現実に関する，何らかの形の陰陽概念を含む異文化間コミュニケーションの統一場理論があるかどうかという疑問も浮かんでくる。もし西洋の視点がこれまで優勢であった陽であるならば，異文化理論のサイクル

における東洋の視点は，新たに対応する補完的なバランスをとる陰であるかもしれない。

陰陽の比喩に加え，声の比喩もある。シャオとハイズィは，女性に向けられた道教の声の例として，オペラとしても映画としても中国で有名な天仙配に言及している。道教の声とは，支配的な儒教の声に対してこれまで軽んじられてきたが，自由で明瞭な表現の流れから現れてきたものである（Xiao & Heisey, 2005）。この周辺からの声が「対話的談話と，その結果，一貫性のある統合を生み出すために」（Heisey, 1997:26）多くの声のなかの断片化ではなく，対立する談話を作り出している。パットナム（2001）は，2000年のICAの会長挨拶のなかで同じ比喩を用い，「この分野の中央と極端を行き来する概念の動き」（p. 43）としての「複数の変化する声」（p. 42）について述べているが，それはバクティンの「発話の交わりを通じて極端で加わり続ける力としての不協和音的声という概念」（p. 43）と一致するものである。パットナムはまた，「対立する談話」ということばを使っているが，これは彼女によると，「差異から生じる緊張を受け入れ，声の変化や新しい理解に注意を向けるような矛盾や逆説を探る」ものである。

アーネットとアーネソン（1999）は「対話の礼儀」ということばを使っているが，ヒックスはこれを「珍しい声を会話に招き入れ，その声に真剣に耳を傾け，結果として生じうる不協和音に意味を見出す能力，あなたと意見が合わずに理解に苦しむような人の面子をつぶさずに会話を続行する能力，そして最後に当然なものとして受け入れられている伝統や一般の慣習のなかに見直しや改善の種を見つけること」（Hicks, 2001:131）であると要約している。コミュニケーションの研究分野からのこのような対話の解釈は，第三世界，特にイランの政界から出ているものと比較できるかもしれない。「グローバリゼーションと異なった視点」という最近の記事で，イラン人著者は，もしグローバリゼーションが「文化，経済，そして

政治システムの基礎においていかなる国をも端に追いやる」ことがなければ、そしてもし「権力ではなく愛と精神至上主義に基づいた対話」をすることができるならば、グローバリゼーションは「世界のあらゆる人々にとってプラスの力となる」と述べている（Sehhat, 2000:13）。

もし西洋の見解と東洋の見解、そして中東の見解が、文化のみならず、文明に関する対話の必要性も認めるならば、オランダの研究者、ヴァン-オーデンホーフェンの「望まれる文化は、徐々に受け入れられている文化に影響を与えるのである」（2001:103）という主張は的を射たものである。

私たちは、新しい研究によって豊かになり、新しい対話から活力をもらい、異文化間コミュニケーションの手本として、自分自身の考えを、学生の考えを、そして私たちが生きる社会を変えていく機会を受け入れるべきである。私たちの研究分野は、継続的な進歩を生み出すような遭遇により新しい考えや新しい関係樹立のための市場を提供しなければならない。そのような新しい考えと新しい関係は、私—あなたの対話における陰陽の動きの実体を形成し、その対話は「コミュニケーションと文化の進歩」を生み出すのである。

（竹下裕子 訳）

―― 注 ――

(1) 「レトリックとコミュニケーションに関する中国人の観点」という意味。
(2) 「古代インドと中国におけるコミュニケーションと文化」という意味。
(3) 「市民の談話、市民の社会、そして中国の共同体」という意味。
(4) 「境界を探して：コミュニケーション、民族国家、そして文化的アイデンティティ」というの意味。

(5) 「コミュニケーションとグローバル社会」という意味。
(6) 「中国の紛争管理と解決」という意味。
(7) 「中国のコミュニケーション研究―文脈と比較」という意味。
(8) 「近世中国の女性とレトリックの伝統―下絵」という意味。
(9) ガーネット，2002年，87-88頁より。
(10) L. チェン，2002年，30頁より。
(11) 「中国のコミュニケーション理論と研究：回想，未研究分野，そして新しい方向」という意味。
(12) 「異文化間コミュニケーションにおける米中セレンディピティ対話」という意味。セレンディピティとは，「予期せぬよいものを見出す能力」という意味。
(13) 「雨の前」という意味。
(14) 原文では "*Ren yi shi, Feng Ping lang Jing; Tui yi bu, hai kuo tian kong*"。
(15) 「フォーラム―異文化トレーニングプログラム」という意味。
(16) 「応答」ほどの意味。

【引用文献】

Arnett, R. C., & Arneson, P. (1999). *Dialogic civility in a cynical age: Community, hope, and interpersonal relationships*. Albany: State University of New York Press.

Buber, M. (1958). *I and Thou* (2nd Edition). New York: Scribner.

Chan, J. M., & McIntyre, B. (2002). *In search of boundaries: Communication, nation-states, and cultural identity*. Stamford, CT: Ablex.

Chang, H.-C., & Holt, G. R. (1997a). Intercultural training for expatriates: Reconsidering Power and politics. In A. Gonzalez & D. V. Tanno (Eds.), *Politics, communication, and*

culture (pp. 207-230). Thousand Oaks, CA: Sage.
Chang, H.-C., & Holt, G. R. (1997b). Reconsidering power and politics: A rejoinder. In Gonzalez & D. V. Tanno (Eds.), *Politics, communication, and culture* (pp. 243-248). Thousand Oaks, CA: Sage.
Chen, G.-M., & Ma, R. (2002). *Chinese conflict management and resolution*. Stamford, CT: Ablex.
Chen, G.-M., & Starosta, W. J. (2000). *Communication and global society*. New York: Peter Lang.
Craig, R. T. (1999). Communication theory as a field. *Communication Theory, 9*, 119-161.
Craig, R. T. (2001). Minding my metamodel, mending Myers. *Communication Theory, 11*, 231-240.
Dace, K. L., & McPhail, M. L. (1997). Complicity and coherence in intra/intercultural communication: A dialogue. In A. Gonzalez & D. V. Tanno (Eds.), *Politics, communication, and culture* (pp. 27-47). Thousand Oaks, CA: Sage.
Foeman, A. K. (1997). The problem with power: Reflections on Chang and Holt. In A. Gonzalez & D. V. Tanno (Eds.), *Politics, communication, and culture* (pp. 237-242). Thousand Oaks, CA: Sage.
Gonzalez, A., & Tanno, D. V. (Eds.). (1997). *Politics, communication, and culture*. Thousand Oaks, CA: Sage
Hammond, S., & Gao, H. (2002). Pan Gu's paradigm: Chinese education's return to holistic learning. In X. Lu, W. Jia & D. R. Heisey (Eds.), *Chinese communication studies: Contexts and comparisons* (pp. 227-243). Stamford, CT: Ablex.
Heisey, D. R. (1968). An honors course in argumentation. *The Speech Teacher, XVII* (3), 202-204.

Heisey, D. R. (1993). *Contemporary Chinese cultural characteristics: A communication Perspective*. Paper presented at the International Colloquium on Contemporary Chinese Culture, sponsored by the Chinese Academy of Social Sciences and Hainan University, Haikou, China.

Heisey, D. R. (1997). Cultural influences in political communication. In A. Gonzalez & D. V. Tanno (Eds.), *Politics, communication, and culture* (pp. 9-26). Thousand Oaks, CA: Sage.

Heisey, D. R. (Ed.). (2000). *Chinese perspectives in rhetoric and communication*. Stamford, CT: Ablex.

Heisey, D. R. (2001). A bit of history. In 10th Anniversary Celebration of the Guangming Daily-Kent State University Exchange Program. CD-ROM.

Hicks, D. (2001). Book review of Arnett & Arneson. *Communication Theory, 11*(1). 124-135.

Hofstede, G. (1980). *Culture's Consequences: International Differences in Work-Related Values*. Beverly Hill CA: Sage Publishing.

Jia, W., Lu, L., & Heisey, D. R. (Eds.). (2002). *Chinese communication theory and research: Reflections, new frontiers, and new directions*. Stamford, CT: Ablex.

Leeds-Hurwitz, W. (1997). Introducing power, context, and theory to intercultural Training: A response to Chang and Holt. In A. Gonzalez & D. V. Tanno (Eds.), *Politics, communication, and culture* (pp. 231-236). Thousand Oaks, CA: Sage.

Lu, X. (2000). Book proposal for *Chinese communication studies*.

Lu, X., Jia, W., & Heisey, D. R. (Eds.). *Chinese communication studies: Contexts and comparisons*. Stamford, CT: Ablex.

Martin, J., & Nakayama, T. (1997). *Intercultural communication in contexts*. Mt. View, CA: Mayfield Publishing.

Myers, D. (2001). A pox on all compromises: Reply to Craig (1999). *Communication Theory, 11*, 218-230.

Oliver, R. T. (1971). *Communication and culture in ancient India and China*. Syracuse, NY: Syracuse University Press.

Putnam, L. L. (2000). 2000 ICA presidential address: Shifting voices, oppositional discourse, and new visions for communication studies. *Journal of Communication, 51*(1), 38-51.

Sehhat, S. H. (2000). Globalization and different perspectives. *Echo of Islam, 193* (November), 9-13.

Xiao, X., & Heisey, D. R. (2005). Shifting the performance characteristics of opera and the status quo for women in China. In Laura B. Lengel (Ed.), *Intercultural communication and creative practice: Music, dance, and women's cultural identity*. Westport, CT: Praeger.

Zhang, J., & Heisey, D. R. (2001, July 19-21). *A movie, I, and intercultural communication*. Paper presented at the Rochester Institute of Technology Intercultural Communication Conference, Rochester, NY.

【参考文献】

Heisey, D. R. (1999). China's rhetoric of socialization in international civic discourse. In R. Kluver & J. H. Powers (Eds.), *Civic discourse, civil society, and Chinese communities* (pp. 221-236). Stamford, CT: Ablex.

Heisey D. R. (2000). Global communication and human understanding. In G. M. Chen & W. J. Starosta (Eds.), *Communication and global society* (pp. 193-214). Boston, MA: Peter

Lang.

Heisey, D. R. (2000). Introduction: Chinese perspectives coming of age in the West and serving as a balance in theory and practice. In D. R. Heisey (Ed.), *Chinese perspectives in rhetoric and communication* (pp. xi-xx). Stamford, CT: Ablex.

Heisey, D. R. (2002). Sources of Chinese conflict management in international affairs. In G. M. Chen & R. Ma (Eds.), *Chinese conflict management and resolution* (pp. 205-221). Westport, CT: Ablex.

Heisey, D. R. (2003). Changes in the cultural arguments of Chinese political leaders. *Human Communication: A Journal of the Pacific and Asian Communication Association, 6*(1) (Spring/Summer), 1-11.

Heisey, D. R. (2004). China's President Hu Jintao's rhetoric of socialization. *Intercultural Communication Studies, XIII* (3) (Winter), 1-7.

Heisey, D. R. (2005). Examining the successes and problems of China's policy on minority nationalities. *Intercultural Communication Studies, XIV* (2), 23-37.

Heisey, D. R. (2006). Cultural orientations as expressed in the public statements of political leaders. *China Media Research, 2*(1) (January), 79-84.

Heisey, D. R., & Gong, W. (Eds.). (1998). *Communication and culture: China and the world entering the 21st century*. Amsterdam: Editions Rodopi. 370.

8

日本人とタイ人の異文化間コミュニケーション

バンコクでの調査[1]から見えてくるもの

竹下 裕子

1. はじめに

　文化とは,ある集団が共有する,人のさまざまな生き方に関する考えであり,その集団に生まれた誰もが,これを学びとり(learned),受け継いできたものであるとするならば,私たちが母語以外の言語を学ぶことができるのと同様に,自分が生まれ育った文化以外の文化を学ぶことができる(learnable)はずである。そして文化のなかに,人の価値観や考え方,そしてそこから生じる行動の根拠があるとするならば,他の文化を学ぶことにより,その文化に生きる人々の思いや言動の意味を理解し,よりよい異文化間コミュニケーションを実現することができると考える。

　これはたとえば,旅行者向けの「べき・べからず集」の多くが,人の心の奥深いところにある「理由」を追究することなしに他文化のなかを平和に通り過ぎること目的としているにすぎないのに対して,「理由」を求めることにより,他文化やそこに生きる人々と向き合おうとする積極的な姿勢であるということができる。

　いまさらながら,文化を氷山にたとえると,海上の氷山から「べき・べからず」を見て取ることは可能であっても,「理由」を知ろ

うとすれば海中を探らなければならない。あるいは，同じであるはずの海上の氷山の眺めに対して，私たちはみな，自分なりの意味を与えていく。風景は同じであるはずなのに，それが人に与える印象はさまざまであるため，人が眺めに対して与える意味もまた，一様ではない。目に見えるものは限られており，しかも見えていたとしても同じに見えているとは限らないのである。

　それまで，人から聞いた話や読み物，テレビやインターネットなどのメディアを通じて漠然とした印象や部分的な知識を持っていた，そのような異なる文化の人々が実際に出会うと，イメージが修正，更新されたり，あるいは強化されたりする。互いに相手に対して感じたことを，自分の経験に基づいて解釈し，自分の価値観に基づいて評価した結果，ポジティブな意味にしろ，ネガティブな意味にしろ，相手に抱いたイメージが，出会う前まで持っていたものとは違った，意外なものであったという発見をすることもしばしばである。

　異文化間のイメージ調査は，相手をどのくらい知っているか，相手がこちらをどれくらい知っているかということにかかわらず，他文化に映る自分の姿を知り，そのように映る理由を追究するきっかけを与えてくれるという意味で，異文化理解のための興味深く有意義な材料となる。本章では，長く親密な関係を保ってきたタイと日本に焦点をあて，より深い理解へのきっかけを求めたい。日本人がタイ人による日本観・日本人観に映し出された自身を知り，タイ人と日本人の双方がより円滑でさらに活発な日タイ間のコミュニケーションを図る方法を模索する一助とすることを本章の目的としたい。

[第3部] バイカルチャーとマルチカルチャーの最前線

2. 異文化理解のためのイメージ調査：概要

アンケート調査

　私は過去三回，バンコクのタイ人とバンコクに暮らす日本人を対象に，互いのイメージ調査を行なってきた[2]。本章ではまず，2004年8月に実施したアンケート調査を中心に論を進めたい。アンケートの主な部分は，タイ人が連想する形容詞を通じて，彼らの日本と日本人に関するイメージを知ることであった。年齢，性別，職業，母語，所属などの個人に関する情報の記入に加え，回答者は10の質問に答えた。九つの質問はタイ語で，最後の一問のみ，簡単な英語で提示した。10の質問のうち，七つが多肢選択式，三つが自由回答式であった。回答者は，タイ語，日本語，英語のうちのどの言語で回答しても構わないことになっていた。

回答者

　2004年の調査回答者はタイ商工会議所大学の413名の学生と教職員であった[3]。この大学を調査の対象としたのは，二つの理由からであった。一つには，それ以前に実施した二度の調査のうちの一回に，すでにこの大学が含まれていたこと，そして二つ目は，タイ商工会議所大学はタイの私立大学のなかでも早くから日本語学科を設置していた大学のひとつであり，日本への高い関心を示す大学であると考えたからであった。413名の回答者のうち，318名が日本語専攻の学生，52名が日本語以外を専攻する学生，48名が教職員であった。日本語専攻の学生は，当然のことながら，日本と日本人に関する知識と関心がそれ以外の回答者よりも高いと思われた。この調査のみならず，これ以前のアンケート調査においても，回答者はタイ社会全体において，高いアカデミズムを備えた人々であった。

結果

回答者と日本の関係

　回答者のうち，日本に行ったことがある者は11.4％であったが，これは学生の約一割，教職員の三割にあたる。日本に行った経験の有無にかかわらず，回答者の95％が将来，日本に行きたいと思っていた。タイと日本の両国関係を評価するよう求められた際，その関係は非常によいと答えた者が9％，かなりよいと答えた者が44.1％，よいと答えた者が45.5％であり，悪い，または非常に悪いと答えた者はそれぞれ0.7％にすぎなかった。現在の関係がさらによくなると思うか，という問いに対しては，76.7％が肯定的な展望を示した。概して，回答者は親日的である。

　日本と日本人に対するイメージをたずねる前に，日本と日本人に関する彼らの情報源を知る必要があった。グラフ1が示すとおり，彼らが日本や日本人に関する知識を得る媒体として，テレビ番組，本や雑誌などが大きな役割を果たしていることがわかった。家族，友人，知人から聞いた，インターネットで知った[4]，漫画を通して

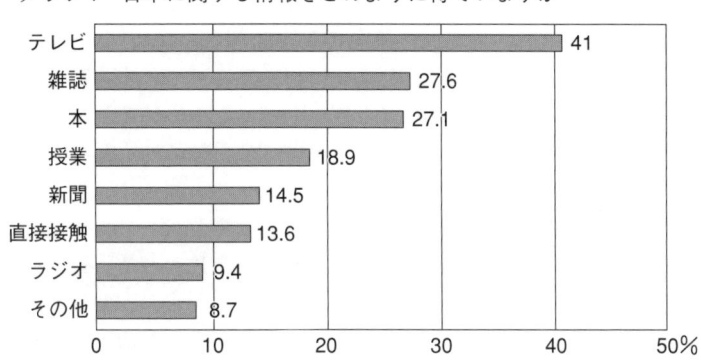

グラフ1　日本に関する情報をどのように得ていますか

媒体	％
テレビ	41
雑誌	27.6
本	27.1
授業	18.9
新聞	14.5
直接接触	13.6
ラジオ	9.4
その他	8.7

知ったという回答もあった。直接接触により情報を得ていると答えた人々のパーセンテージは 13.6 ％であったが，これは前二回の調査のパーセンテージを大きく下回るものであった。1993 年の調査では 50 ％以上，1999 年の調査では 30 ％以上が直接接触による情報を持っていた[5]。

このことから，2004 年の調査で提示された日本と日本人のイメージは日本人との直接の関わり合いから主観的に形成されたものであるとはいえない。アニメ，ドラマ，ニュースなどのテレビ番組や新聞・雑誌などのマスメディアの影響を受けて間接的に形成されたものであるといえる。よって，以下に示すイメージは，大都市以外に住む，日本人とのコンタクトを持たない地方に住むタイ人が持つイメージに近い，より一般論化されたものであるという推測もできる。

タイ人は日本をどう見ているか

日本に関するイメージは，日本から連想される形容詞五つを提示するという形で集められた。「富士山」，「寿司」，「ポケモン」[6]といった，必ずしも人の感情を示すわけではない名詞を避けるために，回答は形容詞に限られた。形容詞の提示は，回答者の言語運用能力に応じて，タイ語，日本語，英語の三言語が自由に用いられた[7]。表 1 に上位 20 個の形容詞とそのパーセンテージを示す。順位は，1993 年と 1999 年の調査時の順位とも比較することができる。

三回のすべての調査において，「きれいな」が第一位となっているが，このイメージは「美しい」とも共通する。富士山，桜，京都や奈良などの古都の歴史的な美しさがテレビでしばしば紹介されていることが，この形容詞の提示につながったと思われる。近代的な高層ビルはあるが，その裏側のスラム街に貧しい人々がひしめき，有名ブランドが並ぶきらびやかな店やグルメたちのための高級レストランの前に物乞いが座るような町，バンコクに住む人々にとっ

表1 タイ人による日本のイメージ（形容詞）

順位	形容詞	'93	'99	パーセンテージ
1	きれいな	1	1	46.7％
2	寒い	3	7	25.4％
3	(物価が)高い	2	9	25.2％
4	おいしい	16	—	19.6％
5	にぎやかな	20	14	17.4％
6	清潔な	9	2	12.6％
7	小さい	6	5	11.4％
8	現代的な	10	—	11.1％
9	先進国の	11	4	9.7％
10	ハイテクの	16	5	9.2％
11	元気な	7	9	9.0％
12	狭い	5	—	8.0％
13	かわいい	20	—	7.7％
14	美しい	4	—	7.5％
15	静かな	—	11	7.3％
16	おもしろい	8	—	7.0％
17	(人口が)多い	—	—	6.5％
18	素早い・早い	20	—	5.8％
19	楽しい	—	—	5.3％
19	有名な	20	13	5.3％

て、日本は美しい国として存在し続けている。先進国としての日本のイメージは、「現代的な」、「先進国の」、「ハイテクの」、「便利な」といった形容詞で、これは今回の調査だけでなく、過去二回の調査でも明らかであった。

2004年の調査でにわかに上位に浮上した「おいしい」という形容詞には説明が必要かもしれない。バンコクの日本食ブームは新しくはないが，以前は手が届かなかったてんぷらや寿司のような高価な料理が，現在では中流以上のタイ人に人気である。この裏には，タイ資本のビュッフェスタイルの日本食レストランであるOishi[8]の貢献が大きい。このOishiグループのおかげもあり，タイ人はこれまでないほど，日本食に親しんでいる。現在，Oishiのウェブサイトには，"The word 'Oishi' means 'delicious' in Japanese."[9] と説明されている。また，2006年当時，この会社のホームページには英語でこのように書かれていた。

> タイ人の顧客にこれまでとは違った新しいものを，しかも最高級レベルのサービスと品質をもって提供するフードビジネスを展開しようと考えたことから，Oishiグループの最高経営責任者，タン・パサコーンナティーは，1999年9月9日，バンコクのトンロー通りでOishiジャパニーズビュフェレストラン第一号店を始めた。
>
> その斬新なコンセプトとユニークなスタイルと高品質の料理は，すぐさまタイ人の心をつかみ，わが社のビュフェスタイルの発想はタイのレストラン産業の歴史的な瞬間を刻んだ。最初の成功に続き，グループは急速に成長し，バンコク中に新しい店舗を開店している[10]。

調査協力者の櫛田がタイ商工会議所大学の学生に対して個人的に実施したアンケート調査においても，タイ人と日本食の関係に変化が生じていることが表れていた。日本語専攻の学生のうち，日本食を食べたことがある者の割合はかなり長い間3割程度にとどまっていたが，Oishiレストランの影響により，2004年にはその割合がほぼ10割に達したという。

タイ人は日本人をどう見ているか

日本人に関するイメージは，日本に関するものと同様に，連想する五つの形容詞を挙げるという方法で収集した。表2は上位20の

表2 タイ人による日本人のイメージ（形容詞）

順位	形 容 詞	'93	'99	パーセンテージ
1	かわいい	1	2	60.8%
2	(肌が)白い	8	13	28.6%
3	きれいな	6	6	22.8%
4	厳しい	3	3	21.3%
5	優秀な	8/12	10/14	21.1%
6	やさしい	5	—	16.2%
7	速い(早い・迅速な)	20	—	13.8%
8	丁寧な	20	—	12.1%
9	親切な	7	4	10.7%
10	ハンサムな	—	—	9.4%
11	かっこいい	20	—	9.2%
11	勤勉な	2	1	9.2%
13	(背が)低い	13	—	8.0%
14	(体が)小さい	24	—	7.5%
14	まじめな	4	12	7.5%
16	時間厳守の	24	8	7.3%
17	おしゃれな	—	—	6.8%
18	美しい・美人な	—	—	6.3%
19	頭がいい	4	—	6.1%
20	愛国的な	—	11	5.8%

形容詞と回答のパーセンテージを示している。1993年度と1999年度の調査の順位も提示する。

日本のイメージで第13位,日本人のイメージで第一位の「かわいい」は,タイ語の「ナーラック」にあたる単語である。タイ語の「ナーラック」は,実は日本語の「かわいい」よりも多くの対象に使うことができる。第一義的には,日本語では,そしておそらく英語でも,乳幼児や人形,子猫や子犬のような小さくて愛らしいものを形容するために用いられるであろう。一方,タイ語では,「ナーラック」を愛すべきもの,好ましいもの,親しみがあって心地よいものなどに対して使うことがある。荘厳な富士山の姿も「ナーラック」になりえるのである。そこで,この形容詞を通じて,回答者は日本や日本人に対する好感とでもいうべきものを表現しているといえる。

解釈に注意を必要とするもう一つの形容詞は第20位の「愛国的な」である。「愛国的」であるということは,ここでは単に「自分の国を愛している・大切に思っている」と解釈するべきである。これはタイ人の視点に立つと,たとえば輸入品を買わずに国産品を使おうとする姿勢,京都や奈良を旅して古き日本を美しいと思う心,茶道や華道の伝統を後世に伝え残す術などを含んでいる。当時のタクシン政権の愛国党にも影響されている視点であろう。

グラフ2では,1999年と2004年の調査結果を比較することができる。2004年の調査では,日本人の容姿に関する形容詞がより多く提示されたことがわかる。「かわいい」と「(色が)白い」に特にこの傾向が表れている。一方,日本人の内面的な性格に関する形容詞(「優秀な」「優しい」「親切な」「勤勉な」「まじめな」「頭がいい」など)の回答率は下がっている[11]。

グラフに表れていない形容詞にも特色がある。「辛抱強い[12]」「静かな[13]」「金持ちの[14]」「冷たい[15]」「けちな[16]」そして「きちんとしている[17]」など,以前には20位以内に入り,目立っていた形容

8 日本人とタイ人の異文化間コミュニケーション

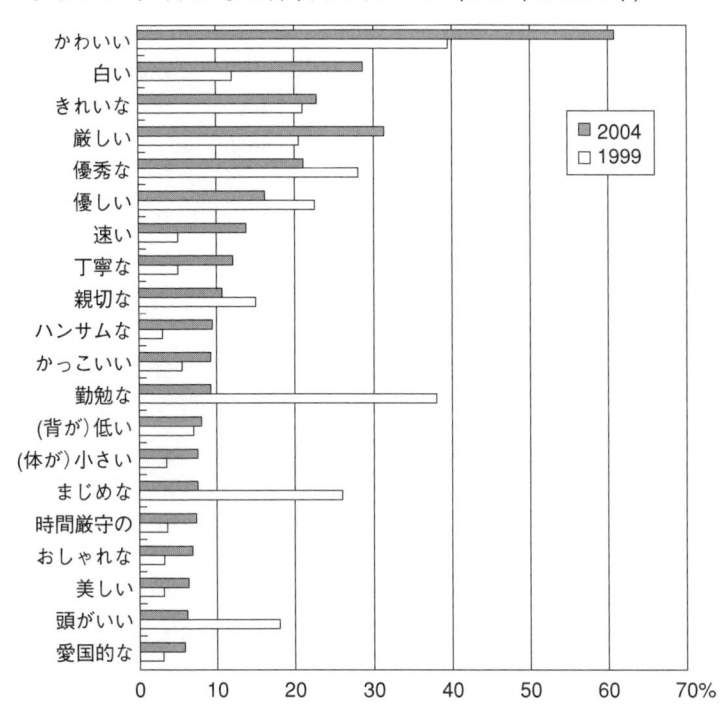

グラフ2：タイ人による日本人のイメージ（1999年と2004年）

項目	2004	1999
かわいい	60	38
白い	11	28
きれいな	10	22
厳しい	30	20
優秀な	20	27
優しい	15	22
速い	13	4
丁寧な	11	4
親切な	10	15
ハンサムな	9	2
かっこいい	9	3
勤勉な	9	37
(背が)低い	7	7
(体が)小さい	7	8
まじめな	7	26
時間厳守の	3	7
おしゃれな	6	2
美しい	6	5
頭がいい	6	18
愛国的な	5	3

詞が2004年のリストから外れている。2004年には，日本人に関するより好意的なイメージが示されたように思われるが，その理由は，①以前の調査とは異なり，2004年の調査の対象者のなかに日本企業などで日本人を上司に持つ者が少なかったこと，②対象者の多くが，メディアを通じて日本や日本人を見ていたこと，などであろうと考えている。彼らのイメージは日本人との直接的な接触から得られたものではなく，テレビ，本，雑誌，映画，漫画などを通じた間接的で表面的なものである可能性が高いことが，ここからも推測される。

自由回答に見える日本人イメージ

調査票の最後には，日本と日本人に関する自由記述欄を設けた。ここには，回答者の自由意志により，日本語，タイ語，そして英語によるコメントが並んだ。その一部を以下に示すが，英語によるコメントはそのまま英語で示すことにする[18]。形容詞で示されたイメージをそのまま説明したものもあれば，形容詞という単語レベルでは表しきれない思い・考えを自由に書き述べたものもある。

学生以外の回答者によるもの

- 日本人は知り合う前は不親切だが，いったん知り合うと信じられないほど優しくなる。知らない人には無関心を装うため，冷たい人間だと誤解されるかもしれない。(38 歳女性)
- Japan is now becoming a multi-cultural country, Japan should conserve its own unique cultures, especially Japan's traditional ways of life which is very interesting. Having western life-styles among young Japanese is alarming. (41 歳女性)[19]
- 日本は暮らしやすい国。タイと同じく，日本にも王様がいらっしゃる。(53 歳女性)
- Japan is a technological hub in the world. However, the leader of the country is not quite aggressive so the people in other countries cannot see any movement nowadays. (51 歳女性)[20]
- 日本はテクノロジーと経済に成功している。アジアや世界のリーダーになれるほど発展している。その結果，英語に加え日本語もコミュニケーションのための言語にするため，タイを含む多くの国の人が日本語を学び始めた。(中略)タイの若者はファッション，ヘアスタイル，食べ物，飲み物，セックスなどの点で日本の若者に影響されている。この傾向にくぎを刺さなければならない。(39 歳女性)

<u>学生によるもの</u>
- 日本はハイテクの国。人は親切で働き者。便利な国なので行ってみたい。(18歳女性)
- 日本は美しい国。加えて,今日まで守られている古い文化がある。日本人は親切で,旅行するのにいい国,食べ物もはやっている。日本に触れていたい。(18歳女性)
- 日本はクリーンで近代的。でも,日本人は早く歩きすぎる。なぜあんなに早いのかわからない。でも日本人は性格がよい。(19歳女性)
- I like president's hair of Japan so much because it different from another president. His hair show his character so well (confidence). (22歳女性)[21]
- 日本人はまじめに働きすぎる。休む時間をつくったほうがいい。特に男性は年がら年中働かずに家族のための時間を見つけたほうがいい。(19歳男性)
- 日本は美しい国。タイのように新旧両方の観光スポットがある。加えて,日本は先進国。人は丁寧。さらに,日本人は時間を守る。時間を有効に使いたいから歩くのも速い。日本語は難しい言語だが,難しければ難しいほど,興味がわく。(19歳女性)

日本人はタイとタイ人をどう見ていたか

これから述べることは,1990年代の調査に基づくものであるため,参考までの紹介にとどめるべきであるが,タイ人の日本観・日本人観の調査を進めるなかで,日本人によるタイとタイ人に対するイメージも見えていた。タイに滞在していた20代後半から60代後半までの日本人男性ビジネスマンとその配偶者67名に対するアンケート調査[22]から,彼らがタイとタイ人に対して持っていた印象を,形容詞を用いて表す方法により入手することができていた。こ

グラフ3　日本人によるタイのイメージ

- 暑い
- 汚い
- 仏教の
- 国王崇拝の
- 敬虔な
- 古い
- 交通渋滞の
- 美しい
- おいしい
- 食べ物が豊富な
- 伝統的な
- 発展途上の
- 広大な
- 陽気な
- 臭い
- 快い
- 熱帯の
- 貧富の差が大きい
- 物価が安い
- 貧しい
- 微笑みの

0　　20　　40　　60%

れらの日本人回答者のタイ滞在歴は，一ヵ月未満から10年以上までにわたったが，もっとも多かったのは三ヵ月未満であった。したがって，必ずしもタイ人とのコミュニケーションに多くの経験を有する，あるいはタイ文化に長期間触れた人々ではないため，彼らが

8 日本人とタイ人の異文化間コミュニケーション

グラフ4 日本人によるタイ人のイメージ

イメージ	%
敬虔な	約26
無責任な	約19
優しい	約19
マイペンライの	約16
ずるい	約16
貧しい	約13
微笑みの	約13
陽気な	約8
気前がいい	約8
気楽な	約8
自分勝手な	約8
寛大な	約7
子ども好きな	約7
細い	約7
暖かい	約6
肌が黒い	約6
怠け者の	約6
気が短い	約6
単純な	約6
のんきな	約6
のろい	約4
器用な	約4
個人主義的な	約4
親切な	約4
気持ちのよい	約4

抱いたイメージは，日本の日本人が抱いているイメージにより近いものであるかもしれない。グラフ3とグラフ4に，日本人によるタイとタイ人のイメージを示す。

同時に行なったインタビュー調査も合わせると，日本人回答者の多くに共通したタイ人のイメージとは要するに，次のようなものであると考えられた。「タイ人は寺詣を欠かさないので敬虔な仏教徒であると言えるが，いつも『マイペンライ』とばかり言っている無責任でずるくて自分勝手な人々。同時に，優しく陽気で，いつもにこにこしながらのんきに暮らす，日本人のように勤勉であるとは言えない人々」。マイペンライとは，多くの場面で用いられるタイ語のフレーズであり，英語では"Never mind."と訳されることが多い。「すみません」という詫びを期待したのに「マイペンライ」と言われた，「私の責任です」と認めてほしい時に「マイペンライ」と言われた，など，タイに慣れない日本人がこのフレーズに驚かされることも多い。

タイ人は日本と日本人をどう思っていると，日本人は思っていたか

同じ日本人回答者に対して，「日本はタイ人にどのように思われていると思うか」と「日本人はタイ人にどのように思われていると思うか」という問いかけをした。タイ人による日本像・日本人像を日本人がどれだけ正確にとらえているかを知りたかったのであるが，同時に，どのような日本像・日本人像をタイ人に提示したいと思っているか，という日本人の期待を考察することもできるかもしれないと考えた。

同じ時期に実施したタイ人による日本と日本人のイメージの調査結果と，グラフ5とグラフ6に示した日本人による推測をまとめたものが，表3と表4である。ここに示すタイ人のイメージは，表1と表2に示した2004年の調査結果と多少異なっている理由は，時期的なずれはもちろんのこと，回答者のなかの学生の割合にもよる

8 日本人とタイ人の異文化間コミュニケーション

グラフ5：タイ人による日本のイメージに
　　　　対する日本人の推測

項目	%
金持ちの	約37
物価が高い	約36
清潔な	約25
寒い	約25
豊かな	約16
美しい	約13
経済大国の	約10
先進的な	約10
忙しい	約9
勤勉な	約9
うらやましい	約7
強い	約7
速い	約7
衛生的な	約6
経済発展した	約6
近代的な	約5
すばらしい	約5
国土が狭い	約5
小さい	約5
発展した	約5
人口が多い	約5
真面目な	約4
裕福な	約4

グラフ6：タイ人による日本人のイメージに対する日本人の推測

- 金持ちの
- 勤勉な
- 真面目な
- 頭がいい
- 色が白い
- 賢い
- 優しい
- ハンサム・美人な
- ケチな
- 短気な
- 忙しい
- 静かな
- 軽率な
- 細かい
- いらいらした
- いばっている
- ずるい
- 裕福な
- 横柄な
- 忠実な
- ゴルフ好きの
- 集団的な
- 親切な
- 働きすぎの
- 個性のない
- 丁寧な
- 頑固な

8 日本人とタイ人の異文化間コミュニケーション

表3 タイ人による日本のイメージと日本人によるその推測の比較(%)

形　容　詞	タイ人	日本人	形　容　詞	タイ人	日本人
きれいな	60.9	25.4	安全な	3.0	1.5
物価が高い	28.7	37.3	混雑した	3.0	3.0
寒い	27.8	25.4	涼しい	3.0	0
美しい	23.5	13.4	古い	3.0	0
国土が狭い	20.9	4.5	たくさんの	2.6	3.0
小さい	16.1	4.5	金持ちの	2.6	37.8
便利な	11.7	1.5	秩序だった	2.6	1.5
おもしろい	10.9	3.0	白い	2.6	0
衛生的な	9.1	6.0	長い	2.6	0
近代的な	8.3	4.5	経済大国の	0	10.4
発展した	7.8	4.5	先進的な	0	10.4
すばらしい	7.4	4.5	うらやましい	0	7.5
よい	6.1	1.5	強い	0	7.5
繁栄した	5.7	0	経済発展した	0	6.0
洗練された	5.7	0	人口が多い	0	4.5
大きい	5.2	1.5	真面目な	0	4.5
おいしい	4.8	1.5	裕福な	0	4.5
ハイテクの	4.8	3.0	新しい	0	3.0
豊かな	4.8	16.4	行きたい	0	3.0
厳しい	4.3	1.5	景色のよい	0	3.0
にぎやかな	4.3	0	産業の	0	3.0
速い	4.3	7.5	皇室の	0	3.0
有名な	4.3	1.5	怖い	0	3.0
忙しい	3.9	9.0	品質の高い	0	3.0
かわいい	3.9	1.5	近い	0	3.0
勤勉な	3.5	9.0	電子製品の	0	3.0
遠い	3.5	3.0	東京の	0	3.0

表4　タイ人による日本人のイメージと日本人によるその推測の比較(%)

形容詞	タイ人	日本人	形容詞	タイ人	日本人
かわいい	53.8	1.5	働き者の	3.4	3.0
厳しい	40.0	1.5	熱心な	3.4	1.5
勤勉な	36.1	35.8	淋しい	2.6	0
真面目な	30.8	16.4	不可解な	2.6	0
優しい	25.6	11.9	働きすぎの	2.6	4.5
忙しい	17.9	9.0	頭がいい	1.7	14.9
親切な	15.4	4.5	短気な	0	10.4
賢い	15.4	11.9	軽率な	0	9.0
ハンサム・美人な	14.5	10.4	細かい	0	9.0
元気のよい	9.4	0	いらいらした	0	6.0
ケチな	8.5	10.4	いばっている	0	6.0
静かな	7.7	9.0	ずるい	0	6.0
色が白い	7.7	13.4	裕福な	0	6.0
技術のある	7.7	1.5	横柄な	0	4.5
速い	7.7	1.5	忠実な	0	4.5
背が低い	6.8	1.5	ゴルフ好きの	0	4.5
怖い	6.0	1.5	集団的な	0	4.5
丁寧な	6.0	4.5	個性のない	0	4.5
時間を守る	6.0	1.5	頑固な	0	4.5
辛抱強い	6.0	1.5	にこやかな	0	3.0
金持ちの	6.0	50.7	面倒な	0	3.0
秩序だった	6.0	0	偉大な	0	3.0
冷たい	6.0	0	横暴な	0	3.0
恥ずかしがり屋の	4.3	0	間抜けの	0	3.0
おしゃれな	4.3	0	買い物好きの	0	3.0
一生懸命な	4.3	0	弾力性のない	0	3.0
いやらしい	4.3	3.0	家族思いの	0	3.0
冷静な	3.4	0	口やかましい	0	3.0
おもしろい	3.4	0	落ち着きがない	0	3.0
スマートな	3.4	0	自分勝手な	0	3.0
小さい	3.4	0			

ことは前述のとおりである。

　日本人回答者が挙げた日本に関する形容詞には、「金持ちの」「物価が高い」「豊かな」「経済大国の」「先進的な」「近代的な」「発展した」など、先進国日本を象徴するものが目立つ。日本人に関する形容詞では、「金持ちの」「勤勉な」「真面目な」「頭がいい」「色が白い」「賢い」「優しい」「ハンサム・美人な」「ケチな」あたりが目立っている。

　このような日本人による推測が、実際にタイ人が提示したものとどれほど重なっているのか、外れているのかを知るために、グラフ7とグラフ8において日本に関するイメージを、グラフ9とグラフ10では日本人に関するイメージを比較する。

グラフ7　一致度が低い日本に関する形容詞

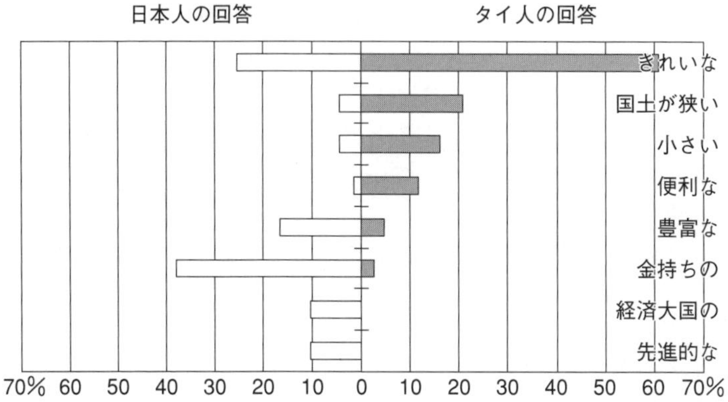

日本人の回答　　　　　　　　タイ人の回答

きれいな
国土が狭い
小さい
便利な
豊富な
金持ちの
経済大国の
先進的な

70% 60 50 40 30 20 10 0 10 20 30 40 50 60 70%

　グラフ7からわかるとおり、日本に関するタイ人の回答と日本人の推測のうち、もっともかけ離れた割合が得られたものは、「きれいな」と「金持ちの」であった。タイ人は日本人が思っている以上に日本をきれいな国だと感じ、反対に日本人が思っているほど、タイ人は日本を金持ちの国だとは思っていない。一方、物価の高さと

グラフ8　一致度が高い日本に関する形容詞

日本人の回答　　　　　　　　タイ人の回答

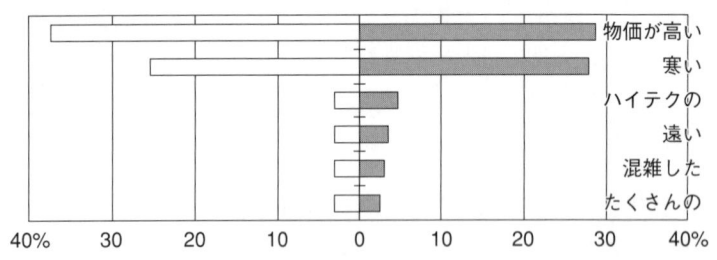

- 物価が高い
- 寒い
- ハイテクの
- 遠い
- 混雑した
- たくさんの

寒さに関しては両者の割合が一致している。

　同様に，グラフ9が示すとおり，日本人に関するイメージでは，タイ人は日本人が思っているよりもかなり高い割合で日本人を「かわいい」と思っており，同時に「厳しい」とも感じているが，日本人が思っているほど，タイ人は日本人を真面目で金持ちだとは考えていないかもしれないということである。一方，日本人が勤勉で賢く，またハンサム・美人であると思っている点では，タイ人と日本人が示した割合がほぼ一致している。

　調査対象となった日本人には，タイ人がそのように日本と日本人を見ていると判断した根拠の提示を求めていないので，日本人による予想に一部がタイ人の回答と一致し，一部が大きく差異を生み出した原因を特定することはできない。しかし，この調査に協力した日本人の多くは，タイ人とのコミュニケーションはかなり限られていることを認めていた。ビジネスマンの職場にはタイ人の同僚が相当数いるとしても，仕事上重要なことは，ごく少数のタイ人マネジャーに英語で伝え，一般のタイ人社員にはそのマネジャーがタイ語で伝えるというシステムで仕事が進められることが多いため，一部のタイ人マネジャーのみが有能で，残りの社員は怠けもので無責任であるとの見解を示した日本人もいた。職場を出てから，あるいは

8 日本人とタイ人の異文化間コミュニケーション

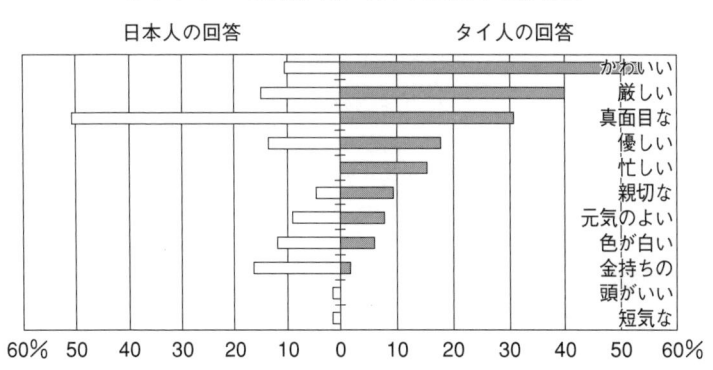

グラフ9　一致度が低い日本人に関する形容詞

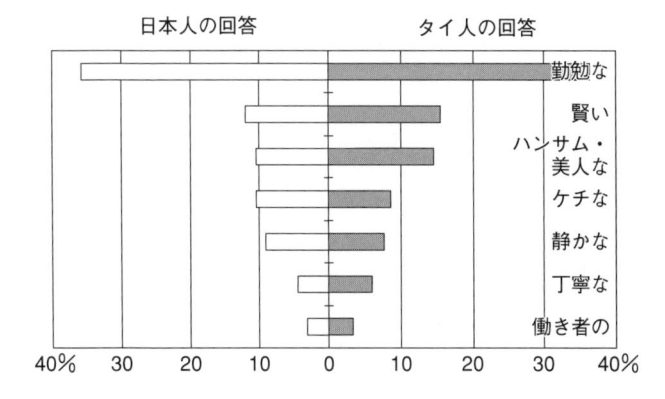

（日本人の回答／タイ人の回答：かわいい、厳しい、真面目な、優しい、忙しい、親切な、元気のよい、色が白い、金持ちの、頭がいい、短気な）

グラフ10　一致度が高い日本人に関する形容詞

（日本人の回答／タイ人の回答：勤勉な、賢い、ハンサム・美人な、ケチな、静かな、丁寧な、働き者の）

週末に，タイ人社員と個人的な付き合いがあったケースはほとんどない。観察可能な部分は別として，これらのバンコクの日本人ビジネスマンがタイ人を深く知る機会はさほどなかったといえるかもしれない。

　日本人回答者のうち，ビジネスマンの配偶者には，雇用者と使用人という関係において，タイ人，すなわちメイドや運転手として働

くタイ人と接点がある場合がほとんどであった。子どもがいる夫婦も少なくなかったが，子どもを日本人学校に通わせる限り，子どもを通じてタイ人家庭と親交を深める機会は多くないのである。はたして，日本人回答者の幾人かが認めたことは，調査のなかで挙げたタイ人のイメージの多くは，街や自宅でタイ人を観察したことから得られたものだということであった。

3. 結論

　日本人とタイ人には，同じアジアの住人として共通点がある反面，経済的にも文化的にもさまざまな相違点を有している。容ぼうや雰囲気において，中国人や韓国人と比べれば，タイ人は私たちにとって判別しやすい人々である。毎日，スピリットハウス[23]にお供えをし，交通事故はピー（霊）のいたずらであるというタイ人を，何と非科学的なことをいうのかと笑う私たちも，お稲荷さんに参り，上棟式や地鎮祭を執り行なう。どちらの国も中国とは縁が深いが，一部の中国系タイ人を除き，タイでは漢字は意味を持たない。どちらの国にも仏教の寺が多いが，出家制度を伴う上座部仏教とともに生きるタイ人の仏教との接し方と，私たち日本人の仏教との付き合い方は大変に異なっている。タイ人と日本人を取り巻く環境には，類似点と相違点が入り混じっているのである。

　すでに述べたとおり，一連の調査のタイ人回答者は，概して日本に対して興味や好感を持っている人々である。これは，青木保氏も指摘しているとおり[24]，アジアやヨーロッパの若者のあいだの，日本に対する近年の好感度の高まりとも一致している。現代の日本の音楽，映画，ファッション，そして健康ブームのなかの和食の人気の影響のみならず，日本のアニメを見て育った世代がもつ，日本に対する親近感が大いに働いている。

　調査の対象となったタイの若者たちは，日本語を身につけたのち

には，日本・日系企業への就職，観光業，翻訳業などを通じて，将来，日タイコミュニケーションの担い手となる可能性がもっとも高いタイ人であるといえる。また，調査の対象となった日本人は，一定期間，バンコクに滞在し，タイ社会に生活し，タイ人とともに働く機会を持った，日タイコミュニケーションの実践者であった。そのような人々が互いの国や人々に対して持つイメージがどのようなものであるか，それがどのような手段で得られたものであるか，そしてそれが実際のコミュニケーションにどのように役立つものであり，あるいは支障をきたす可能性があるものなのか，立ち止まって考えることは，タイ人と日本人のより有意義なコミュニケーションにとって，とても有意義なことである。

特定の集団に対するステレオタイプがよく口にされるが，実際にはそれだけではなく，相手が自分に対して抱いているイメージのステレオタイプ化が生じている可能性もあることを念頭に置くことが必要である。相手に対する思い込みも，相手がこちらに抱いている印象の思い込みも，同様に解消していくことが望ましい。そのためには，海上の氷山をそれぞれ観察し合うだけでなく，ましてやテレビの画面に映し出された氷山を鑑賞するだけでもなく，海中に隠された部分にまで思いを馳せ，見通すための異文化リテラシーを身につけ，見通せない相手像については説明を求め，誤解を生じていると思われる自分像には説明を施すといった，幾重にも折り重ねるかのような，丁寧で辛抱強いコミュニケーションを図る姿勢が欠かせない。本章のイメージ調査が，そのようなコミュニケーションの実践への一助となることを願っている。

―― 注 ――

(1) 本稿は，Takeshita (2006) と Takeshita (1999) の一部を翻訳し，加筆修正したものである。
(2) この調査結果の一部は本名・竹下 (1994) と Takeshita

(1999) にも発表されている。
(3) アンケート調査の実施は日本語の専任講師（当時）の櫛田佳子氏が担当した。
(4) 2004年当時のバンコクのインターネット普及状況から考え，この部分の設問の選択肢にインターネットを含めなかった。よって，インターネットという回答は，「その他」の自由記述欄に提示されたパーセンテージを示している。
(5) 前二回の調査対象は，日本企業などで働く社会人を多く含んでいたため，このような差が生じている。ただし，第一回の調査ですでに明らかになっていたことは，チュラロンコーン大学などの学生の集団と，日系企業などに勤めながら日本語学校に通う社会人の集団では，提示するイメージが異なっているということであった。
(6) 「ポケモン」は日本のアニメに登場するキャラクターとしてタイでも人気があった。
(7) タイ語による回答は，チュラロンコーン大学などの大学教員によって英語や日本語に翻訳された。英語の回答および翻訳された英語は，筆者が日本語に翻訳した。したがって，翻訳の限界により，回答者が意図した本来の意味が失われた可能性があることも否めない。
(8) Oishi はもちろん「おいしい (Oishii)」とされるべきであったが，「おいし」として日本語の本来の意味を伝えている。
(9) Oishi "izakaya" style Japanese Restaurant & Sushi Bar 〈http://www.oishiramen/net/〉
(10) Oishi Group, "About Oishi Group," 〈http://www.oishi-group.com/profile_en.html〉。ただし，現在，この頁は存在しない。英語から日本語への翻訳は筆者による。
(11) 「厳しい」はこの限りではない。
(12) 「辛抱強い」は1993年の調査で第10位，1999年の調査で第

六位であった。
(13) 「静かな」は1993年の調査で第12位であった。
(14) 「金持ちの」は1999年の調査で第13位であった。
(15) 「冷たい」は1993年の調査で第16位であった。
(16) 「けちな」は1993年の調査で第19位であった。
(17) 「きちんとしている」も1993年の調査で第19位であった。
(18) 英文はタイ人回答者が書いたまま。
(19) 日本は今や多文化国家になりつつあるが，独自の文化，特にとても興味深い日本の伝統的な生活様式を守るべきである。日本の若者の間の西洋式のライフスタイルは憂慮すべきである。
(20) 日本は世界のテクノロジーのハブである。しかし，国のリーダーがさほどアグレッシブではないため，他国の人に今日の動きがまったく見えない。
(21) 日本のプレジデント（総理大臣のこと）の髪の毛が大好き，ほかのプレジデントとは違うから。彼の髪型は彼の自信家の性格をよく表している。小泉元首相のこと。[His hair show...→ His hair shows...]
(22) 詳細は，Takeshita, 1999 を参照のこと。
(23) 家や土地を守る守護霊のすみかとされる，日本の神棚のようなもの。
(24) 2005年1月16日，毎日新聞などを参照。

【参考文献】

〈日本語〉

河部利夫. (1997). 『タイのこころ—異文化理解のあり方』勁草書房.

竹下裕子. (2005).「日本人とタイ人のコミュニケーション—バンコクにおける意識調査を中心に」竹下裕子・石川卓編『多文化と

自文化―国際コミュニケーションの時代』森話社.

竹下裕子, 櫛田佳子, 本名信行. (2000).「タイの日本語教育―現状と課題」本名信行・岡本佐智子編『アジアにおける日本語教育』三修社.

本名信行, 秋山高二, 竹下裕子, ベイツ・ホッファ編 (1994).『異文化理解とコミュニケーション―1』三修社.

本名信行, 竹下裕子. (1994).「アジアのなかの日本語教育：現状と課題―タイ王国での調査から―」『ディスカッションペーパー』6-2. 青山学院大学総合研究所国際政治経済研究センター.

〈英語〉

Allyn, E. (1993). *The New WYSIWYS Thai Phrase Handbook*. Chiang Mai: Bua Luang Publishing Company.

Takeshita, Y. (1999). Intercultural Communication Between Japanese and Thais Through Discrepancies in Images. *Intercultural Communication Principles and Practice (A Special Issue of Intercultural Communication Studies)*, International Association for Intercultural Communication Studies, 193-212.

Takeshita, Y. (2006). Intercultural Communication between Thai and Japanese People: A Survey in Bangkok. *Intercultural Communication Studies: Special Issue, 15*(3), 150-159.

9

紛争解決のための面子と面子交渉に関する中国的概念

紛争交渉と紛争解決における中国人の間接的面子保持戦略
vs. アメリカ人の直接的面子保持戦略

Jia Yuxin, Jia Xuerui

1. 社会的アイデンティティとしての面子と社会的自己の中核となる表情（対面保持）

　面子は，社会的，文化的アイデンティティの問題である。この概念は，しばしば個人の社会的，文化的アイデンティティを表すのに用いられる。面子という概念は，コミュニケーションをとる人たちがその社会環境を定めるための自己アイデンティティのリソースとされてきた (Penman, 1994)。面子によって，個人，あるいは，他者との関係や集団がどのように形成されているかわかるため，面子は，アイデンティティの境界として作用する場合もある (Penman, 1994)。面子を失う，権威を得る，あるいは顔を立てるということは，アイデンティティを失う，獲得する，あるいは保つという意味である。ゴフマン (1967) によると，「面子は，（社会的に）認められた社会的属性の観点で区切られている自己のイメージのことである」。面子を失うということは，「体面を汚す，威信を失う，顔をつぶされる」という意味である。個人が適切なアイデンティティを提示しないと，対面を汚すと考えられる。面子を保つとは，そ

の人に良い,あるいは適切な印象が与えられるという意味である。スコロンとスコロン(1994)によると,面子は人間関係の樹立に必須で,コミュニケーションをとる上で個人と個人のアイデンティティとなる(p. 133-158)。

ティン・トゥーミー(1988)は,「面子は,人間関係における自己を反映する」と説明している。面子は,異文化間の人間の出会いのなかで,またその領域を越えて,個々のアイデンティティの認識など,多くの意味を含むため,脅かされたり,高められたり,密かに傷つけられたり,かけひきされたりする可能性があり,社会行動のセンシティブなアイデンティティ源である。つまり,面子は,他とのコミュニケーションのなかで明示し,操作しあうことができるアイデンティティの要素なのである(1999)。

日本文化における面(おもて)は,古くから面子やアイデンティティの表現とみなされてきた。著名な日本の哲学者,和辻哲郎(1996)は,表向きにつける「面」としての面子は,身体の一部ではないと論じている。面子は,身体全体を特定するため,身体よりも重要なのである。面には,人の個性がもっとも顕著に表れる。人間の顔の特徴は,その人の個性を確定するのに重要な役割を果たし,面は,人の社会的自己を表す。面を着けた人はその面に入りこみ,その面が表す人となる。つまり,その面の顔になってしまうのである。よって,ほとんどすべての文化において,自己アイデンティティは,表情(フェイスワーク)による交渉で明らかになり,保たれるのである。

ロビン・ペンマン(1994)によると,面子は人の社会的アイデンティティ,表情は人の社会的自己の中心である。彼は,自己アイデンティティとは自己が認め,ある意味,社会における他者との関係を通して実現されるものであるという自己アイデンティティに関する社会的な見解を持っている。彼は,自己アイデンティティの形成と維持は,面子の概念と酷似しているという。面子や自己アイデンティティは,他者との接触のなかで出現し交渉する心理的な帰属要

素なのである。よって，社会的な面子は，われわれが日常他人と接するときのように，社会的自己の中心となるのである。人は，常に他人に対して自分が決めた面子を投影すると同時に，意識的にも無意識的にも，他者の面子を認める，認めない，確認する，あるいは否定するといった判断をしているのである。そして，その判断の過程で，他者のアイデンティティを自分との関係において維持したり修正したりしているのである。結局のところ，人が映し出す社会的なイメージは，その人自身の価値観やその人の価値観を基本とした他人の判断に左右されるのである。

ティン・トゥーミーによると，表情は，文化によって表現スタイルが異なるシンボリックな領域である (Fitzgerald, 1993:64)。自己アイデンティティは，異なるスタイルやさまざまなコミュニケーションのなかで，このようなシンボリックな領域における交渉を通して形成され，維持されている。ティン・トゥーミー (1999) は，この種の交渉は，バーバルとノンバーバルコミュニケーションを含めた象徴的相互作用で，それにより個人が自分のアイデンティティと社会的，個人的アイデンティティに関連する価値観を得ることであると述べている。

2. 面子と面子保持への文化的アプローチ

対人相互作用を研究している西洋人の多くは，威厳，敬意，威信，名誉，評判，印象などとの関連において面子を理解している。この観点では，面子の概念は，社会的な属性，印象，および個々の公の自己イメージに関与しながら，実は社会的なものであると考えられる。

本質的には，面子の概念は，社会的であると同時に，心理的で文化的なものなのである。文化的，心理的なものとして，面子は，文化的普遍と文化の特定の局面の両方を意味する (Ting-Toomey,

1994)。しかし,西洋の学者は,この普遍的な局面を偏重するあまり,文化的な局面への注意が不十分なのである。

ゴフマン(1959)は,独創的な研究のなかで,面子とは,社会における対人関係で,他人に与える印象を管理する手段であると表現した。彼は,対人関係を,各自が何らかの役を演じている社会の隠喩的な舞台の演技にたとえている。人は舞台に立つ役者のごとく,さまざまな面子や自己アイデンティティを提示するのである。

ブラウンとレヴィンソン(1987)は,ゴフマンの面子の解釈を発展させ,社会言語学的なアプローチを用いて,面子とその関連の戦略を描写している。彼らは,面子をすべての人が望む公の自己イメージと見なし,ゴフマンの面子の概念から豊かなポライトネスの理論を展開し,社会的人間関係における個人の基本的欲望として,積極的かつ否定的な二元的な面子の概念を展開した。積極的な面子とは,ゴフマンと同様に,肯定され,感謝され,認められるといった自己イメージを示す。否定的な面子は,個人の行動や義務や負担からの解放を意味する(p. 61)。積極的面子も否定的面子も,言語表現において人間関係を規制する社会的メカニズムとして機能している。

ゴフマン,ブラウンとレヴィンソンは,面子に関する要求や願望は,人間関係の普遍的な現象であると主張する。三名が主張するアプローチは,人間の交流とコミュニケーションの基礎となる一般的な理論を見いだす試みである。しかし,このアプローチは,面子と面子保持の概念に影響を及ぼす文化的要素に十分配慮していないため,批判をまぬがれない。

面子と面子保持は,人間関係に必要不可欠であり,文化的価値観や基準などに大きく影響される。例えば,ある文化では丁重に人と接することが,他の文化では非常識ととられることがある。積極的な意味を持つ面子も否定的にとられるかもしれないということである。「今週末パーティーをするので,よかったら来てください」と

言えば,アメリカでは丁寧な招待であるが,中国文化では,脅迫に写ることがある。アメリカ社会では,このような場合,招待する側が相手に時間と行動の自由を与えることになる。しかし,中国社会では,このような招待方法は,相手の気持ちを無視した,大変に無礼なものとみなされることがある。特に親しい間柄ではなおさらである。同様に,賛辞は,特に西洋文化ではそれを受ける側にプラスの効果を期待する重要な戦略であり,典型的な面子賛美の行為と考えられるが,中国文化では,褒められる側に不快感を与え,ネガティブな効果を生み出すことがある。

フイ・チンチャン(1994)は,面子の概念に文化的なアプローチを用いると,同時に三つの目的を達成することができるかもしれないという。

> まず,面子がある文化の人々の人間関係にどのように作用しているか調査することにより,文化のシステムにおける面子の概念を深く理解することができる。二番目に,面子の概念との関連において人間関係の意味をあらためて理解し,これを分析し,面子の重要性を評価することができる。三番目に,さまざまな文化における多様な表現を考慮したうえで,面子の要求の妥当性,あるいは少なくともその実用性を,人間関係に関する普遍的な組織テーマとして評価することができる。特定の文化的環境における面子の意味を精査するにあたり,このように,掘り下げたイーミックな理解[1]は,普遍的でエティックな構成概念[2]として,面子の概念の適切さを評価するための重要な第一歩となるのである。

面子は文化の産物であるため,概念や性質や機能は文化次第かもしれない。よって,ゴフマンやブラウン,レヴィンソンなどが支持した面子の概念に関する,いわゆる普遍的な理論をもって,中国文化やその他の文化の文脈における人間関係や個人間の相互作用の基

礎となる面子の概念を説明するのは不十分かもしれない。普遍的理論は，主に，より自分指向で，個人主義的な西洋文化に基づいているからである。

スコロンとスコロンは，東洋人と西洋人の間にはコミュニケーションをする上で面子の概念に違いを生じる三つの要素があると主張している。それは，情報と人間関係における相対的な強調，人間関係における役割の階層的性質，そしてそのような役割の交渉と承認のコントラストである。

フー（1944），スコロンとスコロン（1994），およびW.チア（1997）は，西洋の面子の見方は往々にして取引的であるのに対し，東洋の面子の考え方は，基本的に道徳的であると主張する。中国人的考え方において，面子には *lian*（脸）と *mianzi*（面子）という二つの概念があり，この二つは明らかに区別されている。フー（1994）は，前者は個人の内面，あるいは内に秘めた性格を指し，後者は個人の評判や世間体に対する外向きの感覚を指すと指摘している。しかし，西洋人は *lian*（脸）よりも外向きの感覚，つまり，*mianzi*（面子）を重視する。明らかに，面子の概念のこの側面は，道徳的な *lian*（脸）よりも，取引的である。*lian*（脸）は，道徳規範の基本的手段（W. Jia, 1997）であり，面子を失うということは，不道徳，あるいは社会的に好ましくない態度や振る舞いに対する集団や団体による非難となる可能性がある。個人の面子の喪失や権勢の獲得は，集団の他のメンバーの面子にも関わるのである。

ブラウンとレヴィンソンの面子の考えは文化的背景を無視しているとティン・トゥーミー（1988）は批判している。面子の概念は文化的価値観とコミュニケーション・スタイルに影響されると彼女は考え，文化的変数は，個人と他者とのコミュニケーションにおける面子の影響力を左右すると述べている。自己の個人主義的な考えと集産主義的な考えは，面子や紛争管理を異文化的に分析する場合に不可欠であるとも述べている。さらに彼女は，西洋的な意味合いの

状況に限られた面子の概念とは異なり，中国の面子の概念は状況という要因とは無関係であるという。中国的な面子の概念は，社会的ネットワーク内の立場や地位を決める，より永続的で公的に受け入れられた属性のなかで定義されるのである。この点で，個人の面子は，その人の振る舞いや行動，あるいは社会的地位などの公的概念に大きな変化がなければ，時間と空間上では往々にして一貫している。ホー（1994）は，「面子は人についてまわるものだが，一見するとその人の立場や地位や任務とは関係がないようにみえる」，また，「面子は，その人が行くところには，どこにでもついていき，変化することはない」と述べている。

中国や日本，東洋の多くの文化は主に集産主義的であるのに対し，アメリカ，カナダやヨーロッパの多くの国には，より個人主義的な傾向があると述べる学者は多い。明らかに，この「個人主義」対「集団主義」の考えは，面子の交渉や紛争管理に関する国々の文化的相違を説明する重要な要因となる。この「個人主義」対「集団主義」の要因に従い，日本や中国のような集団主義文化の人々は相互依存的な面子を好み，アメリカなど西洋の文化の人々は社会的な人間関係において自立した面子を好むというような文化の相違があるということを実験データが示している。

マーカスとキタヤマ（1991）によると，東洋の文化といくつかの集産主義志向の西洋の文化では，相互依存的な面子が主流である。これは，自己が他と交わり，あるいは，自己が重なり合う複数の自己の交差地点に存在し，あるいは他との関連において存在するからである。社会的な人間関係において，人の行動の根底にある可能性がもっとも高いのは，独立した自己ではなく，依存し合う自己である。人間関係における人の行動を規制する社会のメカニズムの働きをするのは，他者との関係における自己，あるいは文脈のなかの自己なのである。

依存しあう面子や自己解釈が主流なところでは画一性が重視さ

れ，独立した面子や自己解釈が求められるところではそれほど重視されないという事実が，多くの研究データで強調されている。Y. チア（1997）らは，中国人は社会的適合を常に意識していると述べている。話したり書いたりするときの自分の行動が適切であるかどうかが他者との交流でもっとも重要と見なされているわけである。対照的に，アメリカ人は，話すときも書くときも直接的で対立的なコミュニケーション・スタイルをとりがちである。

　面子は，中国文化が生み出したものであるが，中国文化のなかで面子を厳密に概念化するのは大変難しい。したがって，面子にまつわることば，特に lian（脸）を正確に表す英語の訳語が見当たらなくても当然である。中国の面子の意味は，西洋の面子の意味と似ていても，中国語の意味は，西洋のものよりもはるかに多くのものを含んでいる。例えば，沈黙は，西洋の人間関係では，肯定的な面子を脅かす可能性があるが，中国では，上下関係を伴う人間関係において，目上の顔を立てることがある。「今週末にパーティーがあるので，できれば来てください」といった招待は，西洋文化では相手の自主性と非依存性に対する配慮によるものであるが，中国文化では，誠意がないと思われかねない。中国の面子の概念は，西洋のように，名誉，評判，威信にかかわるように見えるかもしれないが，実はかなり異なっているのである。

　集産主義指向の中国文化では，円満な関係づくりこそが社会がめざす究極である。面子はその目標であり，同時に手段でもある。目標としての面子は，人徳者となるための道徳規範であり，誰もがそうなろうと努力する。つまり，面子は世間で大人として認められるための目標なのである。したがって，人々は，程度の差はあれ，人格の喪失（丢人）にもつながりかねない面子の喪失（丢人）を恐れるのである。手段としての面子は，褒美や制裁，あるいは，単に「人々のあいだの権利や義務に関する厳しい法律の代わり」（Cheng, 1986）として機能する。その意味で，面子は良い人格や

良い人間関係の構築への一助となり，ひいては社会の調和につながるのである。

3. 中国の面子の概念の基盤となる儒教的倫理観とイデオロギー

中国の面子の概念は，概念や特徴，特性，社会的機能，ストラテジーなど，面子と面子保持のさまざまな基本的な側面で西洋のものとは異なる。面子の概念は，ポライトネス（丁寧さ）の理念や印象操作として西洋の場合のように人間関係を規制するためだけに存在するのではない。より重要なことは，自己完成や道徳の完成，そして結果的には，円満な人間関係を築くという目的に向けて機能するのである。こうした観点から，中国の面子の概念は，人間関係維持のための面子であると同時に，道徳的面子，つまり道徳律の主な手段（W. Jia, 1997）と考えることができる。

面子の概念は，社会と文化の産物なので，文化が違えば面子の概念も当然違ってくる。文化間の差異を理解するためには，対象文化を理解しなければならない。その一例として，面子の概念の基盤となっている文化的倫理があげられる。中国の文化的倫理を理解することができれば，面子の概念が普遍的な現象ではなく，文化的変数である理由がわかるかもしれない。

実際，中国文化では，儒教のイデオロギーが文化の基盤となり，面子を独特な形で概念化している。中国の面子の概念化や人間関係における機能などに影響を与える中国の文化的倫理やイデオロギーには，少なくとも次のものがあると考えられる。

生来の善良と恥の文化

哲学的に考えると，中国の文化背景では，フェイス〔lian（脸）と mianzi（面子）〕は人間性に関する儒教のイデオロギーに由来し

ている。人間は，生来，善良であり，誰にも，本来，恥ずかしいという気持ちがあるので，皆，善し悪しの区別をすることができるのである。よって，西洋の文化は罪の文化であるのに対して，中国の文化は恥の文化と言われる。もし，人が適切な振る舞い方ややるべきことがわからないとしたら，その人は道徳的品位を欠いていることになる。中国人は，恥〔中国語では耻（辱）〕を心理学的，視覚的なものとして受け止める。視覚的というのは，それが顔に現れることで，他人がそれをすぐに見ることができるからである。中国には，「面红耳赤」ということばがある。これは，不適切な行為や間違った行動を恥じると，顔が耳まで赤くなるという意味である。儒教のイデオロギーによると，人は皆，生まれつき面子を失うことを恐れ，面子を気にし，面子の保ち方を知っていて，すばらしい人間性を獲得すべく自分を磨くことができる。面子は，人が邪道に陥らないための道徳観として機能しているのである。

慈恵（仁）と礼節（礼）の概念

儒教は調和を目標としている。それはまた，中国人が人間関係の究極の目標としているものでもある。調和は，主に儒教倫理の基本的な概念である慈恵（仁）と礼節（礼）の概念の社会的習慣に基づいている。慈恵と礼節は密接に関係し，作用しあう。また，人間関係に調和をもたらすために，中国の面子と面子保持の基本として機能する。

慈恵と礼節は，調和を作り出すための儒教倫理の基本理念である。この二つの概念は，guanxi（関係），つまり人間関係の中心にある。しかし，社会における人間関係は，家族内の父親と息子の関係の延長である。社会のなかの上司と部下は，父親と息子のように上下の義務的な関係にあり，しばしば部下が上司に対する忠誠心と服従という形で現れている。

儒教倫理によると，上司と部下は社会的地位では平等でないが，

互いに依存し，補完的，義務的で，社会で円満な関係を作るための機能という意味では等しく必要であるという。この縦の関係では，上司も部下も同時に恩恵を受けている。部下は，上司に頼らなくてはならないので相手を必要とし，上司は，必要とされているものを部下に返さなければならない。あえて言えば，慈恵によってもたらされた guanxi（関係）が実際，階層的，あるいは従属的なのである。中国の概念における慈恵（仁）は，社会の一員として身につけるべき美徳と考えられている。それは，両親や歴史上の偉人に対する孝行を含めて，社会的人間関係の複雑なネットワークのなかの愛情と慈恵の相互関係を示している。礼節は，人が慈恵や理想的な人間性を達成するために従うべき社会的手段として機能し，各自の社会的地位や関係による適切な行動や振る舞いのためのほとんどすべての基準や規則を定義している。実際，慈恵と礼節を中心とする儒教倫理は，中国的な面子の概念の道徳と人間関係と自立に関わる本質である。フェイスの概念の関係的な局面は，階層的な面子，集団としての面子，そしてその他の面子に分類することができる。

4. 儒教における自己の概念

哲学的にみれば，面子の概念や，自分の面子，または日々の対人関係のなかで相手に持ってほしいと願う自分の面子を理解するためには，その面子に隠された真の自分の姿を明らかにすることが重要である。異文化の視点から考えると，東洋の自己と西洋の自己は非常に異なる。西洋の面子の下にある自己は，一般に自主的で，自己抑制的で自由であり，あるいは「進行中の交渉に対してオープン」であり，「有限で，ユニークで，多かれ少なかれ総合的な動機による経験的事実認識に基づく宇宙であり，自覚と情緒と判断力と行動が特殊に合わさり，全体と社会的で自然な背景の両方に対して対照的に置かれたダイナミックな中心」(Geertz, 1975) なのである。西

洋人の独立の目標は，他人の思考，感情と行動との関係よりも，主に自分自身に内在するすべての思考，感情と行動との関連によって組織され，意味を持つような自分を解釈することを必要とする。しかし，中国の自己は，基本的に他人との関係において概念化されている点で，西洋の自己と異なり，本質的に社会的で人間関係的である。中国の面子の背後にあり，面子を人間関係的で相互依存的なものにしているのは，この人間関係的・相互依存的な自己にほかならない。したがって，対人関係の場に投影される面子の背後にある真の自己が，良好な関係や他人の面子を保持のために取引されるのである。中国社会で調和のとれた対人関係を実現するには，人の個人的アイデンティティをその社会的アイデンティティと一致させる必要がある。中国人が見せる面子，持ちたがる面子が西洋人の期待に反することが多いのも当然であろう。

集団の概念

アメリカ文化における集団とは，個人が個人の役割を選択したり，集団から離れたいならばそうすることもできるほど，自由を謳歌する個人集団であると見られている場合が多い。個人は集団とは切り離された存在で，集団の影響を受けることはあっても，独自のアイデンティティを持つ。個人は集団から独立しており，集団の決定がどうであれ，自分が正しいと思う行動をするのである。

中国の文脈において個人は，上の通り，本質的に人間関係的であり相互依存しているが，このことは，個人が集団的，集団指向，および他人指向でもあることを意味している。社会は，個人のアイデンティティを覆い隠してしまう大集団，または家庭の延長と考えられている。集団は集団内での個人の貢献と実績を否定こそしないが，明らかに個人を集団に従属させる。「個人の自己充足は，集団に居場所を発見し，これを維持することにより実現される」(Cathcart & Cathcart, 1985)。ホァン (1997) が指摘しているように，社会的

個人は安定した社会的ネットワークに埋め込まれ，さらに誰が社会のできごとやその本質に関わっているかによって，当人の家族，友人，または同僚のような他者を含むことができるほど柔軟であり得る。このように考えれば，個人は大きな個人と小さな個人に分けることができる。家族，地域社会，あるいは国にまで至る，ある集団との関連で見た場合，個人の面子は集団の面子と見なされるのである。

位を表す尊称の使用の概念

先に述べたとおり，中国の面子は，社会的面子として本質的に個人，その立場，ステータス，身分などに付随する（Ho, 1976）。ホーによれば，「面子は各自の社会的ネットワークにおける位置を決める働きをする，より永続的で公に認識された属性によって定義される」（p. 274）。

儒教の倫理規範が唱道する愛の相互作用と成人の徳の成就は，各自の社会的地位と他者との関係から社会の構成員に課せられている責務と責任を含めた正しい振る舞いと行動に関する事細かな説明にもっともよく表れている。しかし，複雑な社会的ネットワーク内の人の立場や人間関係を無視し，不適切な尊称を使い続ければ，社会における居場所を見つけ，それを維持しながら，自分の責務と責任を果たすことはとうてい不可能である。その場合，調和のとれた対人関係と社会秩序は不可能となる。

事際，あらゆる人が社会のなかで一定の地位，つまり，複雑な階級的関係のなかで明確に識別された面子を有している。社会的に期待されている通りに振る舞って面子を維持すれば，良好な対人関係が保たれ，おのずと調和が生じることになる。

5. 面子に関する一般的な慣習

　日々の対人関係やコミュニケーションにおいて，人は人間関係で，他人に見せたい面子を想定しているものである。そういう意味では，社会における人間関係には必ず面子が関わっていると言える（Scollon, 1995）。これに関して，中国文化ほど説得力のある事例を持つ文化はない。おなじみの面子と面子保持を示す事実は，中国的文脈における中国人どうしの関わりのほとんどに認めることができる。これは，例えば，テレビドラマや映画の会話にも必ず見られる。

　最近，中国で『情熱と熱意の日々』（激情燃烧的岁月）というテレビドラマが大ヒットした。私はこのドラマが好きだったが，それはいい番組だったからというわけではなく，話のほとんどがさまざまな日常生活の人々の面子を活き活きと描いていたからである。

　このドラマは，ベテランの陸軍司令官ティエン・グァンロンとその妻チュウ・チンと子どもたちの生活を中心に展開する。司令官の家族生活に対する認識やその営みへの姿勢の違いや，各自の性格の違いから生じる，面子の衝突に関する興味深い出来事が多発する。この長い連続テレビドラマのあるエピソードでは，面子と面子保持が，三つの場面で少なくとも6回演じられている。以下はその三場面における面子の話である。

場面1. 解放後，故郷からはるばる訪ねてきた貧しい昔の司令官の隣人と友人は，司令官の妻が彼らを見下したと感じた。実際，司令官の妻は彼らが礼儀作法に構わず，司令官に物や金を求め続けたことを大変に怒っていたが，彼らはこれを当然のことと考え，司令官に対して遠慮もせず，妻への不満を述べた。「奥さんを見てください。私たちがお宅に伺ってから，少しの面子も示してくれません。間違いなく，あなたは奥さんの尻に敷かれています。人として失格

ですよ。〔この表現は，人徳の完全な喪失（丢人）に等しい。〕あなたは奥さんにそんなに大きな顔をさせるべきではなかった。あなたがこんな女性と結婚されたとは思ってもいませんでした。故郷には彼女よりはるかに優れた女性が多くいました。」彼らはさらに，「あなたは奥さんに面子を与えていますが，奥さんはそれをまったく欲しいとは思っていないではありませんか」とまで言ったのである。

場面 2. その後，息子が自分のあとを継いで軍人になることを望むと，司令官は息子が希望した大学進学を犠牲にして陸軍に入れたが，当人は軍人になり遠くに住むことを嫌がっていた。彼は態度が悪いと非難されることもしばしばであった。これを聞いた司令官は怒り，息子を「こらしめに」行った。息子との話し合いで，感情を抑えきれずに，次のように苦言を呈した。「私は司令官だ。わかっているね。お前は私の期待に背いた。お前は私の面子をつぶそうとしている。」こうして親子関係は断絶した。

場面 3. 息子の陸軍生活が好転し始め，父親との緊迫した関係も改善し始めた。父は息子との関係修復のためにチェスをしようと言い出した（人の面子を立てるための中国式の方法）。息子の友人たちはこの機会を捉えて，関係をさらに改善するための提案をした。「つまり，中尉はチェスをやることを提案したってわけだ。それはすばらしい。この機会をうまく利用したらいい。わざと負けて父親の顔を立ててやれ。そうすれば，彼との関係はもっとよくなるに違いない。」

面子の概念は，中国人の社会的生活のあらゆる面に浸透しており，面子は彼らにとって大変に重要である。中国の「木に皮があるように人には面子がある」という諺は，社会生活における面子の概念の役割の重要性を端的に表している。木から皮をはぎ取れば，必ず枯れてしまうように，人が面子を失えば，もはや完全な人徳者と

しての資格を失ってしまう。だから，人はあらゆる手段を講じて面子を保とうとするのである。中国では，毎年相当数の男女が，自分や家族の名誉ある面子をつぶしたまま生きていくよりも，自殺を選ぶことは珍しいことではない。

6. 中国の面子の概念

階層的な中国の面子

　中国の文化的背景における対人関係の階層的性質は，面子の概念の本質的な特徴である。階層的な面子は，主従関係に最もよく表れている。これは(1)縦の二層構造における人間どうしの上下差，明確に認識された社会的地位あるいは役割と人間関係という点で認識されるものと，(2)人間関係ネットワーク（安分守己）のなかの人の地位に応じて，社会の構成員としての個人に求められる適切な行動を中心としている。階層的な秩序を持った二層構造のネットワークにおける人の地位や特定な関係次第で，社会的な面子の度合いや重要さが決まる。地位が高いほど，面子は大きい。したがって，人はその社会的地位に応じて本来与えられた名誉，評判，名声，および権利との関連で，責任を果たし，面子を保たなければならない。実際問題として，目上に対して目下の者が忠誠と服従を示すことが，多くの人間関係と人付き合いの基本である。この社会的規範にしたがって正しく振る舞えば，面子を維持した，人徳のある人と見なされる。一方，この基準に反し，不適切に振る舞えば，面子を失う危険を冒すことになる。

　階層的面子は，今日では，生まれ，年齢，性別，職業，教育，経験，権力，権威などと関係していることがある。また，今日の中国では，これは社会に対する比較的大きな貢献をした者に与えられる権利と結びついていることがある。そしてさらに，これは力のある

人と特別なコネのある人に与えられる特権に関係していることがある。この種の特別なコネは，名誉，特権と恩恵の形で最大限に利用されるからである。

上下関係では，目下の者は目上の者の面子に配慮し，これを守り，可能ならばこれを称賛するよう求められている。目上の者は相手に対してへりくだった物言いをし，目下の者には逆にていねいな物言いが求められている。面子を守るために相手の失敗を叱責する権利を有するのは目上であり，集団の面子を代表するのは上司の面子である。人に何かを要請することで顔をつなぐ（あるいは負の面子と呼ばれるもの）という面子保持は，例えば西洋の文化的背景では個人の自立や自立性を脅かすものかもしれないが，中国の文化背景では，目上と目下の関係における個人の面子を脅かすことはないと思われる。通常，上からの要請に，下は必ず従うものと思われているからである。同様に，西洋では，相手をファーストネームで呼ぶと，上下関係にあっても連帯感を強めるという理由で当たり前の慣習であるが，中国では，目上の面子を大きく脅かすものとして，まず間違いなくタブー視される。

中国人は人の呼びかたに特に関心を持っている。適切な呼びかたは，ステータスの違いを表して和やかな人間関係を達成するためのもっとも効果的な方法の一つだからである。正しい呼びかたの原則を適用する際に，呼びかけに用いる敬称も，社会における人間関係でもっとも効果的な手段の一つである。社長，会長，教授，取締役などの敬称は目上の面子を立て，逆に不適切な呼びかたは相手の面子をつぶす。敬称の「副」を省略して，目上の社会的ステータスや階級を強調し，無意識のうちに相手の面子を称えることも珍しくはない。例えば，副社長，准教授，副会長などに呼びかける際に，「副」を省き，社長，教授，会長などと呼ぶのは普通である。「副」や「准」は，目上の面子を傷つけるかもしれないからである。このような呼びかたや呼ばれかたへの特段の配慮は，連帯の礼儀として

ファーストネームを用いることが一般的に好まれる西洋にはまったく当てはまらず，とても形式的で強引であるとみなされてしまう。

目上に何らかの貢献があってもなくても，惜しみなく賛辞を述べることにより，目上の顔を立て，面子を称えることもある。そうすることにより，上はそれを誇りに思い，顔の立て役は役目を果たしたと思うのである。同様に，上が下に何かをするよう命じたり頼む場合，目下の者は面子が立ったと感じ，目上の者の集団の一員として認められたと感じる。決定，意見，決議，紛争などに関して食い違いが発生した場合，目下が我慢し，自制することも珍しくはない。目上との意見の不一致では，目上の面子のために目下が目上の面前で服従することも多い。さもないと，上司の面子を損なう危険があり，その結果，自分が苦しみ，事態が悪化する可能性がある。つまり，地位や面子の差を維持すれば，少なくともうわべの和を保障することになる。

目上の権利は非常に重要なので，目下から何か依頼された場合，最大限の選択肢を与えられることが多い。目下からの招待を断るのは普通のこと，これを受けるのは一種の好意，または目下に栄誉を授けるという形で相手の顔を立てることと見なされるのである。

上下関係における目下は，その人間関係に巻き込まれすぎ，自立を保てないような悪条件に置かれることもある。必要があれば，目上の面子を守り，対立を避けるために，自らの面子を矮小化することもある。賞賛や賞を受ける場合，自分の成功の大部分は，師の導きの賜物であると言って謙遜することも珍しくはない。

集団の面子

中国文化では，集団主義傾向の個人は集団に強く傾倒しており，集団の自我のために自分の自我を隠すこともしばしばである。そればかりか，個人の面子は，自分の家族，集団，地域社会，会社あるいは国の面子までも代表することがある。誰かが面子を保てば，家

族，地域社会，あるいは国全体がその人の名誉や評判の恩恵にあずかることになるため，誰かが名誉を得た場合，その成功は集団の努力の賜物であると主張するのである。逆に，誰かが面子を失えば，家族や集団の恥や不名誉となり，国全体の面子が損なわれかねないため，家族や集団や国に面子の失墜を引き起こした者は，社会から排斥される。これほど重要な集団の面子と名誉は，なんとしても維持し，守り，称えるべきものであると考えられている。「汚れた服を公の場で洗うべからず」（家丑不可外揚）という格言の通り，集団の面子は常にいかなる代償を払っても守るべきものなのである。実際，面子の共同性は，その社会に属するほとんどの人の念頭にある。何が起ころうとも，部外者に対しては調和のみを，たとえ表面的なものでも示すことがあるという事実は，このような面子の状況を表す例である。集団内で紛争が起きても，内輪で互いの面子を繕うため，部外者が集団の内部紛争に全然気づかないということも珍しいことではない。

関係的面子と相互依存的面子

スコロンとウォン（1995）は，「面子には，対照的な二つの側面がある。一つには，われわれは他人と関わる必要があり，関わっているのだということを示す必要がある。他方，われわれはある程度の独立性を保ち，他者の独立性も尊重していることを示す必要がある。他人との関わりと独立性は矛盾するもののようだ」と述べている。人間関係における面子の逆説的性質に関するスコロンとウォンの指摘は，どの文化にも当てはまるかもしれないが，人間関係への関与をどれほど強調するか，あるいは社会における人間関係で，個人としてどの範囲まで関わりを強調するかという点に，程度の差があるかもしれない。中国文化は，前にも述べた通り，相互依存と人間関係を重んじているが，これは和やかな人間関係を築くために不可欠なのである。中国文化のなかの対人関係における相互依存，人

間関係または関与を文化的に選択するということは、他人の面子への配慮を重んじることになる。すなわち、中国人は日々の人間関係で他人の面子に注意する慣習を長い時を経て作り上げてきた。これは目上と目下の対人関係のみでなく、同等の関係にも当てはまる。

「これは、人の面子が社会的ネットワークのなかで他人の面子との関係で考慮される場合にのみ有効である」(Ho, 1976:46)。この関係的で相互依存的な中国的面子の概念は、自分の面子を保ち、守り、これに神経を遣う際には、特に他人の面子にも配慮すべきであることを意味する。このように互いに気持ちを慮ると、和やかな人間関係を築き、そうしなければ起き得る対立を防ぐための有効な手段となる。加えて、他人の面子を重んじれば、今後もその人たちとの良好な関係を続けるために役立つかもしれないのである。

他人の面子への配慮

中国文化には、必要に応じて面子を立ててくれるように求める慣習さえある。中国人は、明にも暗にも、求めれば容易にそうしてもらえると知っているからである。

面子の交渉において、たとえば「少なくとも少しは私の面子を立ててくれるべきです」(受けた好意に対するお返しの贈り物の受け取りを断られたような場合)と言って面子を保とうとするのは珍しいことではない。あるいは、「私の招待を断ると私の面子を潰すことになりますよ」、「少しくらい(アルコールやワインを)飲んで、私の面子をちょっとくらい立ててください」、「あなたが(これくらいの金額の受け取りを)拒否するのは、私の面子を否定するのも同様ですよ(巻我面子)」などと言う。

非常に興味深いことに、面子を立ててほしいという要求は、まず間違いなく聞き入れられるのである。相手には、頼まれれば、ほとんどいつでも他人の面子を立てる用意がある。しかも、このように他人の面子に配慮したからといって、自分の独立性や自主性が脅か

されると感じることは決してない。

面子の道徳性

前に述べたように，中国人の面子の概念には「脸」と「面子」の二つの側面がある。前者は内的性格や性質を指し，後者は自己の外的性格を指すものである。中国文化の lian（脸）の概念は，基本的に道徳的な性質のものである。面子が潰れることは，「不道徳であったり社会的に好ましくない行動に対する集団の非難」(Hu, 1944) であると考えられている。したがって，フーによると，「面子を潰す恐怖感から，倫理の境界を常に意識するように努力し，昔から受け継がれ，伝統的に受け入れられてきた倫理的価値を保つ努力をするのである」。

中国人の面子の道徳性は，個人について他者が持つ意見，印象，イメージ，そのなかでも特に不満や否定的な意見が，個人の態度と行動に及ぼす影響のなかでも，もっとも重要であると考えられている点にも現れている。仁と礼の倫理観に裏打ちされた中国文化では，人は，社会的関係の絆のなかで，さらに言えば他者からの評価のなかで生きている。個人の行動は，「当事者が他人にどう思われると感じているか，その人間関係で他人がどのような感情をもち行動するかによって決められ，左右され，その大体が形成される」(Hsu, 1953) のである。その結果，他人があなた自身や行動について感じたり，考えたり，言ったりするだろうとあなたが思っていることや，他人があなたについて思い描くイメージや面子が，特に否定的な認識を持つ場合に，公に非難されるのに等しいほど重要なものとなることがある。「これは，義務や権利や人間同士の義理に関する厳しい法律の代替である」(Cheng, 1986)。フー (1944) によると，面子は「公の非難」または「和からはみ出したり，これを乱したりすることのないよう，社会的に監視するもの」である。公衆の面前で面子をつぶすのは「社会的制裁の力の表れである」(p. 50)。

同様に、道徳律に違反した場合、その人には悪評が立ち、恥知らずとして社会的に非難されるのも、社会的制裁の力の表れである。自分の社会的地位に許されている以上のことをしたがれば、大きな顔をしすぎると非難されることがあり、これは大きな尻に眉を二つ描くという比喩が使われるほど品位を落とすことである。社会的制裁に耐えられないというだけの理由で自殺するケースは、昔は珍しくなく、今日でもかなり多く見られる。中国には「噂は恐ろしい。噂には重々警戒しなければならない」（人言可畏）という言い習わしがあり、それがこうした面子の威力をよく示していると思われる。

こう考えると、面子は中国では手段、つまり社会規範であり、それにより人の行動が判断され、規制され、罰せられる。同時に、面子の保持と面子の喪失に対する恐怖感は、社会生活の努力目標のようなもので、確立した社会規範や道徳的価値観に反する行為がないよう、常に見張り役となっているのである。

しかし、面子を保ちたい、面子を立てたい、人と良い関係を築きたい、または単に他人に良い印象を与えたいというとき、人は自分自身に対しても他人に対しても、偽善的になることがある。言うことと考えていることが一致せず、状況が異なるというだけで言うことが変わったり、正反対のことを言ったりする。人前では目上に従っていても、陰では無視していることがある。こうした面子の保持は、ある意味、二重人格のようなもので、内なる気持ちと外的行動が一致せず、内なる気持ちがうわべに屈することが往々にしてあるが、それは和を築きたいがための犠牲である。

7. 紛争交渉と紛争解決における中国人の間接的な面子保持戦略 対 アメリカ人の直接的な面子保持戦略

　日々の人間関係で，対立を避けることはまず無理である。対立は親しい関係でもそうでない関係でも起こる。感情的にこじれると，面子を脅かすことは明らかであるが，文化が違えば，紛争交渉と紛争解決にも異なった面子の立て方，高め方，攻撃術があることはさほど知られていない。紛争の管理と解決のどちらにも，間接的で巧妙な面子保持戦術と直接的で明白な戦術の両方が用いられるが，間接的な方法を重視する文化もあれば，直接的な方法を重視する文化もあることは，あまり意識されていない。ここでは，中国文化とアメリカ文化で使われている，感情や人間関係上の対立の交渉と解決のための面子の保持方法について述べる。

　ローガンとハマー（1994）は，面子には次の三つの局面があるという。(a)所在，つまり，気遣いの対象は自分であるか，他人であるかということ，(b)強さ，つまり，面子が守られているか，保たれているか，尊ばれているか，(c)一時性，つまり，面子が回復されつつあるか，または積極的に保護されているか，の三点である。

　ゴフマン（1967）によると，面子保持とは，自分の行いと面子との齟齬が起こらないように講じる一連の行動である。対立した状況の面子保持には，対立の解決，悪化，回避，人の立場への脅威や挑戦，人のイメージの保護など，さまざまな機能がある。対立を管理・解決する際，面子保持にはさまざまな行動や戦略が可能である。たとえば，リンズリーとブレイスウェイト（1996）は，マキラドーラ[3]におけるメキシコ人とアメリカ人との異文化間対立のなかの面子保持の慣習を調査し，メキシコ人は他人による面子の是認を評価し，間接的なコミュニケーション方式を用いるが，アメリカ人にはそのようなことはなく，直接的で自己面子（自分自身のイメージへの配慮）の志向があることを発見した。

異文化間の面子に関する研究のなかで，対立関係にある異文化間の面子に関わる行動を対象としたものは少ない。エッツェルら（1999:132）は，ドイツ，日本，メキシコ，アメリカの家族間の対立を研究し，異文化間コミュニケーションに関連するさまざまな面子保持の戦略を調査した結果，以下の発見をした。

> (1) ドイツ人には，直接的で真っ向から対決する面子保持戦略を用いる傾向があり，争いを避けない。日本人は，争いは存在しないふりをして，自分の立場を公然と守ることはない。メキシコ人は，さまざまな戦略で紛争に直面して解決するだけでなく，争いは存在しないかのようにも振る舞う。アメリカ人もさまざまな戦略を用いて紛争に正面から向かい，解決する。
> (2) 個々の自己解釈が相互依存的であればあるほど，問題解決，敬意，謝罪，第三者の助け，平静の保持，内輪の話し合い，譲歩を駆使する可能性が高く，攻撃的になる可能性が低い。
> (3) 個々の自己解釈が自主的であればあるほど，防衛的かつ攻撃的な面子保持戦略を用いて平静を保とうとする可能性が高い。
>
> (Oetzel, et al., 1999:132)

ティン・トゥーミーとエッツェル（2003）は，次のような点を明らかにした。(1) 台湾を含む中国人は，アメリカ人，日本人，韓国人より思いやりのある方法を用いがちである。(2) 中国本土の中国人は，台湾人やアメリカ人より衝突を避ける方法を用いる可能性が高い。(3) 中国人は，アメリカ人，韓国人，台湾人より妥協することが多い。

ティン・トゥーミー（2003）によると，他人との関係に関わる目標の対立にはいくつかの種類がある。そのなかに内容の対立やアイデンティティに基づく対立がある。内容の目標とは，たとえば，夫

婦が自宅の装飾品として何を買うかというようなことを議論するような場合であり，アイデンティティと人間関係の認識に影響する。二つ目はアイデンティティに基づく目標で，争いの場面で面子を保ち，面子に敬意を払う問題に相当する。このような問題は，尊敬や不敬のメッセージを用いて，自分のイメージと他人のイメージの問題を中心に展開する。たとえば，対立する当事者同士が商談の場所について議論することが考えられるが，Xという場所で商談を行なうという決定は，片方の商談者の面子を高め，その地位を上げることになるかもしれない。三つ目は，人間関係の対立であり，個人が特定の関係をどのように定義するか（たとえば，親密対非親密，公式対非公式），あるいはその特定の関わりにおいて，その関係をどのように定義したいと考えるかということを指す。たとえば，個人主義志向の文化は自立性を好み，集団主義志向の文化は相互依存性を好み，また相互依存的な人たちは親密な関係のつながりを望み，自立した人たちは自主性とプライバシーを望むであろう。

　異文化における面子や人間関係の脅威の体験はさまざまである。ここでは，主として，三番目にあげた種類の対立の目標と，この種の対立を解決するために適切な面子保持戦略を取り上げ，中国人とアメリカ人が，それぞれの文化で人間関係の対立を解決する様を見ていくことにする。中国人は紛争解決に間接的な面子保持戦略を用い，アメリカ人は紛争解決に直接的な面子保持戦略を用いがちであると想定される。

8. 面子の要求と付与に関する中国式の直接的面子保持戦略

　直接的な面子保持戦略とは，面子を立ててほしいという要求が，命令や義務の形で，間接的あるいは直接的に表明される場合の戦術を指す。「少しは私の面子が立つようにしてください」というのは

絶対的命令で,「他の人にそうしてあげたように,私の面子も少しは立つようにしてくれるべきです」というのは義務である。直接的な面子保持戦略は,一般的に,同等の関係にあるか,または連帯感がある親しい人たちの間で面子が立つように頼んだり頼まれたりするときに用いられる。面子の要求と付与に用いられる直接的な面子保持戦略は,直接的かつ単純で,時間がかからず,たいてい予測可能な好効果を生み出す。しかし,面子を立ててほしいと頼むのは,依頼された側の自立・自主性が侵害されたり,依頼した側は相手に断られる恐れがあるため,双方の面子を脅かす可能性がある。しかし,中国の文化的背景においては,他人の面子を一切考慮しないなどということは珍しい。以下の会話が,それをよく示していると思われる。

状況:何人かの友人および同僚が,特別に用意した夕食を食べながら,アルコールを飲み,乾杯し合っている。そのうちの一人は,全員が所属する学部の学部長である。学部長は,地位としては上であるが,同僚たちとは連帯関係にある。同僚の一人であるチャンが,学部長に乾杯を申し入れて断られた。

学部長:いや,もうこれ以上は飲めないよ。
チャン:(立ちあがって)でも,彼の杯は受けたのに,私のは断るのですか。不公平ですよ。
学部長:それが,どうしても無理なんだ。飲みすぎると,めまいがするんでね。耐えられなくなるんだ。
チャン:少なくとも,少しは私の面子が立つようにしてくださいよ。
学部長:わかった,わかった…。じゃ,少しだけなら。

学部長は,もはや断ることができない。チャンは結局,多少の面子を立ててもらった。この種の直接的な面子保持戦略は,とくに連

帯感を共有する人々の間では，面子を立ててほしいと頼むときに有効なお決まりの方法である。しかし，力関係においては，この種の方法が用いられることは少ない。

9. 紛争交渉と紛争解決における中国式の間接的な面子保持戦略

　既に述べたように，紛争解決のプロセスは面子交渉のプロセスである。紛争が深刻で長期化しそうな時，間接的な面子保持戦略とノンバーバル行動による面子の保持戦略に加えて，他のいくつかの戦略が，中国式の紛争交渉と紛争解決に好まれる。そしてこの種の紛争交渉と紛争解決では，どちらの側にも，間接的な面子保持戦略やバーバル・ノンバーバルの面子保持戦略のやりとりが関わる予想外の展開が起こることも多い。中国では紛争解決のための典型的な間接的手段となっている仲裁人の面子を利用するところから，この動きが始まる。以下は，前述の『情熱と熱意の日々』（『激情燃焼的岁月』）からの抜粋を分析したものである。ここには，一連の面子保持の動きと間接的な面子保持戦略の関わりが示されている。間接的な面子保持戦略には，夫婦間の深刻で長期間にわたる紛争交渉と紛争解決に見られる発言やノンバーバル行動も含まれている。

『情熱と熱意の日々』
背景の概要
　伝統的な中国人家庭の夫婦が，1950年代から70年代にかけて不仲であったが，状況が悪化し，食事を共にせず，口もきかなくなった。離婚は時間の問題であると思われたが，視聴者の予想に反し，夫婦の旧友である退役指揮官が二人とじっくり話したところ，劇的な変化が起きる。それから，仲裁人による面子の保持を皮切りに，長年の争いを解決するための面子交渉が始まり，主として間接的な

面子の保持方法とノンバーバル行動による段階を追った交渉を経て，ついに解決する。以下に示すとおり，予想外の展開は，対立を解決する過程と対立の解決に用いられた面子の保持方法を具体的に示していると思われる。争いの解決は忍耐，第三者の助け，和解の提供と拒否，発語内行為[4]，ノンバーバル行動など，間接的で遠回しの方法で行なわれた。

夫婦が対立の交渉と解決以前に用いた方法：
　二人とも，対決ではなく，我慢と自制に徹する。

手段１：仲裁人の面子/第三者の面子の利用
　妻：あなたは主人の古くからの友人ですから，主人が頑固で自分の過ちを認めないことはよくご存知のはずです。まずいことがあると，いつも私のせい。ご存知のように，彼は極端で，面子を失うくらいなら死んだほうがましだと思っています。私は無理やり結婚させられて以来，ずっと苦しんできました。本当にもう我慢できません。
　仲裁人：（じっくりと話した後）ご主人の面子は無視するとしても，少なくとも私の顔を少しは立ててくださらないとね。私のためにご主人と話をしてください。彼のような人間は，あなたが和解を与えない限り，譲歩するとは思えませんからね。〈直接的/発語行為〉

手段２：間接的な面子の保持方法による和解の申し出と拒否
　和解の申し出を実行に移したのは夫であった。ある晩，彼は関係を修復するつもりで二階の妻の寝室のドアをノックしたが，妻は夫の和解の提供を拒んだ。
　夫：（ためらいながら）話がしたいんだけど入ってもいいかな。
　　　〈間接的/発話内行為〉
　妻：（ベッドに横たわり，眠っていたふりをしながら）もう寝

います。〈間接的/発話内行為〉

手段3：間接的な面子の保持方法による相手にとって好ましい面子づくり

夫の和解を拒んだこと後悔した妻は，埋め合わせのため，翌朝，台所に行き夫に麺を作った。（彼女は長い間，夫のためにまったく料理をしていなかった。）夫がこれを居間で食べているとき，妻がどんぶり鉢を持って入ってくる。

妻：（夫が麺を食べているのを見てためらいながら）〈ノンバーバル行動〉

今日は，どうして外食しなかったの。〈間接的/発話内行為〉

夫：（顔を上げて微笑むものの，まだぎこちなく）〈ノンバーバル行動〉

外食は，あまりおいしくないからね。〈間接的/発話内行為〉

手段4：間接的な面子の保持方法による相手の面子の強化

夫：（どんぶり鉢を空にしながら）もっとあるか。〈間接的/発話内行為およびノンバーバル行動〉

妻：（半ばからかいながら）それだけしか作っていませんよ。〈間接的/発話内行為〉

妻：（黙ったまま）（妻はまず，自分のどんぶりの麺の半分を夫の鉢へ移す。それから思い直して，残りの麺をすべて夫の鉢に入れる。）

手段5：真の自己/面子の提示による争いの解決

夫：（自分の鉢の麺を二分し，半分を妻の鉢に入れる。）

夫と妻：（満足そうに微笑む）〈ノンバーバル行動〉

• 分析

以上の紛争解決に関わる交渉の過程で見られた面子の保持は，一般的なバーバル・ノンバーバルな行動パターンと，中国人夫婦の内集団の水平的な対人関係で個人がとる一連の行動を形成すると考えられる。これは本質的に人間関係によるものであり，自分の面子への配慮というよりは，他人の面子や相互の面子への配慮を優先している。このエピソードの紛争交渉と解決に使われた面子の保持方法は，基本的に間接的で暗黙のうちに行なわれるものであるが，それは次に述べる特徴に表れている。

• 紛争の予防手段としての忍耐と回避

伝統的な中国人家庭の夫婦間でもめごとが起こると，まず予想されるのは忍耐（忍）と回避である。これらは争いに対処する中国人の常套手段であり，アメリカ人が用いる直接的で対立的な方法とは明らかに対照的である。孔子が唱える忍耐とは，中国人の心と行動への影響力の点で儒教に次ぐ道教と仏教においても支持されている。

• 意味伝達におけるノンバーバルのニュアンスと繊細さ

面子交渉と紛争解決に関わる微妙で感情的な面子の保持は，水平な内集団の対人関係である中国人家庭の夫婦間では珍しくはない。当事者の一方または双方が自分のアイデンティティ・イメージが阻まれ，妨げられていると思うと，争いは感情に満ちた経験となる（Ting-Toomey, 2003:142）。紛争解決に関わる感情が，交渉スタイルを決めるのである。一般に，多くの文化では，自分の感情を直接的または間接的に示そうとするが，上のような紛争解決の状況では，中国人は微妙なノンバーバルなニュアンスを好むようである。

• 紛争解決における面子の保持の間接性

紛争解決における面子交渉や面子保持は，双方の協力に基づくため，中国では本来，相互依存的なものである。つまり，争いの最終的な解決は両者の誠実さ次第であり，この誠意は相手が面子を必要

とすれば，すぐさまプラスに働くべきものである。どちらの側も，慎重で繊細でなければならない。よって，良好な関係作りとその維持，あるいは紛争解決に関わる面子保持は慎重に行なう必要があり，そこから面子保持の間接性が生まれるのである。

　一般的，伝統的な中国人家庭の夫婦関係は縦型で，夫が優位にある。しかし，夫の状況が大きく変わると（陸軍司令官を引退し，家庭菜園で時間をつぶしている），若くて美しい妻は徐々に同等の地位を獲得し，夫の食事の世話さえしなくなる。縦型の内集団の対人関係における紛争解決の交渉過程ではこうした予想外の展開は起こらない。目上は上からものを言い，目下はへり下ってものを言うのが当然なのである。現代的な家庭の夫婦がこうした長年にわたる深刻な争いに耐えなければならない場合にも，このような心理劇は見られないはずである。夫婦は対決を選択するか，むしろ離婚することにより争いに決着をつけるからである。

• 対話の構造

　紛争解決に関わる面子保持は，耐え，仲裁人の面子を借り，一方が和解を申し出，これを受け入れ，自己の面子をつぶして相手の面子を立て，和解を申し出た側の面子を立て，他人の面子を称えて強化し，そして最後に，見せている顔の下から真の自分のアイデンティティを表すという，お決まりの進展をみせる。紛争解決は概して，いたって間接的で回りくどい道のりなのである。

• 仲裁人の面子/第三者の利用

　中国のような集団主義的な文化では，第三者が非公式な形で間に入り，紛争を処理することもしばしばである。その場合，注目すべき点が二つある。第一に，仲裁人の面子は，紛争交渉と解決に役立つだけではなく，不可欠であるといえることも多い。むしろ，一般的には，その第三者の面子は，名声，権威，立場，地位，年齢において，当時者の面子と同様に，あるいはそれ以上に重要であると考えられている。つまり，仲裁人には，調停するに値する名声があ

る。このような仲裁人の面子のためならば，両者とも快く譲歩するわけである。二点目に，争いは，程度の差はあれ，両者個人の真のアイデンティティが表れたところで完全終結したといえる。テレビドラマで，争いが解決した最後の場面では，夫も妻も面子を装うこともなく，真の感情と欲求に従って行動することができたのである。

● **発語内行為と疑問文とノンバーバル行為**

　発語内行為，修辞疑問文，そしてノンバーバル行動の利用は，間接的な面子保持戦略の典型である。夫婦間の長年の深刻な争いを解決するには，発語行為と発語内行為の両方，ノンバーバル行動，そして修辞疑問文が用いられる。多くの面子に関する行動で，間接的な面子保持戦略が好まれ，関係修復に効果的な説得力を発揮する。間接的な面子保持戦略は，発語内行為と質問形式の発話によって実行されていることが多い。ドラマのなかの質問は，実際には情報を求めるというよりは，自分の面子を要求したり相手の面子を立てる役割を果たしている。夫の「話したいので入ってもいいかな」という疑問文は，実は夫による和解の申し出であり，それに対して妻がもう寝ているという答えは拒否を意味する。「今日は，どうして外食しなかったの」という妻の質問は，実は情報を求める質問ではなく，妻が夫に和解を返そうとする意思，夫の和解の申し出を拒んだことに対する償い，さらに同時に夫の面子を立てようという誘いなのである。夫の「外食は，あまりおいしくないからね」という答えは，実は質問への答えではなく，既に立っている妻の面子を強調したわけである。そして，「もっとあるか」という夫の次の問いも，決して質問ではなく，妻の面子をさらに高めているのであり，これにより，夫が拒否される危険は皆無となる。実は，この質問によって夫は妻に面子を立ててくれと誘いかけているのである。そして妻の「それだけしか作っていませんよ」という答えと微笑みは，決して否定的な答えではなく，肯定的な面子に向けた発語内行為であ

る。その後，妻は自分の麺を夫の鉢に移すが，これも夫の面子を立てるための発語内の主旨にかなり近いノンバーバル行動である。

面子交渉における発語内行為を含む間接的な面子保持戦略には，拒まれたときの当惑した顔や面子が立ったときの満足感を補足する微笑などのノンバーバル行動が効果的である。とりわけ，麺の鉢を平らげる夫の行動と，そのときにたてた音は，単に麺をもっと食べたいという渇望ではなく，妻の面子を称えようとする夫の意図を明らかに示している。そのうえ，妻が麺を自分の鉢から夫の鉢へ移し，それから夫が妻の鉢へ麺を戻すという行動は，争いの全面解決を端的に示している。しかし，西洋の発語内行為とは対照的に，中国における発語内行為は明瞭でないため，長年の付き合いを通して蓄積された対人経験に基づく直観でしか感じとることができない。

●過程指向─和解の申し出の受理や他人への面子の提供に伴う面子の保留

面子交渉の初期段階では，程度の差こそあれ，相手に面子を与え，相手の面子を受け入れながらも，自分の面子を保ち，相手の面子を保留することが多い。言い換えれば，面子の要求は常に，両当事者の関係を脅かす行為となりえるのである。紛争交渉とその解決において，アメリカ人は結果を重視するのに対して，中国人は過程を重視すると言える。つまり，中国人の紛争解決は，関係修復にいたるまでに，長く間接的で遠回りな方法を用いなければならない。よって，面子の要求者も提供者も，非常に慎重で煮え切らないようにみえる。面子を与えるにしても，自分の面子を残せるよう，相手の面子を保留しようと考えるからである。いずれにせよ，面子と無関係なコミュニケーションは存在しない。売買交渉のごとく，両者とも一歩ずつ譲歩しなければならないのである。これは，先の夫婦間の面子交渉に顕著であった。妻は夫の和解の申し出を受け入れて麺を作ったが，もっと上等なもの，たとえば，特別な機会に欠かさない餃子を作ったわけではなかった。麺は，田舎からふいにやって

来た迷惑な客を追い払うのに妻がいつも作るものだが，長いこと夫の食事を作っていなかったため，実は夫に面子を与え，好意を示すという役割を果たしている。しかし，粗末な食事は，妻が自分の面子をある程度留保したことも表しているのである。

中国では一般に，交渉は，紛争交渉とその解決における自然で必然的な「間接的」プロセスである。当事者に発生するダイナミックでインタラクティブなプロセスでもある。複雑な心理劇は予測不可能であるように思われるかもしれないが，いくつかのパターンがあり，直接的な面子戦略と間接的な面子戦略の両方のインタラクションを含むお決まりの流れで進むと思われる。そして，より効果が高いのは，間接的な面子保持戦略である場合が多いのである。

とりわけ深刻な争いを解決する際に中国人が間接的な面子戦略を好む理由はいくつかあるが，特に，中国文化が調和と人間関係を重んじた結果であると思われる。多くの学者が論じているように，調和のとれた人間関係を構築して維持し，紛争を解決するためには，間接性が最も有益な戦略として用いられてきたからである。

しかし，中国社会は急速に変化しているため，面子や面子保持の概念に関するわれわれの見解が若い世代についても当てはまるかどうか，またどの程度当てはまるのか，そして紛争解決においてどのように面子が働くのか，さらに研究する必要がある。

10. アメリカ的状況における紛争交渉とその解決のための直接的な面子保持戦略

アメリカの夫婦や恋人が争いを解決する際には，まったく異なる光景が見られる。多くの場合，直接的な面子保持戦略を目の当たりにすることであろう。紛争解決のプロセスに見られるのは，面子の欠如や必要性という点でいえば，相互依存や人間関係的な面子ではなく，自立した面子である。面子の方向性という点でいえば，他人

の面子への気遣いではなく自分の面子の心配であり,面子保持戦略の点では,間接性,暗示性,意味伝達のさまざまな機微ではなく,言語的明白性,自己主張,挑戦,対決,攻撃性である。交渉は,忍耐,思いやり,適応,第三者の助けを必要とせず,競争的,支配的である。そして発話は,常に,いたって明瞭である。

『白いカラス』
背景の概要

　映画『白いカラス』[5]の二場面を取り上げよう。『白いカラス』は,コールマン・シルクの物語である。古典学の大学教授で学部長も務めた人物であったが,対立していた大学関係者に人種差別主義者だと非難されて退職に追い込まれ,妻はこのスキャンダルに耐えられずに死んでしまう。二年後,71歳のコールマンは,かつて勤務していた大学で雑役婦として働いている34歳のフォーニア・ファーリーと恋に落ちる。二人は年齢,教育,地位において不釣合いであったため,その関係はスキャンダルとなる。

　最初の場面では,コールマンがモニカ・ルビンスキーに言及したため,フォーニアが激怒する。ビル・クリントンとモニカ・ルビンスキーの関係と,コールマンとフォーニアの関係には多くの共通点がある。どちらの関係にも年齢と地位の隔たりがあるが,何より重要なのは,どちらもスキャンダルになったことである。コールマンがモニカ・ルビンスキーの名を口にしたとき,フォーニアはそれを無意識に自分自身の状況に当てはめた。彼女にしてみれば,モニカの状況は自分の苦しみに比べれば大したことはない。フォーニアは継父から性的虐待を受け,二人の息子を火事で失い,元夫に苦しめられてきたわけで,コールマンのモニカに対する同情は何の価値もないのである。

[第3部] バイカルチャーとマルチカルチャーの最前線

場面1.（コールマンとフォーニアは昨夜，彼のベッドで眠った。今，コールマンは台所で朝食の準備をしている。彼はパンとコーヒーをテーブルに置く。別のカップにコーヒーを注いでいるとき，フォーニアが台所に入ってくる）

 コールマン：おはよう。朝食を食べるかい。エッグベネディクトとハムでいいかな。

 （フォーニアはまだそこに立ったまま）

 コールマン：お座り。コーヒー，飲むかい。ミルクは入れないんだね。さあ，どうぞ。しばらくは，ニューヨークにはモニカ・ルビンスキーの働き口はないようだね。

 フォーニア：（パンを一つ取って）いまいましい講義は止めてくれない。（パンを食べながら）私がいまいましい牛の乳を搾って背中が痛くなっても，モニカには屁でもない。私がいまいましい郵便局で他人の糞掃除をしなくちゃならなくても，あいつには屁でもない。あんたは，もうすぐ定年というときに失業して，大変な一大事が起こったと思ってるのよ。（頭を左右に振りながら）こう言っちゃなんだけど，そんなの何てこともない。継父の指をあそこにつっこまれることのほうが大事件よ。鉄パイプを持った夫に背後から頭を殴られるほうが大事件よ。（いきなり立ち上がり，腕と手でテーブルの上のものを落としながら叫んで）子どもが二人も，窒息しながら死んでいく。（テーブルを叩きながら）こういうのが，いまいましい一大事なのよ。

 （コールマンは悪いことをしたというような表情で下を向く）

　この場面には，争いを控えたり避ける様子はない。衝突は突然に起こり，フォーニアはコールマンの面子を脅かし，実際，彼の尊厳

や面子をつぶしているにもかかわらず，明らかに自分の威厳と面子を守ろうとしている。他人の面子はお構いなしなのである。事実，彼女は対決的であるばかりか，攻撃的で挑戦的で支配的でもある。言うまでもなく，彼女の行動はことばで明らかに表され，直接的で，怒りと暴力的なノンバーバル行動も加勢している。彼女の行動にあいまいさは何もないのである。

> フォーニア：（両手でテーブルを叩き）だから泊まりたくないって言ったでしょ。（歩き回りながら）泊まらなければよかった。やっぱり泊まらなければよかった。大失敗。そうよ，娼婦でさえ，もっと分別があるわよ。あの人たちは知っているもの。男がお金を払うのは一緒に寝るためではなくて，いまいましい家に帰らせるためだって。（フォーニアは出て行き，車で走り去る）

言いたい放題である。あまりにも直接的で明白で，間接的な点はほとんどない。「娼婦でさえ，もっと分別があるのに」と言って，自分が売春婦より愚かだということをほのめかしてはいるが，実は，そう言うことによって自分の面子を守り，コールマンのもとから立ち去ることによって自分の面子を保とうとした。これは彼女の面子を保つ直接的な方法である。

場面 2.（コールマンが外からドアを開け，台所に向かって歩いて行く。台所にフォーニアがいるのを見て，入口で立ち止まる）
> フォーニア：（ぼろ切れを肩に掛けて）管理スタッフのフォーニア・ファーリー，ご存知でしょう。やるべきことをやっているだけだから。
> （コールマンは彼女に近づき，熱心に見つめる）
> フォーニア：それで，どこへ行ってたの。（彼女は微笑んで，タ

バコをふかす）心配し始めていたところよ。
コールマン：散歩してきた。映画も見た。
フォーニア：あの，私…（一瞬の沈黙）私が悪かったわ。言ったことや，したこと全部。
コールマン：君の言った通りだよ。僕に起こったことなんか，何でもないことだ。
フォーニア：あなたは何もかも失ったわ。奥さんを亡くしたし，失業もしたし。ばかげたささいな言葉のせいで，あいつらはあなたの人生を奪ったのよ。何でもないことではないわ。
コールマン：そうかもしれない。悲しみは，計ることはできないものだからね。
フォーニア：そうね。これ，持ってきたわ。（テーブルの上の袋を指差して）ドーナツよ。あの…あそこのドーナツ屋で買ったの。ジャム入りドーナツ。ねぇ，もしも私がいないほうが…もしも私に帰ってもらいたいと思っているのなら，あなたの気持ちはわかるし，ちゃんと理解しているから，あなたを責めたりしないわ。

（コールマン，満面の笑みを浮かべて）

フォーニア：何を笑っているの。
コールマン：君に会えて嬉しいからだよ。
フォーニア：（微笑みながら）私もよ。私も嬉しい。（彼に近づき，抱きしめる。二人は抱き合う）
コールマン：そうだ，君に話さなければならないことがあるんだ。

（彼女はうなずきながら，再び微笑んで，彼の頬にキスする。）

アメリカ人が関係を修復するときに用いる最も典型的な方法は，

直接の謝罪である。中国の同様な状況では謝罪はめったに見られない。十中八九，和解である。アメリカでは，関係修復に第三者の力はいらない。また，ノンバーバルのニュアンスや微妙な意味伝達も，中国の類似した状況よりはるかに少ない。言いたいことはさらけだされており，感情も顔にはっきりと表れる。相手により伝わりやすいのは，ことばと語彙による気分の構造と身体の接触，つまり抱擁である。

争いを交渉および解決する際の面子の交渉における相違点は一般に，次の表で明らかにできると思われる。紛争交渉とその解決における中国人とアメリカ人の明らかな相違は，もめごとに対する文化的姿勢に見られる違いと関係があると思われる。調和や人間関係や縁を優先する中国人は，一般に紛争に対して否定的である。中国人

中国とアメリカの文化における紛争交渉とその解決の相違点

	中 国 文 化	アメリカ文化
文化の方向性	集団主義的/関係的	個人主義的
面子の方向性	他者の面子と相互の面子への配慮	自己の面子への配慮
紛争の解釈	人間関係への脅威	他人とのかかわり合い
人間関係	相互依存的	自立的
面子保持戦略	間接的 暗示的，第三者の助け，プロセス指向，修辞疑問文	直接的 明示的，結果指向
	意味伝達におけるノンバーバルなニュアンスと微妙さ	少ないノンバーバル行動
	発話の明瞭さが低い （直観および暗黙の了解）	発話の明瞭さが高い
	忍耐，回避，思いやり	競争的，支配的，攻撃的，挑戦的

にとって，争いは信頼関係，対人関係，そして人の縁を脅かすものである。不仲であることは，人間関係，信頼や協力関係が危機に瀕しているということである。したがって，あらゆる犠牲を払ってでも，紛争を避けなければならない。紛争やもめごとが起きても，できれば直接対決なしに解決しなければならない。

多くのアメリカ人にとって，争いは必ずしも良好な関係や協力関係の対極にあるわけではないかもしれない。Tannen（1990:291-292）によると，もめごとは，かかわりを持っていることを意味することがある。確かにアメリカ人の多くは，ことばでよい関係を表すほうが楽だと感じているが，同時に，ことばで自己顕示することを心地良いとも感じている。自己顕示が争いの一部となる場合，それは一種のかかわり合い，または絆づくりでもあるから，状況は一層複雑である。争いは，他人とのかかわりを生み出す方法として評価できるかもしれない。そういう訳で，多くのアメリカ人にとって，争いは人間関係への脅威ではなく，人間関係の交渉に必要な手段なのであるから，受け入れられるべきもの，さらには求められ，取り入れられ，楽しまれるものでさえあるかもしれない（Tannen, 1990:150）。その結果，直接的な面子保持戦略や，対決や攻撃でさえ，しばしば好ましいものとなるのである。

（田嶋ティナ宏子・竹下裕子 訳）

---- 注 ----

(1) 当事者が持っている解釈。
(2) 他人の視点から分析的になされる解釈。
(3) Maquiladora。アメリカとメキシコの国境沿いに伸びるメキシコ領土内にある輸出保税加工工場。
(4) ある発話をすることが同時に何かの行為をすることになること。たとえば「明日来ることを約束します」という発話はそれ自体で「約束する」行為となる。

(5) 原題は *The Human Stain*。

【参考文献】

Brown, P., & Levinson, S. (1987). *Politeness: Some Universals in Language Usage*. Cambridge: Cambridge University Press.

Cathcart, D., & Cathcart, R. (1985). The Group: A Japanese Context. In A. L. Samovar & E. R. Porter (Eds.), *Intercultural Communication: A Reader* (pp. 293-305). Belmont, CA: Wadsworth Publishing Company.

Chang, H. C. (1994). A Chinese perspective on Face as Inter-Relational Concern. In S. Ting-Toomey (Ed.), *The Challenge of Facework* (p. 96). Albany, NY: State University of New York Press.

Chang, H., & Holt, R. (1994). A Chinese perspective on face as inter-relational concern. In S. Ting-Toomey (Ed.), *The Challenge of Facework* (pp. 95-132). Albany, NY: State University of New York Press.

Cheng, C. (1986). The Concept of Face and Its Confucian Roots. *Journal of Chinese Philosophy, 13*, 329-348.

Cupach, W. R., & Metts, S. (1994). *Facework*. Thousand Oaks, CA: Sage Publishing.

Fitzgerald, T. K. (1993). *Metaphors of Identity*. Albany, NY: State University of New York Press.

Geertz, C. (1975). *The interpretation of cultures*. New York, NY: Basic Books.

Goffman, E. (1959). *The Presentation of Self in Everyday Life*. New York: Doubleday.

Goffman, E. (1967). On face-work. In E. Goffman (Ed.), *Interaction Ritual* (pp. 5-45). New York, NY: Pantheon.

Gu, Y. (1990). Politeness Phenomena in Modern Chinese. *Journal of Pragmatics, 14*, 237-257.

Hale, C. L. (1980). Cognitive Complexity-Simplicity as a determinant of Communication Effectiveness. *Communication Monographs, 47*, 304-311.

Hale, C. L. (1986). Impact of Cognitive Complexity on Message Structure in a Face-Threatening Context. *Journal of Language and Social Psychology, 5*, 135-143.

Ho, Y. F. (1976). On the Concept of Face. *American Journal of Sociology, 81*, 867-884.

Ho, Y. F. (1994). Face Dynamics: From Conceptualization to Measurement. In S. Ting-Toomey (Ed.), *The Challenge of Facework* (pp. 95-132). Albany, NY: State University of New York Press.

Hsu, F. L. K. (1953). *Americans and Chinese: passage to differences*. Honolulu, HI: University Press of Hawaii.

Hu, H. C. (1944). The Chinese Concepts of "Face". *The American Anthropologist, 46*, 45-64.

Hwang, K. K. (1997). Guan Xi and Mientze: Conflict Resolution in Chinese Society. *Intercultural Communication Studies VII* (1), 17-43.

Jia, W. S. (1997). Facework as a Chinese Conflict-Preventive Mechanism ― A Cultural/Discourse Analysis. In G. M. Chen (Ed.), *Conflict Resolution in Chinese*. Intercultural Communication Studies, *VII* (1), 43-62.

Jia, X. R. (2006, December). Chinese Direct vs. Americans' Direct Interaction and Discourse Organizational Styles. Doctoral dissertation. Unpublished.

Jia, Y. X. (1997). *Intercultural Communication*. Shanghai:

Shanghai Foreign Language Education Press.

Jia, Y. X. (2002). *The Chinese Concept of Face and Face Work*. Unpublished.

Lindsley, S. L., & Braithwaite, C. A. (1996). You Should 'Wear a Mask': Facework Norms in Cultural and Intercultural Conflict in Maquiladoras. *International Journal of Intercultural Relations, 20*, 199-225.

Marus, H., & Kitayama, S. (1991). Culture and the self: implications for cognition, emotion, and motivation. *Psychological Review, 2*, 224-253.

Matsumoto, Y. (1986). Reexamination of the universality of face: politeness phenomena in Japanese. *Journal of Pragmatics, 12*, i-iii.

Oetzel, J. G., Ting-Toomey, S., & Chew-Sanchez, M. (1999). Face and Facework in Conflicts with Parents and Siblings: A Cross-cultural Comparison of Germans, Japanese, Mexicans, and U.S. Americans. Paper Presented at the Annual Meeting of the National Communication Association (Chicago, IL).

Penman, R. (1994). Facework in communication: conceptual and moral challenges. In S. Ting-Toomey (Ed.), *The Challenge of Facework* (pp. 15-45). Albany, NY: State University of New York Press.

Rogan, R. G., & Hammer, M. R. (1994). Crisis Negotiations: A Preliminary Investigation of Facework in Naturalistic Conflict Discourse. *Journal of Applied Communication Research, 22*, 216-231.

Scollon, R., & Scollon, S. (1994). Face Parameters in East-West Discourse. In S. Ting-Toomey (Ed.), *The Challenge of*

Facework (pp. 133-158). Albany, NY: State University of New York Press.

Scollon, R., & Wong, S. S. (1995). *Intercultural Communication: A Discourse Approach*. Oxford, UK: Blackwell.

Tannen, D. (1990). *You Just Don't Understand*. New York, NY: Ballantine Books.

Ting-Toomey, S. (1988). Intercultural Conflict Styles: A Face-Negotiation Theory. In Y. Y. Kim & W. B. Gudykunst (Eds.), *Theories in Intercultural Communication* (pp. 213-238). Newbury Park, CA: Sage Publishing.

Ting-Toomey, S. (Ed.). (1994). *The Challenge of Facework*. Albany, NY: State University of New York Press.

Ting-Toomey, S. (1999). *Communicating Across Cultures*. New York, NY: The Guilford Press. 38.

Ting-Toomey, S., & Korzenny, F. (Eds.). (1986). Facework Competence in Intercultural Conflict: An Updated Face-Negotiation Theory. *International Journal of Intercultural Relations, 22*, 187-225.

Ting-Toomey, S., & Oetzel, J. G. (2003). Cross-cultural Face Concerns and Conflict Styles: Current Status and Future Directions. In W. G. Gudykunst (Ed.), *Cross-cultural and Intercultural Communication* (pp. 127-145). Thousand Oaks, CA: Sage Publications.

Watsuji, T. (1996). *Climate and Culture: A Philosophical Study*. Translated by S. Yamamoto & E. C. Robert, Albany, NY: SUNY Press.

Yule, G. (1996). *Pragmatics*. Oxford, UK: Oxford University Press.

Zhan, K. (1990). *The Strategies of Politeness in the Chinese*

Language. Berkeley, CA: Institute of East Asian Studies.
何兆熊. (1999).『新編語用学概要』上海外語教育出版社.

中国の合弁企業における対立管理方式の評価

Shang Liu, Chen Guo-Ming

1. 中国の合弁企業における対立管理方式の評価

　1978年に端を発した全国規模の経済改革以来，中国は外国からの投資を集めることに成功してきた。その結果，合弁企業が繁栄し，かつての国有企業の支配的状況に大きな課題をもたらしてきた（Liu, S., Chen, & Liu, Q., 2006）。2002年には，既に4,402の大中規模の合弁企業が中国で事業運営していた（*China Statistical Year Book*, 2003）。異文化間ビジネス環境となった職場では，異文化間コミュニケーションが避けて通れないものになった。職場で異文化に接する機会が増えれば，異文化に対する理解と同時に対立の機会も増える（Yu, 1995）。対立が広がるなか，その対立を建設的に管理することは重要であり，このため，異文化間ビジネス環境における対立管理の研究は，多文化傾向にあるわれわれの社会において極めて重要になってくる。

　対立とは，互いに相いれない目標，価値観，そして行動から生じる，あるいはそれらにつながる可能性を持つもめごとである（Putnam & Wilson, 1982）。コミュニケーションは，対立を社会的に明示する手段であり，また，それに影響を及ぼす道具である（Simons,

1974)。したがって，対立のスタイルは，実は，コミュニケーションの行動様式と言える。文化はコミュニケーション行動の案内役であり預言者であるので，異文化間環境における対立は，文化とコミュニケーションの観点で見ていく必要がある。これまでの対立管理の研究では，文化が対立の認識と解決の方法に影響していることが示唆されてきた (Liu & Chen, 2002; Ting-Toomey, 1994)。文化に対する認識と文化の違いに対処する適切な方法を持たなければ，非現実的な期待感や欲求不満は解消されず，また，友好的な対人関係を築くこともできない (Dodd, 1998)。しかしながら，合弁企業という環境で，地元労働者が外国人労働者との対立に対処する方式の調査は，未だ十分に行われていないと指摘されている（例：Ting-Toomey, et al., 2000)。そこで，本章ではこの問題に取り組むことにする。

2. 集団志向，階層制，そして調和

中国における合弁企業の事業運営は，それを取り巻く文化的環境に影響を与え，またその影響を受けている。中国の文化は，集団の利益に重要性を置く。中国の子どもたちは，家庭を通して，個人を抑制し集団の利益を維持することを学ぶ (Lockett, 1988)。こうして，幼少の頃から集団への強い帰属意識が育成される。集団志向は，個人が相互に結びついているという意識を育成する中国文化の重要な側面のひとつである (Krone, Chen, & Xia, 1997)。個人は社会の秩序と安定を維持するために，常に自分自身を集団より下位に置く。中国人にとっての成功は，個人のなすわざというよりも，むしろ集団的事業なのである (Lockett, 1988)。故に，個人の功績は集団の名誉になり，個人の不祥事は集団の恥になる。また，国民に信奉される中国の政治思想も，集団志向の文化的価値をさらに強固なものにしている。善良な市民とは，個人の損得ではなく，国全体

の幸福に関心を向ける人と考えられている（Krone, Garrett, & Chen, 1992）。

自己の相互依存意識を育む中国の深層文化は，また，階層制に基づく社会秩序も形成する（Kim, 1991）。階層制は家族の価値観のなかにも見られる。家族の一員であることは，その階層構造のなかで自分に割り当てられた場所を持つことである。儒教では，人間関係は個人間に格差をつけた序列に基づく五つの基本関係（*wu lun*）により規定されると考えられている（Chen & Chung, 1994）。具体的には，それらは，父親と息子の間の誠実さ，支配者と被支配者の間の公正さ，夫と妻の間の役割分担，年上と年下の兄弟間の序列，そして，友人どうしの忠誠心といったものである。*wu lun*（五輪）を組織に適用するには，上司と部下それぞれが，自分の役割に従って行動する必要がある。家庭で父親が権力を持つように，指導者的立場にある人は権威を持つ。部下と上司の双方が，それぞれの役割を堅持し，適切な行動を規定する確立されたルールと暗黙のルールに従えば，秩序と安定はこの階層構造のなかで確約される。中国人は，個別主義的関係，すなわち，相互関係（*guanxi*）を重視するため，その結果として，内集団と外集団のメンバー間にはっきりとした境界線が引かれる（Chen & Starosta, 1997-8）。中国社会では*guanxi*（関係）により，人々が社会的交流のなかでやっかいな対立を起こさないようにする具体的なコミュニケーションの規則や形式が作られ，さらに，対立管理の過程においては，*guanxi*を説得，影響，制御の手段として使う（Chang & Holt, 1991; Jocobs, 1979; Hwang, 1988; Shenkar & Ronen, 1987）。

中国人は，集団のメンバー間で調和を保つことも重要視する。彼らは，集団のメンバーに調和があって初めて，富を生み出すことができると考える（Chen & Chung, 1994）。このため，同僚はもとより，直属の上司ともよい関係を持つことが，働く者にとって有利になる。対立が起これば，必ず調和が問題解決の指導的原則になる。

というのも，中国のことわざに「和は貴い」（*yi he wei gui*）というものがあり，人々は「調和が家を繁栄させる」（*jia he wan shi xing*）と信じるからである（Chen, 2002; Huang, 2000）。社会の調和は，個人の間で正しい関係を維持すること，さらに，個人の面子，すなわち尊厳，自尊心，そして名声を守ることに支えられている。したがって，社会的交流は，誰もが面子を失わない形で行われなければならない。また，面子は施されることもあり，然るべき敬意が払われる（Hofstede & Bond, 1988; Hu, 1944; Hwang, 1997-8）。面子の概念は，どのような社会的交流の場面においても自尊心を持ちたいと望む人間の気持ちと緊密につながっている（Ting-Toomey, 1985）。しかしながら，人々が対立するときに，どのように面子を保ち，どのように面子の喪失や獲得と折り合いをつけるかについては，文化によってそれぞれ異なる（Chen & Starosta, 2005）。

チンとスタロスタ（1997-8）は，調和，面子，相互関係に加え，権力も中国の対立管理と解決に大きな影響力を持つ要素として取り上げた。中国の社会では，権力は年功と権威のなかに組み込まれている。言い換えれば，対立を解決する過程では，男性，年長者，役職が上の社員，そして職歴の長い者が，道理をより熟知していて，より力があると一般に考えられている（Bond & Hwang, 1986; Cai & Gonzales, 1997-8; Chen & Chung, 2002; Chung, 1996）。要するに，集団志向，階層制，そして調和が，中国の対立管理と解決の枠組みを作る主要な文化的要因になっているのである。

3. 対立管理方式のモデル

文献によれば，対立管理の概念化は，ブレークとムートン（1964）の「自己への関心」と「他者への関心」を組み込んだ二次元管理グリッド（two-dimensional managerial grid）から発展し

てきた。この二つの要因、つまり、「自己への関心」と「他者への関心」をマトリクス図にグラフ化すると、「回避」(avoidance)、「競争」(competition)、「順応」(accommodation)、「妥協」(compromise)、「協調」(collaboration) という五つの対立解決方式（もめごとを解決させるスタイル）が得られる (Miller, 1995)。「回避」とは、もめごとについて話し合うことから身を引く、あるいは話し合いを拒否することである。「競争」は、生産志向の管理職から生じたもので、相手の要求を無視してでも、自分の考えを通そうとして権力を行使する行動である。「順応」とは、共通の利益を強調することで、相異を目立たなくする、あるいは軽視する行動である。「妥協」は、対立する意見の間に中間点を見出そうとする。「協調」は、対立と直に向き合い、可能な解決策を探ることである。

今まで、多くの研究では、組織にとってどの方略が最も効果的で、建設的で、そして重要であるかを探り出そうとしてきたが、この五つの対立解決方式の枠組みでは、同時に、どのようにすれば組織での対立が最もよく調査できるかについても検討された (Miller, 1995; Putnam & Wilson, 1982)。実は、この「グリッド」方式には組織での対立に対して、その有用性が制限される二つの大きな問題があり、それらが本研究と関係している。第一に、このグリッド方式は、個人が特徴的な対立管理行動のモードを持っていることを前提にしている。このため、個人がどの程度、さまざまに異なる対立状況によって対処の仕方を変えるかについては重視していないことである。第二に、対立解決方式を測定するのに使う手段が十分ではないこと。たとえば、政治的影響や文化的規範といった「他者への関心」以外の問題も、対立の中でのやり取りに影響力を持つことが考えられる。

このグリッドモデルの不足部分を補うため、プットナムとウィルソン (1982) は、対立解決方式を測定する「組織コミュニケーショ

ン対立測定装置」(Organizational Communication Conflict Instrument＝OCCI) を開発した。そして「対立方略とは，対立に対処する手段となる言語と非言語の両方によるコミュニケーション行動である」(p. 633) と考えた。この意味で，対立方略とは，個人の性格上のスタイルというよりも，むしろ，人々が自分たちの目的に基づいて行う行動の選択と言える。したがって，どの対立方略を使うかという決定は，個人の性格よりも，むしろ状況的な制約，特に，対立の性質，当事者どうしの関係，組織の構造，そして環境的要因といった条件によって大きく左右される (Lawrence & Lorsch, 1967)。プットナムとウィルソン (1982) は，対立を処理する強力な公式や，最良の方法といったものは存在しないと主張した。たとえば，「協調」は，今までの研究では，建設的で効果的だと考えられてきたが，対立があまり深刻でなければ，必ずしも有効な方略とは言えない場合もある。

プットナムとウィルソン (1982) は，OCCI が三つの因子で構成されていることに気づいた。「無抵抗」(回避と順応)，「解決志向」(直接対決，選択肢の率直な議論，妥協と協調の受け入れ)，そして「制御」(強引な主張と非言語的強要につながる直接対決) である。二人は，方略の選択に影響を及ぼす因子を明らかにし，さらに，方略の評価をさまざまな対立事例で行なおうとした。OCCI は，組織での対立について，多くの研究を産み出し，人と状況が対立方略にどのような影響を及ぼすかを調査し，さらに対立管理技術を取り入れたプログラムのなかでも同じ調査をしている (Chua & Gudykunst, 1987; Putnam & Wilson, 1982; Temkin & Cummings, 1985; Ting-Toomey, 1986)。しかし，残念なことに，OCCI が異文化間ビジネス環境における対立管理方式 (もめごとに対処するスタイル) を評価するのに応用されることは過去にほとんどなかった。

多くの研究で，文化が対立の認識や解決方法に有意な影響力を持つことが示唆され (例，Ting-Toomey, 1985, 1986; Ting-Toomey, et al., 2000），さらに，対立管理方式に見られる文化的な多様性を文化ごとに調査した研究では，対立の原因は，おそらく個人の性格の違いからではなく，文化の違いからであろうと具体例で示してきた。こうしたことから，OCCIモデルを異なった文化的背景で検証してみることは意義深いことである。そこで，本研究は最初に，OCCIモデルが中国の合弁企業で実際に使えるかどうかを検証することにした。そして，次のような研究課題を立てた。

研究：OCCIは中国の合弁企業という状況下で有効か。
　　　OCCIの実行可能性と有効性の検証に加えて，本研究では以下の三つの仮説についても検証する。これらの仮説はOCCIモデルと，中国の対立管理と解決に影響する文化的要因について書かれた文献をもとに立てたものである。

仮説１：中国人の社員は「解決志向」方略より「無抵抗」方略を頻繁に使う。

仮説２：中国人の社員は「制御」方略より「解決志向」方略を頻繁に使う。

仮説３：「制御」方略を使う頻度は，中国人社員の年齢，役職，学歴，勤続年数が上がるにつれて増える。

調査方法

被験者

　中国北部にある大規模な合弁企業四社の社員に被験者として参加してもらった。本研究の目的が外国人社員との対立管理方式を調べることにあったため，外国人と対人コミュニケーションの経験を持つ一般社員と管理職を抽出した。110部のアンケートを配布し，82の回答が回収され，約75％の回答率を得た。82名の被験者の年齢は20歳から55歳で，その84％が40歳未満であった。被験者のうち48名が男性で，34名が女性であった。また，被験者の約65％

が大卒者であった。中国の合弁企業の大半が1980年代，あるいはそれ以降に設立されたため，合弁企業で働く社員の勤続年数は国有企業に比べ比較的短かった。本研究では被験者の約79％が9年以下の勤続であった。

手順

本研究ではOCCIのB形式を基本的な測定装置として採用した。OCCIのオリジナルのアンケートは，中国の大学の英語科で大学院生2名と教員2名により中国語に翻訳され，二回の推敲を経た。さらに，本研究の事情に合わせてOCCIに幾つかの変更を加えた。第一に，オリジナルの指示文を中国人の被験者にわかりやすくするための修正をした。第二に，オリジナルの7ポイントの目盛りを5ポイントの目盛りに変更した。これは，中国語では頻度を同じように細かく区別する表現がないためである。第三に，目盛りの方向をオリジナルと逆にして，1が「全くしない」を表し，5が「常にそうする」を表すようにした。第四に，オリジナルのOCCIでは上司と部下の対立を扱っていたが，本研究では，合弁企業で働く中国人が外国人社員とのもめごとにどう対処するかという対立管理方式に研究の焦点があったため，オリジナルの「上司」という用語を「外国人同僚」に置き換えた。最後に，中国人の対立管理方式を説明するより詳しい情報を得るため，30項目のアンケート質問に人口統計学的質問を五つ加え，合計35項目のアンケートにした（付録参照）。アンケート用紙は，それぞれの会社の関係者1名ずつの助けを借りて配布した。

結果

最初に，30項目の対立方略にどのような潜在的要因があるかを明らかにするために，主成分分析を行なった。カイザー・メイヤー・オルキンのサンプリング適切性基準の値は0.86であり，よっ

て，因子分析の適切性が判定された。バリマックス回転を施した初期因子分析では，共通分散の約75％を占める5因子解が提案された。ブレークとムートンのモデルを裏付けるには，この5因子解が望ましかったが，この解析では，第4因子と第5因子に複数の低レベル負荷量を示す結果になった。三つの異なる因子構造（3-5因子構造）を調べた後に，本研究では3因子抽出を採用することにした。この解析が代表性と単純性の原則（Hair, Anderson, Tatham & Black, 1995）を最もよく実現していたからである。この3因子は全分散の66％を占めていた。

因子1には18項目が含まれ，全分散の36.9％を占めた。これは最も大きく分散した布置で，「回避」方略と「順応」方略のカテゴリーから12項目，「妥協」から4項目，「協調」から1項目，さらに，「制御」からの1項目が含まれていた。項目の大半が対立に対処する間接的な方略の「回避」と「順応」のカテゴリーからであったため，この因子を「無抵抗」（Nonconfrontation）と名付けて分類した。

因子2は6項目より成り，一様に「制御」方略のカテゴリーからで，全分散の17.4％を占めた。これらの項目は，強引に主張する，あるいは相手に自分の考えを強要する直接対決を示唆していた。このため，因子2は「制御」（Control）と名付けて分類した。

因子3の6項目は全分散の11.5％を占め，5項目は「協調」方略のカテゴリーからで，1項目が「妥協」からであった。この因子に含まれた項目は，統合的な解決を目指して率直に問題について話し合うことを示唆していた。このため，この因子は「解決志向」（Solution-orientation）と名付けて分類した。

一見，この三つの因子はプットナムとウィルソン（1982）の類型と似て見える。しかし，よく見れば，因子の構成が違っているのに気がつく。たとえば，オリジナルの「無抵抗」要因は12項目から成っていたが，本研究では18項目になっている。さらに，オリジ

ナルでは「妥協」が「解決志向」方略の下で「協調」のグループに入っていたが、本研究では「無抵抗」のグループに入っている。しかし、「制御」要因に含まれた項目については、プットナムとウィルソンの解析と似ていた。

表1は、項目、因子負荷量、三つの因子の共通分散、そして固有値を一覧にしたものである。確認された因子はそれぞれ、対立方略の要因を詳しく表すスケールとして扱った。スケールの α 係数は.73から.96で、スケールとして極めて高い信頼性を示していた。それぞれのスケールにおける項目の平均値（全体を項目数で割った数値）を算出し、後のデータ分析の際に対立方略要因の指標として使った。

表2は、それぞれの方略要因の平均値と標準偏差値の一覧である。表2の結果は、被験者が「制御」より「解決志向」方略を多く使う傾向にあったことを示し（仮説2が立証された）、さらに、「無抵抗」より「制御」方略を多く使う傾向にあったことを示している（仮説1は裏付けされなかった）。この三つの要因間の相互相関については、「解決志向」と「制御」の間に有意な相関係数は得られなかった（$r=.15$, n.s.）ものの、「制御」と「無抵抗」の間には有意なマイナスの係数が得られた（$r=-.33$, $p<.01$）。「制御」と「無抵抗」の二つの方略要因は概念的にかけ離れているため、「無抵抗」方略を選んだ人が対立する相手に自分の意見を強引に主張すること（「制御」方略）を選ぶことはないとする考えは容易に受け入れられた。

次に、五つの人口統計学的質問（性別、年齢、学歴、役職、勤続年数）と三つの対立方略要因の関係を調べるために、さらに分析を進めた。性別、役職、勤続年数に関してのみ有意差が得られた。役職が上で、勤続年数の長い人に「制御」方略を頻繁に使う傾向が見られ、仮説3が部分的に裏付けされた。

表3から表5は、有意な調査結果をまとめたものである。表3の

表1　改作 OCCI（中国版）の主成分分析

項目 カテゴリー	無抵抗	制　御	解決志向
Q 15 順応	**.899**	−.001	−.063
Q 25 順応	**.898**	−.049	−.082
Q 29 順応	**.895**	−.034	.166
Q 27 順応	**.888**	−.016	−.026
Q 14 順応	**.884**	−.014	.144
Q 6 妥協	**.801**	−.078	−.087
Q 2 回避	**.797**	−.378	−.121
Q 16 妥協	**.765**	−.127	−.030
Q 5 回避	**.747**	−.361	−.295
Q 7 回避	**.727**	−.318	−.156
Q 13 妥協	**.719**	−.253	.129
Q 28 回避	**.714**	−.394	−.306
Q 12 回避	**.667**	−.533	−.254
Q 24 回避	**.631**	−.469	−.339
Q 23 回避	**.627**	−.354	−.212
Q 20 協調	**.618**	−.067	.592
Q 9 妥協	**.600**	−.510	−.100
Q 10 制御	.577	.384	−.215
Q 22 制御	−.175	**.794**	−.079
Q 30 制御	−.235	**.788**	−.007
Q 17 制御	−.008	**.777**	.196
Q 18 制御	−.348	**.723**	−.009
Q 3 制御	−.219	**.697**	.219
Q 26 制御	.419	**.650**	−.183
Q 21 妥協	−.263	−.043	**.730**
Q 4 協調	.221	.230	**.716**
Q 1 協調	−.100	.111	**.628**
Q 19 協調	−.293	−.097	**.605**
Q 11 協調	.261	.404	**.560**
Q 8 協調	.300	−.134	**.505**
共通分散の%	36.9	17.4	11.5
固有値	11.1	5.2	3.4

注記：.5以上の因子負荷量が有意と認められた。

表2 対立方略の要約

対立方略	平均値	標準偏差値
解決志向	3.73	.53
制御	3.29	.69
無抵抗	2.71	.83

注記：N＝82；1＝「全くしない」　5＝「常にそうする」

表3 対立方略の選択における男女差

対立方略	性別	平均値	標準偏差値	t値
解決志向	女性	3.57	.54	−2.46*
	男性	3.85	.49	
制御	女性	3.11	.65	−2.01
	男性	3.41	.69	
無抵抗	女性	3.10	.48	3.74**
	男性	2.44	.92	

注記：女性数＝34；男性数＝48；*p＜.05, **p＜.01

表4 対立方略の選択と役職

対立方略	役職	平均値	標準偏差値	t値
解決志向	一般社員	3.70	.49	−.96
	管理職	3.82	.62	
制御	一般社員	3.13	.63	−3.63*
	管理職	3.71	.67	
無抵抗	一般社員	2.73	.89	.28
	管理職	2.67	.64	

注記：一般社員数＝60；管理職員数＝22；*p＜.01

結果から，女性は男性に比べ「解決志向」方略を使う頻度は少ないが，「無抵抗」方略については男性よりも頻繁に使う傾向にあったことがわかった。表4は，管理職にある者が一般社員より頻繁に

表5　対立方略の選択と勤続年数

対立方略	勤続年数	平均値	標準偏差値	t 値
解決志向	9年以下	3.70	.50	−1.22
	10年以上	3.87	.60	
制御	9年以下	3.21	.65	−2.07*
	10年以上	3.59	.75	
無抵抗	9年以下	2.67	.87	−.86
	10年以上	2.87	2.87	.66

注記：9年以下の人数＝65；10年以上の人数＝17；*p＜.05

「制御」方略を使う傾向にあったことを示している。表5では，会社での勤続年数が長い人は短い人に比べると，管理職と同様に，「制御」方略を多く採用することがわかった。

4. 論考

本研究は，西欧の文脈で開発された対立方式モデルのOCCIが，中国の合弁企業で応用できるかどうかを検証した。その結果，オリジナルのOCCI測定装置による5要因構造に代わり，3因子構造が得られた。それらは，(1)「無抵抗」―もめごとから身を引く，あるいは，相異を軽視することで，相手との直接の接触を避ける選択，(2)「制御」―強引に主張し，あるいは，自分の考えを通そうとして，問題について直接やり取りをすること，(3)「解決志向」―双方の意見を解決の方向にまとめる目的で，問題について直接やり取りをすること，であった。

主成分分析では，オリジナルの「回避」，「順応」，「妥協」のカテゴリーからの項目が一つの要因に負荷を示し，複数の行動が部分的に重なり合っていることが示された。一つの要因に含まれた項目に多様性があることから，オリジナルと本研究の要因内に微妙な違いが存在していた可能性が考えられる。たとえば，最も大きな分散を

示した因子1（「無抵抗」要因）は，五つの方略カテゴリー全てからの項目を含んでいた。オリジナルの項目グループと本研究の項目グループとの間に違いが出たことは，一つの文化のなかで発達した理論的構成概念が異文化で使われると，同じ文化的通用性を持たなくなることがある（Ding, 1993）ことを実証している。意味は文化が異なれば解釈も異なる。そのため，ある特定文化のデータは，異文化に携わる人々に異文化間対立管理に関する貴重な情報を提供することになる。また，被験者の男女間と，管理職と従業員の間に対立方略使用の有意差が見られたが，これは，方略の選択は立場や状況のなかで行われる共同作業である（Wilson & Waltman, 1988）という主張を強化した。

調査結果からは，確認された三つの要因のうち，「無抵抗」が共通分散の最大パーセンテージを占めていたことも示された。この要因はオリジナルの「回避」，「順応」，「妥協」のカテゴリーからの項目を含んでいた。「回避」とは対立に取り組もうとしない，あるいは，対立から身を引くことである。中国人の感覚でいう「回避」は，必ずしも，「対立に対して控えめ，あるいは消極的な取り組み」と同義ではなく，むしろ，「先を見越した方策」に近いかもしれない。たとえば，紀元前4世紀に孫子によって書かれたとされる『兵法』（*The Art of War*）では，できる限り対立を避けることが重要だと強調している（Chen, 1995）。戦わずして敵を制することが最も優れた指揮官だと考えられた。したがって，中国の対立方式における撤退や回避は，前進のために後退し，遠回りして追跡する（*yi tui wei jin, yu hui jin ji*）ことを勧める孫子の兵法の反映とも言える。この意味で，中国の文脈で言う「回避」方略は，ウィルソンとプットナム（1982）が言っている「双方に勝ち目のない状況」とは必ずしも同じものではない。

「無抵抗」に含まれた「順応」からの5項目は，双方の相異を重要でないと思わせることで，もめごとをなくしていく考え方であ

る。「無抵抗」要因の一部である「順応」は，ブレークとムートンの用語が示唆するような，「相手の要求を満たすために自分自身のことには目をつむる」ことを必ずしも意味していなかった。会社に家族的な一面があることで，合弁企業で働く中国人のパートナーは長期的な協力に高い価値を置くことができた。結果として，中国人の対立管理の行動は，外国人同僚が合弁企業に抱いたこの長期的な考え方に影響を受けたのである。言い換えれば，中国人にとって「順応」するとは，よきパートナー関係を維持するためのものであった。互恵主義に基づいて，中国人の管理職と従業員は「順応」を相手に提供する好意と考え，将来にその還元を期待したのである (Chen & Xiao, 1993)。長期的なリターンを得るために当面の欲求を犠牲にすることは，大局を見る (*gu quan da ju*) ことであった。中国の文化で優先されるのは，個人よりも会社や集団の利益である。

「妥協」からの4項目は，双方が中間点で歩み寄る考え方である。これもまた，集団関係を維持するために，もめごとをうまく取り繕う方法である。適切な関係の維持は，個人の面子が守られて成り立つ。多くの人々が面子を持てば持つほど，中国人にとっては人間関係を作りやすく，また，それを発展させることが容易になる (Jia, 1997-8, 2001)。ユ (1995) は，中国社会において面子を失うことは個人にとってのみならず，その個人が属する集団にとっても恥ずべきことであると指摘する。そのため，個人は，自分の行動が集団のメンバーに与える影響を考えなければならない。この集団志向のため，対立管理の過程では，もし，相手に譲歩する気持ちがあるならば，中国人は自分も半分譲ることで相手の面子を立てることになる。

調査結果からは，さらに，管理職は一般社員より頻繁に「制御」方略を採用していたことが示された。「制御」方略とは，ブレークとムートン (1964) の定義では，相手を犠牲にして，個人が自分自

身の関心事を追求する権力志向モードである。階層制社会の中国では，格付けされた人間関係がコミュニケーション行動の形式を作り，また，コミュニケーション行動によって，格付けされた人間関係が作られる。そして，この人間関係のネットワークが，中国の社会体系を構成している (Stohl, 1995)。管理職は家庭での父親のように会社で権力を持つ。彼らは役職名と姓で呼ばれる。これは組織のなかで階層的序列をはっきりと示すひとつの方法である (Liu, 2003)。階層制を尊重しなければならないことで，結果的に，管理職と一般社員は格差のある役割を互いに受け入れることになる。そして，権威に対して服従と遵奉が求められる。このため，役職の低い社員は，異なった意見を述べるときには注意しなければならない。というのも，間違いを正す権限は支配層に与えられているからである (Stohl, 1995)。もし，中国人と外国人同僚との間にもめごとが起こり，いずれの側も和解しようとしなければ，そのもめごとは，通常，役職の上の者が仲裁役になり解決される。また，対峙することが避けられないときには，「争い」よりも「譲歩」が好まれる。なぜならば，「争い」は両者の調和した関係を結局は損なう可能性があるからである。

さらに，「解決志向」方略は，三つの対立方略要因のなかで平均値が最も高い。「解決志向」は，友好的な関係で問題について率直に話し合うことである。それは，双方にとり満足のいく統合的な解決策を一緒に探し出そうとする試みである (Miller, 1995)。中国に相互利益と協力 (*hu hui he zuo*) ということばがあるが，これは「調和の取れた人間関係と任務の遂行」をもたらす「解決志向」方略を説明している。調和は儒教の基本的な原理であり，それは壮大な平和の実現に向けられている。この平和は，円滑に機能する人間関係と道徳的規範という秩序のなかに，さまざまな物と人々が組み入れられたときに初めて得ることができる (Yan, 1959)。昔から中国人は，天，地，そして人を，ひとつの有機体として考えてきた。

人類は自然を征服するのではなく，自然とともに調和して生きるべきだと考える。したがって，天があり，地の提供する好条件があり，調和の取れた人間関係があり，さらに，これらを伴った適切な時期があって，初めて成功を収めることができる（*tian shi di li ren he*）。ビジネスでは，調和は財をもたらす（*he qi sheng cai*）という意味で重要である。それ故に，「解決志向」は，対立管理の過程においては調和を得る手段として，中国人の管理職や従業員に非常に好まれる。

対立解決方略の選択に年齢が影響しなかった理由については，中国の合弁企業が，20年にも満たない歴史で，いまだ新しい現象であるからと考えるのが妥当であろう。本研究の人口統計データでは，被験者の約79％が調査の時点で勤続9年未満であり，また，平均年齢も40歳以下であった。働き手が若く，また，仕事の経験も短かったため，年齢の影響が反映しなかったものと思われる。

最後に，今後の研究についていくつかの提案が，本研究により示唆された。第一に，対立管理方式は比較的安定したものか，それとも状況により変化するのかについて，より多くのサンプルを使った今後の調査が望まれる。被験者の数が多ければ，因子分析の結果はより重要な意味を持つことになり，また，信憑性も高くなる。第二に，異文化間コミュニケーションの研究者は，対立管理過程のより包括的な理解を得るために，本研究を発展させ，方略の選択と当事者の関係を対立状況のさまざまな段階で調査することが考えられる。第三に，対立時のやり取りの性質を明らかにするために，この種の調査で使われる自己評価アンケート方式に加え，対立のシナリオも含めて調査することが勧められる (Knapp, Putnam, & Davis, 1988)。状況調査をすることで，それぞれの状況に特定した対立方略について，より意味深いデータが得られるであろう。最後に，対立は，コミュニケーション行動を通して明示され，表現され，そして経験される。このため，コミュニケーション研究者は，

個人的,文化的,政治的,さらに組織的な要因のなかで,対立がコミュニケーションにどのように影響し,また,コミュニケーションによって対立がどのように生じるかを解明する必要がある。この意味で,コミュニケーション研究者は,異なった対立状況でこれらの要因がコミュニケーション方略に与える影響を明らかにし,また,組織での対立に対処する有効な方法を見出す重要な役割を担っていると言える。

(松岡 昇 訳)

〈付録〉

アンケート

回答要領:あなたが今まで仕事上経験した外国人同僚とのもめごとについて考えてください。そして,以下に記されている行動をどのくらいの頻度でとるかについて回答してください。それぞれの項目に対して,あなたの行動に最も当てはまる頻度を数字で選んでください。回答の選択肢(1から5)は次の通りです。

全く しない	めったに しない	ときどき そうする	しばしば そうする	常に そうする
1	2	3	4	5

1. 対立を解決するために,自分の意見をほかの意見と合わせて,新しい選択肢を創出する。
2. もめごとのもとになっている話題は避ける。
3. 外国人同僚とのもめごとのなかでは自分の意見を伝える。
4. いろいろな考え方をひとまとめにするような解決策を提案する。
5. 不愉快な状況は避けて通る。
6. 相手が譲歩するときには,自分の考えも幾分か譲歩する。
7. もめごとについて相手が話し合いを求めていると察したときには,

その外国人同僚を避ける。
8. 外国人同僚との争いで生じた問題は，いろいろな意見を統合して一つの新たな解決策を打ち出す。
9. 外国人同僚との問題は，互いが同じだけ歩み寄って解決する。
10. 外国人同僚に自分の考え方を受け入れさせようとして声を張り上げる。
11. もめごとを話し合うなかで創造的な解決策を提供する。
12. もめごとを避けるために自分の意見は口にしない。
13. 相手が自分に歩み寄る気持ちがあるなら，自分も譲歩する。
14. もめごとを重要視しない。
15. もめごとが重要なことではないと思わせることで，もめごとを和らげる。
16. 双方の相異の中間点で，相手と折り合いをつける。
17. 自分の意見を強力に主張する。
18. 外国人同僚が自分の考え方を理解するまで一方的に意見を述べる。
19. 一緒に協力して問題の解決策を打ち出すことを提案する。
20. 相手の意見を採用して問題の解決策を創出しようとする。
21. もめごとを解決させるために取引を提案する。
22. 自分の考え方を執拗に擁護する。
23. 外国人同僚がもめごとの問題に関して自分と対峙してきた場合，自分は引き下がる。
24. もめごとが生じれば，それを避けて通る。
25. もめごとが重要ではないように見せかけて，争いが丸く収まるようにする。
26. 外国人同僚ともめている間は，一貫して，自分の考え方が受け入れられるべきだと主張する。
27. 双方の相異がそれほど深刻ではないように思わせる。
28. 外国人同僚とは言い争うことよりも，むしろ沈黙を選ぶ。
29. 双方の相異は些細なものであると述べることで対立を緩和する。
30. 外国人同僚ともめている間は，自分の意見を貫き通す。

性別：A. 男　B. 女
年齢：A. 50歳以上　B. 0-49歳　C. 30-39歳　D. 20-29歳
学歴：A. 大学院以上　B. 大学　C. 専門学校　D. 高校
役職：A. 統括マネージャー　B. 中間管理職　C. 専門職　D. 一般事務職員
勤続年数：A. 20年以上　B. 10-19年　C. 5-9年　D. 4年以下

【引用文献】

Blake, R., & Mouton, J. (1964). *The managerial grid*. Houston: Gulf.

Bond, M., & Hwang, K. (1986). The social psychology of Chinese people. In M. H. Bond (Ed.), *The Psychology of Chinese People* (pp. 213-226). Hong Kong: Oxford University Press.

Cai, B., & Gonzalez, A. (1997-8). The Three Gorges project: Technological discourse and the resolution of competing interests. *Intercultural Communication Studies, 7*, 101-112.

Chang, H. C., & Holt, G. R. (1991). More than relationship: Chinese interaction and the principle of Guan-hsi. *Communication Quarterly, 39*, 251-271.

Chen, G. M. (2002). The impact of harmony on Chinese conflict management. In G. M. Chen & R. Ma (Eds.), *Chinese conflict management and resolution* (pp. 3-19). Westport, CT: Ablex.

Chen, G. M., & Chung, J. (1994). The impact of Confucianism on organizational communication. *Communication Quarterly, 42*, 93-105.

Chen, G. M., & Chung, J. (2002). Superiority and seniority: A case analysis of decision making in a Taiwanese religious group. *Intercultural Communication Studies, 11*(1), 41-56.

Chen, G. M., & Starosta, W. J. (1997-8). Chinese conflict manage-

ment and resolution: Overview and implications. *Intercultural Communication Studies, 7*, 1-16.
Chen, G. M., & Starosta, W. J. (2005). *Foundations of Intercultural Communication*. Lanham, MD: University Press of America.
Chen, G. M., & Xiao, X.-S. (1993, November). *The impact of "harmony" on Chinese negotiations*. Paper presented at the annual convention of the Speech Communication Association, San Diego, California.
Chen, M. (1995). *Asian management systems: Chinese, Japanese and Korean styles of business*. London: Routledge.
Chua, E. G., & Gudykunst, W. G. (1987). Conflict resolution styles in low-and high-context cultures. *Communication Research Reports, 4*, 32-37.
Chung, J. (1996). Avoiding a "Bull Moose" rebellion: Particularistic ties, seniority, and third-party mediation. *International and Intercultural Communication Annual, 20*, 166-185.
Ding, D. Z. (1995). *Exploring Chinese conflict management styles in joint ventures. Working paper series* (Serial No. 95-032-0). Hong Kong: City University of Hong Kong.
Dodd, C. H. (1998). *Dynamics of intercultural communication*. Boston, MA: McGraw-Hill.
Hair, J. F., Anderson, R. E., Tatham, R. L., & Black, W. C. (1995). *Multivariate data analysis with readings*. Englewood Cliffs, NJ: Prentice-Hall.
Hofstede, G., & Bond, M. H. (1988). The Confucian connection: From cultural roots to economic growth. *Organizational Dynamics, 16*, 5-21.
Hu, H. C. (1944). The Chinese concept of "face". *American

Anthropology, 46, 45-64.

Huang, S. (2000). Ten thousand businesses would thrive in a harmonious family: Chinese conflict resolution styles in cross-cultural families. *Intercultural Communication Studies, 9* (2), 129-144.

Hwang, K. K. (1988). Renqing and face: The Chinese power game. In K. K. Hwang (Ed.), *The Chinese power game* (pp. 7-56). Taipei: Juliu.

Hwang, K. K. (1997-8). Guanxi and Mientze: Conflict resolution in Chinese society. *Intercultural Communication Studies, 7*, 17-42.

Jia, W. (1997-8). Facework as a Chinese conflict-preventive mechanism: A cultural/discourse analysis. *Intercultural Communication Studies, 7*, 43-62.

Jia, W. (2001). *The remaking of the Chinese character and identity in the 21st century: The Chinese face practices*. Westport, CT: Ablex.

Jocobs, B. J. (1979). A preliminary model of particularistic ties in Chinese political alliances: Kanching and Juan-his in a rural Taiwanese township. *China Quarterly, 78*, 237-273.

Kim, Y. Y. (1991). Intercultural personhood: An integration of Eastern and Western perspectives. In L. A. Samovar & R. E. Porter (Eds.), *Intercultural communication: A reader* (pp. 27-37). Belmont, CA: Wadsworth.

Knapp, M. L., Putnam, L. L., & Davis, L. S. (1988). Measuring interpersonal conflict in organizations: Where do we go from here. *Management Communication Quarterly, 1*, 414-429.

Krone, J. K., Chen, L., & Xia, H. (1997). Approaches to managerial influence in the People's Republic of China. *The Journal of Business Communication, 34*, 289-351.

Krone, K. J., Garrett, M., & Chen, L. (1992). Managerial communication practices in Chinese factories: A preliminary investigation. *The Journal of Business Communication, 29*, 229-252.

Lawrence, P. R., & Lorsch, J. W. (1967). *Organization and environment: Managing differentiation and integration.* Boston: Harvard University.

Liu, S. (2003). Cultures within culture: Unity and diversity of two generations of employees in state-owned enterprises. *Human Relations, 56*(4), 387-417.

Liu, S., & Chen, G. (2002). Collaboration over avoidance: Conflict management strategies in state-owned enterprises. In G. M. Chen & R. Ma (Eds.), *Chinese conflict management and resolution* (pp. 163-182). Westport, CT: Greenword/Ablex.

Liu, S., Chen, G. M., & Liu, Q. (2006). Through the lenses of organizational culture: A comparative study of state-owned enterprises and joint ventures in China. *China Media Research, 2*, 15-24.

Lockett, M. (1988). Culture and the problem of Chinese management. *Organization Studies, 9*, 475-496.

Miller, K. (1995). *Organizational communication: Approaches and processes.* Belmont, CA: Wadsworth.

Putnam, L. L., & Wilson, C. E. (1982). Communicative strategies in organizational conflicts: Reliability and validity of a measurement scale. In B. M. Doran (Ed.), *Communication yearbook 6* (pp. 629-652). Beverly Hills, CA: Sage.

Shenkar, O., & Ronen, S. (1987). The cultural context of negotiations: The implications of Chinese interpersonal norms. *The*

Journal of Applied Behavioral Science, 23, 263-275.

Simons, H. W. (1974). Prologue. In G. R. Miller & H. W. Simons (Eds.), *Perspectives on communication in social conflict*. Englewood Cliffs, NJ: Prentice-Hall.

State Statistical Bureau of the People's Republic of China. (2003). *China Statistical Yearbook*. Beijing: China Statistics Press.

Stohl, C. (1995). *Organizational communication: Connectedness in action*. Thousand Oaks, CA: Sage.

Temkin, T., & Cummings, H. W. (1985, November). *An exploratory study of conflict management behaviors in voluntary organizations*. Paper presented at the annual convention of the Speech Communication Association, Denver, CO.

Ting-Toomey, S. (1985). Toward a theory of conflict and culture. In W. Gudykunst, L. Stewart & S. Ting-Toomey (Eds.), *Communication, culture, and organizational processes* (pp. 71-86). Beverly Hills, CA: Sage.

Ting-Toomey, S. (1986). Conflict communication styles in black and white subjective cultures. In Y. Y. Kim (Ed.), *Interethnic Communication: Current research* (pp. 75-88). Newbury Park, CA: Sage.

Ting-Toomey, S. (1994). Managing intercultural conflicts effectively. In L. A. Samovar & R. E. Porter (Eds.), *Intercultural communication: A reader* (pp. 360-372). Belmont, CA: Wadsworth.

Ting-Toomey, S., Yee-Jung, K. K., Shapiro, R. B., Garcia, W., Wright, T. J., & Oetzel, J. G. (2000). Ethnic/cultural identity salience and conflict styles in four US ethnic groups. *International Journal of Intercultural Relations, 24*(1), 47-81.

Tsen, S. Q. (1986). *Zhong guo de jing ying li nain* [*Chinese philosophy of management*]. Taipei: Economic Daily Press.

Wilson, S. R., & Waltman, M. S. (1988). Assessing the Putnam-Wilson organizational communication conflict instrument. *Management Communication Quarterly, 1*, 367-388.

Yang, C. K. (1959). Some characteristics of Chinese bureaucratic behavior. In D. S. Nivison & A. F. Wright (Eds.), *Confucianism in action* (pp. 134-164). Stanford: Stanford University Press.

Yu, X. J. (1995, August). *An investigation of the Chinese perspective of conflict and conflict management*. Paper presented at the 5th International Conference on Cross-Cultural Communication: East and West, Harbin, China.

【参考文献】

Chen, G. M. (Ed.). (1997-8). Chinese conflict management and resolution [Special issue]. *Intercultural Communication Studies, 7*(1), 1-168.

Chen, G. M. (Ed.). (2000). Chinese conflict management in intercultural context [Special issue]. *Intercultural Communication Studies, 9*(1), 1-175.

Chen, G. M. (2001). Toward transcultural understanding: A harmony theory of Chinese communication. In V. H. Milhouse, M. K. Asante & P. O. Nwosu (Eds.), *Transcultural realities: Interdisciplinary perspectives on cross-cultural relations* (pp. 55-70). Thousand Oaks, CA: Sage.

Chen, G. M. (2004). The two faces of Chinese communication. *Human Communication, 7*, 25-36.

Chen, G. M., & Chen, V. (2002). An examination of PRC business

negotiations. *Communication Research Reports, 19*, 399-408.
Chen, G. M., & Ma, R. (Eds.). (2002). *Chinese conflict management and resolution*. Westport, CT: Ablex.
Chen, G. M., Ryan, K., & Chen, C. (2000). The determinants of conflict management among Chinese and Americans. *Intercultural Communication Studies, 9*, 163-175.

研究成果の応用

第4部

11

ヨーロッパの言語政策における四つの提言

Peter H. Nelde

1. はじめに

　本章で筆者は四つの提言を掲げながら，ヨーロッパの言語政策が直面している諸問題に対処しうる多言語主義（multilingualism）[1]の一案を提示したい。とりわけ四つ目の提言である言語政策のヨーロッパ化については詳細に述べ，対立回避方策を吟味する。この方策は，多言語国家でその有効性がある程度証明されたため，ヨーロッパ全土における対立を緩和する方策を論じていく上でのたたき台となるかもしれない。結びとして，広大なヨーロッパの政治的・言語的対立を分析する際，どの程度，接触言語学（contact linguistics）が貢献しうるか，示してみたい。

　21世紀の初頭にブリュッセルから多言語状況を論じていくことは，石炭をニューカッスルに運ぶぐらい，たやすいことであろう[2]。ブリュッセルでは多言語状況や多文化性はまさにありふれた日常なのである。目新しいことといえば，ヨーロッパ連合（European Union：以下，EU）における公的な言語計画に政治，経済，メディアや言語の相互依存が盛り込まれ，政治・経済的な機関である「省」[3]を設立したことである。この「省」は主に「ソクラテ

ス」,「エラスムス」,「テンプス」[4] などの加盟国間の学問上の交流プログラムや,歴史的・社会経済的要因に起因する争いにまきこまれてしまった土着の少数言語（EU の用語では「比較的使用されない言語（lesser used languages)」）への対処などを統括している。1996 年に開始された詳細な少数言語に関する分析―当分析を掲載した報告書は「ユーロモザイク・リポート」として知られている―は非常に重要な側面において接触言語学研究に多大な知見を残している。それゆえ,EU 加盟国の言語計画や言語政策は完全に確立されたものとなり,今では EU 外にも十分によく知られるものとなったのである。

90 年代半ばに台頭した接触言語学の新しい視点は 21 世紀の多言語使用状況の構築において重大な影響を及ぼしてきた。その新しい視点は以下のようにまとめられる。

1. 多言語状況はもはや数種類の言語使用を行うヨーロッパ諸国のみにみられる現象ではない。多くのアジアやアフリカ諸国でもみうけられるありふれた現象になりつつあり,既に多くの国々においては,至極当然のことになっている。
2. 戦後の社会言語学の主流は,二言語使用を行う少数言語話者は母語の喪失という危険にさらされていると論じてきたが,今日の多言語主義における二言語使用は,国境間の交通,翻訳業,また国家をまたぐ雇用者などの多くの雇用を生み出し生活水準を向上させうる経済促進の要因とみなされている。
3. 「地球化（globalisation）」のような経済的要因は大言語を促進してはいるが,これは多言語状況における小・中言語に新たな復興の機会を与える「地方化（regionalisation）」なしには起こり得ない。
4. 長年,少数言語話者は守勢にまわる態度をとってきたが,近年の多言語主義の発展により,そのうちの多言語使用の可能な者は自身の利点を新たなヨーロッパの言説に見出し,それゆえ攻

勢にまわることができるようになった。つまり小言語の多言語使用者は自身のアイデンティティを否定する必要もなく，また権威ある言語に過度に同化していく必要もないのである。しかしながら，小言語しか話せぬ者は，自身の言語のみで意見を表明しようとしたとしても，多言語・多文化の今日のヨーロッパでは，さらに苦境に立たされることであろう。

2. 第一の提言

以前にもまして，90年代後半の言語話者は"新・多言語使用"への移行の必要性に迫られている。

　EUが11の公用語・作業語を認可し推進する発議を行なったことは，人類史上非常に稀なことである。11言語制は，1995年に導入されてより，EU内の言語的，文化的差別の解消に向けた風潮という成果を生み出してきた。しかしながら，実はこの多言語主義の風潮は決して近代的なコンセプトではないのである。過去のオーストリアにおける言語政策の研究で，ハンス・ゴーブル (1997) は，中世後期のドイツ神聖ローマ帝国と比較して，現代のヨーロッパには言語能力が非常に欠けていることを指摘している。現代の政府指導者と比べると，ハプスブルク家の皇帝たちは驚くべき言語能力を誇ったであろう。当時の皇帝たちは，「比較的言語的才能がない者」でも少なくとも四言語を習得し，「最も言語的才能に長けた者」は九言語以上習得したという。その後，一言語使用への傾倒が200年ほど続き，現代のわれわれの指導者たちはまずもって多言語使用者とはみなされないであろう。ブレアー首相（英），ベルスルコーニ首相（伊），マーチン首相（加），橋本首相（日），ブッシュ大統領（米），シラク大統領（仏），ハワード首相（豪），メルケル首相（独）など，現代の政府指導者[5]を考えれば明らかである。

　新ヨーロッパにハプスブルク家の皇帝のような模範となる多言語

話者が不足している事実はあるにせよ，新世紀を迎えるにあたり今日の社会経済的，社会政治的風潮は，「新・多言語使用」の必要性を予見している。

1. EUにおいては，いわゆる国家主権の重要性が近年弱まりつつある。多くの分野において，国家の責務はブリュッセルやストラスブール，またはルクセンブルク[6]などに引き継がれてきた。それに伴い，EU加盟国の国家，ないしは政府の権威は失われつつある。
2. 新自由主義や国際化は急速に進行する地球化を推し進めてきた。その地球化は各国の国家経済的，また文化立法的裁量を狭めてきている。
3. アジアやアフリカの言語文化的発達，ヨーロッパやアメリカとの比較において比較的急速な人口ピラミッドの若返り，またいくつかの言語や文化が当然のように共生してきた事実を考慮すると，多言語使用が地球標準となったことは明らかであろう。その一方で単一言語使用が例外的な事例になりつつある。

簡潔かつ明瞭に述べれば，ヨーロッパの多言語使用状況は次のようにまとめられる。ヨーロッパ全土において，合計150以上の言語が話されている（ヨーロッパⅠ）。そしてEUでは20の公用語・作業語に加えて，約70の少数言語が存在しており，合計少なくとも90の土地固有の言語が使用されている（ヨーロッパⅡ）。2007年の南東への拡大の後，EUは110以上の土着の公用語，少数言語を内包することとなる（ヨーロッパⅢ）。

土着のグループの何百万人もの人々を考慮するまでもなく，そのような複数言語，複数文化の氾濫に対しては，もし対処可能であるとしても，賢明な言語計画，言語政策がなければとうてい適切に対処することができない。このためには，次に述べる（1）用語，（2）概念化の二つの問題を事前に解決する必要がある。そうでなければ，異文化間の誤解にも発展しかねない。

(1) 用語

英語における language planning（言語計画），language policy（言語政策），language politics（言語政治）という区別は他のヨーロッパ言語にもみうけられる。たとえばオランダ語では *taalplanning*, *taalbeleid*, *taalpolitiek* のように同様の区分がある。しかしながら，ドイツ語では *Sprachplanung* と *Sprachpolitik* の二つのみが存在し，二番目のヨーロッパの言語政策を決定づける用語である「言語政策」にあたるものがない。またフランス語では国家支配的なニュアンスを示す *planification linguistique*, *politique linguistique* という用語を使用せず，環境言語学的かつ近代民主的なニュアンスを示す *amenagement linguistique*，英語的な意味あいでいえば linguistic household という用語を使用している。EUにおける多言語使用において，英語，フランス語，ドイツ語は主要言語であり，それゆえ今後の共通言語政策の推進において決定的な要因となるため，この主要言語間の用語の差異は注目に値する。

(2) 概念化

EU内の比較的小さな言語共同体における接触言語学的な分析の成果が1996年（ユーロモザイクⅠ），1999年（ユーロモザイクⅡ），2005年（ユーロモザイクⅢ）と三度刊行された。そのユーロモザイクレポートⅠ・Ⅱ・Ⅲに明らかに示されていることは次のことである。すなわち，今日まで，ヨーロッパ全体に共通したコンセプトはなく，また連合内の20の加盟国の言語，文化の共存という課題に限定したとしても，全ヨーロッパ的な展望は見出せない。つまり，ある中央集権的な言語政策観を加盟国の一グループ（たとえばフランス）に当てはめながら，他の国家（たとえばドイツ）は補助的な原理を選択し，また他国（たとえばイギリス）はこの二つの原理の折衷的な案を採用したような状況なのである。しかしこれは

当然のなりゆきでもある。なぜならば，融合はもちろん，関連性を見出すことさえ困難な二つの概念上のアプローチは，共通の認識を生み出す上での障壁となるからである。

　このような原理の概念化の差異は非常に重大な結果をもたらすであろう。というのも，中央集権的な原理に基づいて言語政策を決定しようとすれば，まず国家の言語関連の立法府のような機関に委託され，次に上意下達で行政上の関係機関を通じて実施されていくものだからである。

　補助的な原理が採用される場合，最高立法府やそれに従うそれぞれの国家の法律や法令が欠けているということさえ多々ある。たとえば，ドイツやベルギーには文化関係の大臣がいない。このような場合，言語や文化に関する政治的な決定は，結果的にもっとも末端で行なわれていくことになる（地方自治体，州，地方レベル）。このように多かれ少なかれ対照的な概念形成が行われるため，歴史を経て発展してきた個々の国の社会構造の特異性を無視して，ブリュッセルの視点から EU で中央集権的言語政策を敢行することは，想像すらできない。

3. 第二の提言

接触言語学のモデルは多言語使用状況の分析に学際的なアプローチが必要であることを示している。

　接触言語学は明らかに学際的なものである。この分野は言語的なものも言語外のものも含めた言語接触の諸現象を対象とし，更にはその接触から生まれる対立の分析，また対立の解決への方策を現実的に提供することを目指している（Goebl, et al., 1996, 1997）。われわれは，以下に示す接触言語学の四つの前提が言語対立（language conflict），またその対立の中立化（neutralisation）を論じていく上で非常に重要であると考えている。

[第4部] 研究成果の応用

1. 言語間には接触も対立も存在しない。接触し，言語間の差異により対立するのは，言語話者や言語共同体なのである（Haarmann, 1980 ; Oksaar, 1980）。結果として，さまざまなコンテクストにおける同一言語間（たとえばスロベニアとスイスのイタリア語）の接触，対立において比較検討することはほとんどない。原因は非常に多様なものであるため，接触や対立はさまざまな形であらわれる。たとえば1998年，コソボでの明らかな交戦状態の勃発の形をとる対立や，スカンジナビア半島における融和を求めながらも「皮下」つまり潜在意識化での対立の形をとるものまで，接触や対立のあらわれ方は多岐にわたる。前述のように言語共同体での対立の原因，結果は多様であるが，あらゆる対立がおこる主要な原因は多言語使用における不均衡であろう。同一の話者数，同一の権威を誇る言語，同一の国産物，また同一の生活水準，そのような諸要因が同一の言語コミュニティは存在しない。それゆえ，対立なしの接触というものはあり得ない。

2. 筆者は過去に「言語対立のない言語接触はない」というネルデの法則と後に呼ばれる主張を行なった（de Bot, 1997）。この表現は大袈裟に聞こえるかもしれないが，ヨーロッパ諸言語の場合においてこの法則は妥当といえよう。この関連において，単一言語話者間での言語対立におけるマットハイアー（1984）の考察は注目に値する。

3. 接触言語学では，言語はあくまでも対立の二次的原因であり，対立の一次的原因とは社会経済，政治，宗教，心理，また歴史に起因するものと捉えている。それゆえ，言語対立というものは比較的「軽い災い」とみなされよう。なぜなら，言語的対立は多くの場合において，社会政治的な原因や他の非言語的原因を主として発生する対立よりも，ずっと是正や中立化が行ないやすいからである。言語的要素を政治的に利用し，イデオロギ

ーに組み込んでいく対立では，言語は実は重要性の低いものであることを示し，二次的に利用されただけだということがよくわかるであろう。現代の東南ヨーロッパでは，このような事例は枚挙にいとまがない。ボスニアヘルツェゴビナではセルボクロアチア語は1992年に廃止され，セルビア・クロアチア語が採択された。次はボスニア語だろうか。モルダヴィアでは，もし同じ言語を使用しながら異なる文字（ラテン文字とキリル文字）や異なる用語群を使用することになると，国家の安定は維持できるのだろうか。ベラルーシという新国家では，ベラルーシ語で教育が行なわれる学校がわずか10％のような状況である。そのような状況下で，言語は生きながらえるのだろうか。

4. 接触言語学では，言語対立の負の側面のみを捉えるべきではなく，対立から新体制が生じる可能性も同時に主張している。そのような新言語体制は，少数言語話者にとって，以前のものよりも好ましい可能性がある。

4. 第三の提言

ヨーロッパの言語対立は過去の歴史的な性質によるものだけではない。今後のヨーロッパで更なる言語対立の発生が言語政策家によって人為的に作られている。

歴史から生じた伝統的な言語対立に加えて，現代では土着民と移民，すなわち土着と外様の間に同化や統合などに関する賛否をめぐり，新しい対立が生じている。これらは「自然な」対立であるので，筆者は言語政策による新制度の導入から生じる「人為的な」対立と区別したい。そのような対立について議論を進めると，現代のブリュッセルを古代のバビロン王国になぞらえることができよう。4000人の翻訳家や通訳者がヨーロッパIIの現時点における11の公用語や作業語を用いて働いており，生き残りをかけている多くの少

数言語の存在はこの状況に影響を与え，さらに複雑にするかもしれない。これはいわば数学の問題なのである。つまり，11の言語があるということは，一つの言語を10の言語に翻訳する，つまり11×10，110の組み合わせがある。その数は，フランドルの画家，ピーテル・ブリューゲルが有名なバベルの塔の絵を描く際には，頭に浮かびもしなかったであろう。というのも，彼が描いた塔には，今日の欧州委員会で必要とされる同時通訳ブースのための十分な空間がないからである。このような現状のため，均一な，平等なヨーロッパを創造する理想論だけでは，自然な対立だろうと人為的な対立だろうと解決しえないことが明らかになりつつある。

　この状況を打破する上で，考えられる解決策は何であろうか。
1. 人工言語（エスペラントや手話）を導入する
2. 影響力のある伝達媒体（英語）をリンガ・フランカ，つまり共通語として採択する
3. いくつかの主要言語（ドイツ語，フランス語，英語）を選択する
4. 11の公用語・作業語という現状の体制維持

　解決策4の現状維持策，つまり言語の多様性の容認は，今後広まり続くのであろうか。さもバビロンかのような状況を避けるために，言語選択の自由にある程度の規制がかけられることは致し方ないかもしれない。EUの更なる拡大により，新加盟国の言語を自動的にEUの言語として認可していくことをやめ，解決策3や，これら以外の新しい方策を考えざるを得ないであろう。

　前述のEUの言語関連の「省」はヨーロッパの少数言語グループと協力し，小言語の維持や推進における言語政策や諸問題を取り扱ってきた。その経験により，政治機関がこのような問題に関与していく上での扱いにくさ，複雑さが明らかになった。

　ヨーロッパⅡにおいては多くのことについて共通の見解が欠落している。まずいくつの少数言語が存在し，また話者がどれほどいる

のかということに関する意見の一致がみられない。接触言語学の定義づけにより数が異なり、少数言語数は40から50、ヨーロッパⅡの全3億8000万の「欧州連合主義者」のなかで、小数言語話者数は3000万人から5500万人といわれており、いずれも数の開きがある。また少数言語の呼び方も統一されていない。前述のEUの「比較的使用されない言語（lesser used languages）」はいくぶん絶望的な感があり、また自然な言い回しではないので、フランス語では「広域使用されていない言語（*langues moins répandues*）」と翻訳されている。また最後に言語コミュニティに関する言語政策に共通の指針がみられない。歴史に培われた多様な社会構造のため、コミュニティどうしを比較することはまずもって不可能であろう。少数言語に関わる行政官が細心の注意、配慮をもってことにあたらない限り、新しい「人為的な」対立は免れないだろう。

5. 第四の提言

対立が中和（neutralisation）していくには、ヨーロッパⅡで成功した補助的な言語政策をヨーロッパ化（Europeanise）する必要がある。つまりその言語政策をヨーロッパの言語政策の中心に据える必要がある。

　ヨーロッパの多言語国家はどのような考えを発展させ、そしてどの考えによって多言語共同体に平和な共存をもたらすことに成功したのか。さまざまな状況の下、異なる出発点から発展したにもかかわらず、ベルギー、ルクセンブルク、スイスのような多言語国家で培われてきた対立回避方略から提案された次のような共通な考えがみうけられる。

(1) 地域原理

　多くの単一言語話者は二言語使用の国に住むすべての市民が両言

語を話していると考えている。しかしながら，二言語使用（bilingualism）とは，両言語が共存し，少なくとも理論的には同じ地位と権利を享受している状況をさす用語であると考えた方がよい。このいわば制度化された多言語使用は「地域原理」（territoriality principle）に基づくものである。これは，政治機関がある言語の使用区域に認定した地域に住む人々は，少なくとも公的な言語使用ではその指定言語を使用しなければならないというものである。当原理は「個人原理」（personality principle）と対をなす。個人原理とは，地域にかかわらず全ての公的・私的な分野や領域において，母語を含め，どの言語を使用してもよいというものである。

あまり融通の利かない地域原理は批判を浴びてはいるけれども，いくつかの多言語国家，とりわけ経済的に繁栄しているカナダ，ベルギー，スイスのような国々で成功をおさめている。当初，この地域原理と個人原理は，過去のベルギーの場合のように反発しあっていた。ベルギーでは1960年代まで，個人原理が広く普及しており，その結果，言語的な上下関係，すなわちロマンス語の高い権威が過度のフランス化をもたらしてしまった。もっとも注目に値すべきは，二言語使用の首都，ブリュッセルで地域原理を家族レベルにまで適用した結果である。ここでは悪名高き「家長の自由（liberté du père de famille）」制度，すなわち一家の「長」が国家語のなかから一つ自由に選択するという制度が1970年代まで採用されていたのである。現在のブリュッセルの教育，行政，職場などの公的言語使用域では，オランダ語とフランス語の二つの単一言語使用に落ちついている。つまり境界線付近のコミュニティを除いて，地域原理に基づき，オランダ語のフランダース地方，フランス語のワロニー地方に二分されている。

この地域原理は小さな多言語国家を保護する上では役立ったことが明らかであったため，当原理の実施は各国から賞賛と批判の両方を浴びた。そうは言っても，ベルギーの場合，個々の話者には深刻

な結果がもたらされた。もしこの原理導入の前の社会発展には二言語（少なくともフランドル語とドイツ語の話者の場合）の習得が必要不可欠であったとしても，今日の生活の多くは単一言語のみ，つまりそれぞれの地域の言語の使用でこと足りるのである。

　ベルギー政府は個々の言語コミュニティの権利に細心の配慮を払っており，どれほどの少数集団であろうと同じ権利が与えられている。たとえば東ベルギーのドイツ語話者の少数集団は，総人口の1％以下ほどであるが，前述の二大主要地域であるフランダースとワロニー地方の中間で言語規制政策の恩恵を受け，オランダ語話者やフランス語話者とほぼ同等の扱いを受けている。ドイツ語はベルギーにおいて第三の国家語でもある。例を挙げるなら，ブリュッセルの空港では全ての標示を四言語で書いている。三つは公用語であるオランダ語，フランス語，ドイツ語で，残りの一つは空路における国際語の英語であり，あらゆる言語差別を避けるため，これらの四言語はこの順番で上から書かれている。また別の事例として，高速道路所轄の警察が挙げられよう。交通違反で逮捕された場合，違反を犯した運転手はまず上の三つの国家語を選ぶ権利が与えられ，選んだ言語で調書がとられるのである。

　もちろん，このような多言語状況をつくりあげるためには費用がかかるが，対立回避方略として非常に利に適った手法なのである。どれほどの数の国が少数言語に同等の地位を与える努力を行なっているであろうか。もしこの同等の地位が保証されなくなれば，言語の上下関係が際立ち，次第に政治的だけでなく経済的な影響力をともなう対立を助長してしまうであろう。もちろん限度はあるけれども，ベルギーの対立への対処方策をEUの言語計画の一つのモデルになりうるかもしれない。

(2) 脱感情論化

　ベルギーの言語論争から得られた教訓は，言語問題にはある種の

「脱」感情論化が必要ということであろう。そうは言っても，言語や文化の対立から感情的要素を排除していくことは決して容易なことではない。地域原理導入の際に，ベルギーの立法省は公的な生活域に厳しい言語規制をかけても，他の私的な言語使用には十分な言語選択の余地を残すことができると期待していた。他の多くの多言語国家で地域原理が制定された単一言語使用域は少なくとも「教育」と「行政」の二つであるが，ベルギーでは「職場」も追加された。すでに述べたように，ある地域で採択された言語はあらゆる公的な領域，たとえば雇用者と被雇用者間の契約などで使用されなければならない。その原理を踏まえることで，社会的趨勢などにより言語を選択することから生じる対立を避けることができる。一例として，経営者側と労働組合側が異なる言語を使用するという状況を想像していただきたい。地域原理により，不必要な言語的対立が避けられることがご理解いただけるだろう。

　このような言語立法と並行して，フランスにおける中央集権的な言語政策の轍をふまぬよう，連邦化（federalisation）と地域化（regionalisation）のための言語計画が推し進められている。さまざまな言語グループ内には地域化された（ベルギー語の用語では，「コミューン化された（communalised）」）言語計画がある。そして，その言語計画は非常に重要ではあるが，限定的な生活域においてのみ実施されており，他の領域では自由放任主義がとられている。そのようにして，言語と文化における規制と自由とのバランスをとっているのである。

(3) 言語の国勢調査

　北アメリカやロシアでは「国勢調査」とよばれる大規模な言語調査により多数・少数言語話者の認定がなされるが，ベルギーでは少数言語話者の登録に独自の手法を模索しており，多数派，少数派の権利と義務は単に「数」の問題ではないという方向性をとってい

11 ヨーロッパの言語政策における四つの提言

る。言語話者数の大小がもはや言語計画において決定的な要因ではないとの判断の根底には，話者数的にも社会経済的にも劣勢な少数派は，対峙(たいじ)する多数派よりも手厚い支援が必要であるという認識がある。その認識のもと，ベルギー政府は人口に関する国勢調査の一環としての数値的な言語調査を廃止し，この方針により言語対立の脱感情論化をかなり推し進めることができたのである。

このように，ベルギーは他の多言語国家と著しく異なっているため，対立の決定的な要因とも思われる言語調査という問題に踏み込んでみたい。われわれは二言語使用というのは決して均一なものではなく，二言語話者は社会経済的要因や文化的アイデンティティなどの複数の要因から，一方の言語を好む性質があると主張してきた。それゆえ二言語，または多言語使用に関する言語調査の結果は，社会的に信頼できるものではないのかもしれない。ここで一例をあげよう。ルクセンブルクとベルギーの国境周辺には，ドイツ語とフランス語を使用する二言語使用の小さな村，マルテランゲ地方がある。その地で行なわれた 1933 年の国勢調査では，住民の 93 ％がドイツ語を使用すると言い，フランス語話者であると主張した住民はほんの 7 ％にすぎなかった (Nelde, 1979)。1947 年の国勢調査，ちなみにベルギーで最後の国による国勢調査が実施された年であるが，その年には状況は完全に逆転し，多数派はフランス語話者，ほんの数％がドイツ話者と申告した。この劇的な逆転の背後にある理由は明白である。いずれの国勢調査の時も，実は村のほとんどの住民が二言語併用者であったのだ。しかし，1933 年，ファシズム台頭の時代にはドイツ語が人気を博し，第二次世界大戦終了後の 1947 年にはそれが下火になってしまったのであろう。おそらく彼らはフランス語使用に切り替えることを「都合がよい」と考えたと思われる。このように，言語の国勢調査から得られたデータというのは，多言語対立状況にある場合，疑いの眼差しで眺めた方がよい。その多言語使用の状況は，政治的な要因などの非言語的要因に

よって捻じ曲げられる傾向があるからである。ここでは20世紀半ばの国勢調査の結果を引用せざるを得なかった。なぜなら前述のように，1947年以降，ベルギーでは政府による公的な国勢調査は禁止されたからである。

(4) 肯定的待遇

前述の脱感情論化や言語の国勢調査をふまえて，ここでは少数言語話者への肯定的待遇に焦点を当てる。その肯定的待遇は未来のヨーロッパの少数言語話者にかなり役立つこととなろう。ここでいう肯定的待遇とは，少数派言語に多数派言語と同等の言語の維持と成長の可能性を持たせるため，少数派にいわゆる「数の原理」によって与えられる待遇以上の権利や利益を与えることを示す。

言語間の格差をともなう多言語使用，しかも特に制度化された多言語使用の場合，少数派言語に多数派言語と同等の結果を生み出すことができるように，教育制度は少数派言語を推進していくべきである。具体的な事例としては，学校で少数言語話者のクラスサイズを小さめにすること，または特別な「多言語使用」の必要に迫られる教員には，より多くの給与を支払うことなどが挙げられる。少数言語の子どもたちは社会的権威や数の点で劣勢に立たされているので，最終的に平等な活躍の機会を得られるよう，より多くの権利と利益を享受すべきなのである。

他の肯定的待遇の事例としては，第二言語使用環境で生計を立てているものに，より多く報酬を与えることなどが考えられる。たとえば，多言語使用の町の郵便配達人は，単一言語使用の町で働くものよりも，多く稼げるような対処である。というのも，単純に前者への雇用条件のレベルが高いからである。このような対処は明らかに二言語使用者の社会的地位向上につながっていくだろう。

(5) 市場経済と言語

　ベルギーで，言語に関する論争を脱感情論化していく過程において，対立を回避，解決する別の手法が見出された。今日，ベルギーの多言語使用状況は，他の外国，または近隣諸国の重要言語だけでなく三つの国家語が推進されているという点において，非常にリベラルであると言える。個々の話者が個人的，ないしは職業的な目的により，必要な言語を取捨選択することがずっと容易になってきた。個人がどの言語を使用するか，またはどの言語を習得するかという問題は，まるで「自由市場」の体をなしている。つまり多言語使用は，歴史的，社会的差別，偏見などの感情論から解放され，需要と供給の原理に従っていると言えるだろう。加えて，純粋に経済的な側面もある。ブリュッセルは首都，国際会議場として機能しており，そのため多くの人々は他言語を学びたいと考えている。付加的に言語を習得することは十分に経済的に報われるからである（Grin, 1996）。そのベルギーの事例が示すとおり，経済的な理由や需要と供給の原理による言語選択は，固定観念にとらわれ，融通が利かない上，絶えず変わりゆく言語のニーズに対応できない中央集権的な言語計画や言語政策よりも，多言語使用の状況をつくりだす上で成功する要因となりうるであろう。

6. 結論

　ヨーロッパ，とりわけベルギーの多言語使用状況で引き起こされる諸問題に対する解決法を論じてきたが，ここでは，すべての文化，国，状況に適合する万能モデルではないことを強調しておきたい。各国の言語政策には，それぞれの多言語使用状況の具体的な諸条件が反映されなければならないのである。経済的ニーズに合致す

るためには，政策上問題となっている言語コミュニティを評定することができるように策定されなければならない。本章でみてきたさまざまな事例により，統合されたヨーロッパ内で生じる諸言語問題への解決策として，一つの政治言語プログラムをあてはめても，うまくいかないだろう。つまり，一般的，全般的な解決方法などは存在しない。いままでオーストラリア，カナダなどの多言語国家での言語政策が示してきたように，言語政策は個々の状況，諸条件に適合させなければならない。

土着少数派と外来少数派の協力

　土着少数派と外来少数派は両者共に，言語的に支配的なグループに対して言語，文化の社会的地位の低さからくる不利益の問題に注意を注いできたということは事実であるが，彼らは，今までのヨーロッパにおいて，言語権の向上のためにお互いに協力してこなかったといってよい。しかしながら，同種の不利益には同様の解決策が有効と思われるため，このような協力は明らかに必要なのである。新しく社会的に認定された少数派―たとえば移住者，外国人労働者，帰国子女，国外追放者，再定住者，難民，移民や移住途中の滞在者―はヨーロッパの政治の重要事項となっている。これらの外来の少数派は少数派人口のなかに新しい認識を生み出し，もとより定住していた土着の少数派から抑圧されるのではなく，むしろ地位は向上している。また外来の少数派も方言や少数言語の復興という新風潮に共通した理解をしている。「小は美なり（"small is beautiful"）」運動という60年代，70年代に起こったキャンペーンのように，少数派に焦点をあてた新しい地方への意識により，研究者や政治家，また文化事象を担当する者たちはますます少数派の問題へ注意を払うようになった。文化的に活発なヨーロッパにおいて，少数派の社会文化的，経済政治的重要性は自明なことなのである。

　しかしながら，少数派言語話者に対する多数派言語話者の態度

は，土着の場合よりも外来の場合にずっと否定的である。多数派と土着の少数派，多数派と外来の少数派との対立は社会，政治，経済，文化などの領域で異なってあらわれる。

接触言語学において，土着，外来グループの両方を同時に調査した研究の貢献は多大であると思われがちであるが，残念ながらそのような研究はほぼ皆無である。オランダ，スイス，フランスでの土着と外来グループは，今までまったく異なった手法で研究されている。それはおそらくイデオロギー上の理由，ないしは研究における本質的な理由によるものであろう。イギリスでは，たとえば，いわゆる「脱植民地化」した地域の言語を研究している言語学者と，スコットランドやウェールズのケルト語を分析している言語学者との学術的交流はみられない。疑いの余地なく，このような協力がなされていないことの理由の一つは，言語対立状況の言語以外の差異によるものである。それゆえ，両グループ間で同様の言語対立を抱えていようと，中和化をめざす共通の対立解決法への提言を行うことがまったくないことも頷けよう。

状況の再評価

接触言語学研究の分野は明らかに急成長をみせ，また絶えず変化しているが，その背景にある四つの主要な根拠を述べる。

第一の理由として，少数言語や他の文化的遺産を保持せんとする地方の少数派コミュニティは多くの場合，ヨーロッパの国家において辺境の地に位置しており，それゆえ，過去には「周辺的 (marginal)」とみなされていたことが挙げられる。もし彼らが生活，経済的進歩を積極的に推し進めていたら，都会化や産業化の波にもまれざるを得ず，結果的に彼らは自身の言語を含め独自性を失っていたかもしれない。しかしながら現在では，EUにおける最重要な言語接触域である国境間の地の利を認識し，かなりの数の地方の少数派コミュニティが新ヨーロッパの「中心 (centre)」を占めている

と感じている。地理的,また地理政治的観点から考慮すると,それらのコミュニティはもはや周辺的な位置ではないのである。さらに,以前の諸国家の集合に過ぎなかった旧ヨーロッパではなく,現在の超国家的な一つのヨーロッパは,地方主義にはるかに寛容になったことも当然であろう。この認識の変化により,少数派コミュニティは現在,社会構造の変化の過程にあり,その過程は接触言語学の観点から分析されるべきである。これらのコミュニティで過去,現在に何がおこっているのかという問題への理解を深めるために,われわれはまず少数言語話者がいかに自身の言語や伝統を保持してきたかということに焦点をあてた研究を行なうべきである。カタロニア人のような少数派グループの研究は,少数派の維持と推進にいかに対策をうつべきかについて多くの示唆を与えてくれるであろう。このコンテクストにおいては,田舎や地方の発展ということは大きな関心事である。

　第二の理由は,ヨーロッパの地方に比べて,主要都市における多言語使用はむしろ新しい事象だからである。いくつかのケースにおいては実証的研究もなされ,かなりの知見を残しつつあるが,接触言語学を発展させていくためには,まだまだ多くの手つかずのケースがある。この分野では,「偏見」に対する研究も言語学の一環をなし,多言語使用や多文化状況の接触から多くの問題や対立が生じると考えている。これらの都市部の対立は,支配的なグループが自身の社会的身分,また発展を安定させるための試みという社会学的な理由のみならず,他者の入植,到来により自身のアイデンティティが脅かされるかもしれないという一種の恐怖心という感情的な理由からも説明することができる。

　第三の理由は,EUの言語問題はあまり広くは議論されておらず,それゆえ解決もみていないことである。言語問題の解決策として,作業語の数が3,4,11,またそれ以上であろうと,明らかなことは将来のヨーロッパは単一言語使用状況になるはずはないこと

である。スカンジナビアの近隣諸国では第二言語として英語が広く好まれてきたが，オーストリアが1995年にEUに加盟したことにより，ブリュッセル，ルクセンブルク，ストラスブールにおける言語間の力の均衡に変化が起こりつつあり，既にさまざまな議論を呼んでいる。

　第四の理由は，われわれは前東欧圏（Eastern-Bloc）に面するEUの国境周辺地域の言語対立を精査する必要があるからだ。前東欧圏では言語が国家主義の復興の象徴として取り扱われる傾向があり，EUに影響を及ぼす可能性は大である。ここでは次の二種類の対立を明確に区別しておく必要がある。歴史的な，いわば自然な原因を持つ対立と，国境線の争いや新国家の設立，単純にイデオロギー上の理由による人為的な火種を持つ対立である。それゆえに，言語対立の潜在的な火種はヨーロッパだけでなく，世界中にころがっている。このような言語対立は二極化の傾向が進むと，世論に注目されるようになるのが常である。国境を跨ぐ連合（NAFTA[7]：北アメリカ，中央アメリカ，EU：ヨーロッパⅡ）が設立されていく一方で，国家主義や地方主義が同時に発展してきた（オイレギオ［Euregio］[8]，アルプス―アドリア地方：スロベニアやエストニアのような新興国家）。歴史は対立による抑圧の結果について教えてくれる。それゆえ，われわれ，接触言語学者は言語対立の複雑かつデリケートな状況を，賢明に描写し，分析し，対策方法を模索していく必要がある。言語対立は，オーストラリアやヨーロッパだけでなく，世界中で日常茶飯事なのである。

（藤原康弘　訳）

―― 注 ――

(1) "multilingualism" という用語は，多言語主義という思想，また多言語使用状況という環境の二つを意味する用語である。また後者には多言語使用，多言語状況，多言語状態と多くの訳語

が使われており，本稿では「使用状況」「使用」「状況」を場合に応じて使い分けている。
(2) 中世の英国ニューカッスルは石炭貿易で栄えた。その歴史は市の名前の由来となった城，カッスル・キープが石炭産業による煤煙のため黒ずんでいることからも垣間見える。
(3) ここでの「省」とは Directorate General XXII for Education, Training and Youth を指す。
(4) エラスムス計画（The European Community Action Scheme for the Mobility of University Students：ERASMUS）とは，各種の人材養成計画，科学・技術分野における EU 加盟国間の学術交流計画の一つであり，「ヨーロッパ大学間ネットワーク」（European University Network）を構築し，主に EU 加盟国間の学生活動を高めんとするものである。1987 年より実施され，後にソクラテス計画（1995 年）の一部となり，更なる広がりをみせている。テンプス計画は EU と近隣諸国の高等教育改革を目指すもので，学生ではなく教員や教務課の人事交流に力点を置くところに特徴がある。
(5) 論文掲載時は 2006 年であるため，当時の日本の首相は明らかに橋本龍太郎（1996.1〜1998.7）ではなく，小泉純一郎（2001.4〜2006.9），ないしは安倍晋三（2006.9〜2007.9）の誤りである。また翻訳原稿執筆時，2008 年 11 月には以下の各国では政府指導者に交代がみられた：ゴードン・ブラウン首相（英），スティーヴン・ハーパー首相（加），麻生太郎首相（日），ニコラ・サルコジ大統領（仏）。
(6) ブリュッセル（ベルギー）には欧州連合（EU）本部とその機関である欧州委員会と欧州理事会，ストラスブール（フランス）には欧州評議会，そしてルクセンブルク（ルクセンブルク）には欧州司法裁判所や欧州会計監査院，欧州投資銀行と，各種主要な機関が設けられている。

(7) 北米自由貿易協定（NAFTA：North American Free Trade Agreement）を示す。当協定はアメリカ合衆国，カナダ，メキシコの三国で結ばれ，1994年に発行された自由貿易協定である。
(8) Euregioとは"Euroregion"という"Euro","region"の合成語の略語。欧州の地方において，複数各国の国境領域に位置する県や市レベルの地方自治体により創設された，国境を越えた協力を実施するための連合体をさす。欧州連合の協定によって認可された制度ではあるが，地方中心の政治的活動であることが特徴である。〔注釈は全て翻訳者による〕

【参考文献】

de Bot, K. (1997). 'Neldes's Law' Revisited: Dutch as a Diaspora Language. In W. Wölck & A. de Houwer (Eds.), *Recent Studies in Contact Linguistics (Plurilingua XVIII)* (pp. 51-59). Bonn: Dümmler.

Goebl, H. (1997). Die altösterreichische Sprachenvielfalt und -politik als Modellfall von heute und morgen. In U. Rinaldi, R. Rindler-Schjerve, M. Metzeltin (Eds.), *Sprache und Politik* (pp. 103-121). Wien: Istituto Italiano di Cultura.

Goebl, H., Nelde, P., Wölck, W., & Stary, Z. (Eds.). (1996). *Contact Linguistics I*, Berlin and New York: de Gruyter.

Goebl, H., Nelde, P., Wölck, W., & Stary, Z. (Eds.). (1997). *Contact Linguistics II*, Berlin and New York: de Gruyter.

Grin, F. (1996). The economics of language: survey, assessment and prospects. *International Journal of the Sociology of Language 121*, 17-44.

Haarmann, H. (1980). *Multilingualismus I, II*, Tübingen: Narr.

Mattheier, K. (1984). Sprachkonflikte in einsprachigen Ortsgemeinschaften. Versuch einer Typologie. In E. Oksaar (Ed.), *Spracherwerb, Sprach-kontakt, Sprachkonflikt* (pp. 197-204). Berlin and New York: de Gruyter.

Nelde, P. (1979). *Volkssprache und Kultursprache*. Weisbaden: Steiner.

Nelde, P., Darquennes, J., Salmasi, W., Tikka, M., & Weber, P. (2006). *Euromosaic III —Presence of Regional and Minority Language groups in the New Member States*. Brussels, Belgium: Katholieke Universiteit Brussel.

Nelde, P., Strubell, M., & Williams, G. (1996). *Euromosaic I — The Production and Reproduction of the Minority Language Groups in the European Union*. Luxemborg: Office for Official Publications of the European Communities.

Nelde, P., Strubell, M., & Williams, G. (1999). *Euromosaic II* (unpublished manuscript).

Oksaar, E. (1980). Mehrsprachigkeit, Sprachkontakt, Sprachkonflikt. In P. Nelde (Ed.), *Sprachkontakt und Sprachkonflikt* (pp. 43-52). Wiesbaden: Steiner.

外国語授業における隠れた文化

教える側と学ぶ側の考え方の違いを超えて

Eleanor Jorden

　何年も前のことだが，アメリカ人大学生たちに日本語の構造について講義していたとき，ある複雑な動詞形を分析したことがあった。いつもやっているように，私はまず黒板にその形を書き，次にそれを意味をなす構成素に分割し，境界に線を引きながら，それぞれが全体の意味にどのように寄与しているのかを説明していった。この日の授業には，私たちの日本語プログラムを見学するため，日本人の訪問者が来ていたのだが，授業の後で話をしたときにこの男性が口にした言葉は今でも覚えている。彼は黒板の上の私が分析した語形を指差すと，微笑みながら言ったのである。「先生があそこに線を引かれたとき，私はまるで自分が汚されているような気がしましたよ[1]」と。

　近年になって何度もこのエピソードを振り返ってみる機会があった。日本語教育の分野における最先端の専門的研究では，外国語学習において文化が持つ重要性を，以前にも増して強調するようになってきた。それにつれて，私たちは「言語と文化」ではなく「文化における言語」について語るようになり，また外国語学習を，外国の文化を実際に行なう(perform)ための学習と定義づけるようになった。しかしこのような文脈で言うときの「文化」とは，人が意識

的に習得する，美術や音楽，文学のような芸術文化を指すものでもなければ，やはり意識的に習得する，文化についての事実に関わる情報文化を指すものでもない。それは母語話者がある社会において社会化していく過程で，母語を習得すると同時に意識せずに習得する，行動文化を指す。日本人どうしが相互にコミュニケーションを行なうための文化的枠組みを理解しなければ，私たちは適切なやり方で話し，書くようになれないし，また読み，聞く際にも，完全な理解に近づくことさえ望めない。

　このように文化を重視することが，学習目標である「文化における言語」（以下「文化内言語」）に，つまり習得すべき文化の枠組みにおける学習対象たる外国語のほうに，特に集中して見られるのは，不思議なことではない。しかし外国語授業というものはすべて，二つの言語と二つの文化，つまり目標(ターゲット)文化内言語ともう一つは基盤(ベース)文化内言語（＝学習者たちの母文化内言語），の出会いの場である[2]。ある文化内言語の指導においては，その目標文化内言語を一定のレベルまで習得させるということが，場所を問わず共通のゴールである。しかしそれがいかに達成されるかということには，基盤文化内言語が極めて大きな影響を及ぼす。アメリカにおける授業，特に初級やそれに近いレベルでは，基盤言語である英語が，それを母語とする学習者が外国語を通過させるためのフィルターとして，常に作用している。「日本語には複数形がない？　よくそれで困らないですね。」「Ｉ(わたし)にあたる表現がたくさんあって皆違うんだって？　そりゃ変だ！」　文化のレベルにおいては，彼らの反応は似通っている。自分の母文化内言語こそ普通なのであって，それと違うものは何であれ，初学者にとっては驚きなのだ。しかし学習者たちが，違いを予期しまた受け入れる段階に達してからも，彼らの基盤(ベース)は大きな影響を及ぼし続ける。そして教員がその基盤をよりよく理解し，その存在を認めれば，それだけ授業も効果的に進むのである。

しかしながら、ここで述べたような学習上難しい点というのはすべて、目標文化内言語に、つまり外国語授業における伝達対象のほうに、関っている。いっぽう私が興味を持つのは、授業そのものの文化、つまり目標(ターゲット)を基盤(ベース)に持ってくる伝達システムの文化を、日本語という文化内言語を例にとって調べることである。なかでも私が関心のある学習状況は、学習者がアメリカ育ちのアメリカ人成人たちで、彼らが基盤を代表しており、いっぽう教員のほうは日本育ちの日本人で[3]、日本語をアメリカ人に教えるための研修をまったく受けたことがないか、あるいは受けていたとしてもそれは伝統的な日本人向け言語教育法に基づいた研修であった、という状況である。言い換えれば、そのような状況では、伝達対象も伝達システムも、両方ともが目標のほうに結びついている。日本人教員たちが、アメリカの教育で広く受け入れられている、学習者とその学習法を指導の中心におくという教育方針を学び、またそれを採り入れていない限り、彼らの指導の基本となるのは日本人としての考え方であろうし、その結果、教授法も大きく異なったものとなることだろう。

日本から到着したばかりの日本人たちに、アメリカの大学で日本語を教えるための研修を行なうというプログラムに関わって、20年近くになる。元来これは *Exchange: Japan* というプログラムの中心的部分であり、参加者たちが教員としての務めを果たせるよう準備させるものだった。彼らは教壇に立つことと引き換えに、学費、住居、食事といくらかの奨学金を受け取り、自分の選んだ分野で修士号を目指して学んだ。プログラムの創始者でディレクターだった人物が、各大学への斡旋をすべて行っており、私は彼の招きによりその教員養成研修のカリキュラムを作り、アカデミック・ディレクターの役を引き受けることとなった。16年間にわたりこのプログラムは成功を収め、その間には驚くほど多数の参加者が、自分の専攻を日本語教育に変更してより高い学位を目指すこととなったのだ

[第4部] 研究成果の応用

が、その後 *Exchange: Japan* は終わりを迎え、新しい体制で再組織された。現在では Alliance for Language and Educational Exchange（ALLEX）という名で、*Exchange: Japan* の行なっていたことを、教員養成研修やその基本的なカリキュラム、教授陣までも含めて受け継いでいる。

　日本育ちの日本人をアメリカに連れて来て、彼らの母語を教える方法を学ばせるというのは奇妙なことに思えるかもしれない。しかしアメリカの教育機関で、ほとんどの場合、指導者も相談相手もなく、たった一人の日本語教員として日本語を教え、同時に大学院で学位取得のための勉強もこなしていくためには、日本の伝統的な教育研修では十分な準備にならないということが、プログラムのディレクターにはわかっていた。参加者たちに必要なプログラムが、アメリカ文化への適応を重視した、彼らの生活に関わるすべての面を扱うようなものであることは明らかだった。またこの研修プログラムは、日本人が特にアメリカ人を相手に日本語を教えられるようにすることを目的としていたから、アメリカ式の指導スタイルを学ぶことが重要であると思われた。教員がどう教えるべきかを決めるのに、学生が学ぶ方法を重視するという点において、それは日本における指導スタイルとは大きく異なるものだった。

　当初開発した九週間に及ぶ全日制集中カリキュラムは、コーネル大学で長年開いていた四週間の教員養成ワークショップのために私が以前開発したカリキュラムを、拡大し充実させたものだった。新プログラムにおいて重要だった一つの要素は、日本語初級クラスをそこに組み込んだことで、これは熟練した教員が担当した時には見学するモデルとして役立ったし、研修生が担当した際には実験室の役目を果たした。これらのクラスで用いたテキストは、のちに研修生たちが自分の授業で使うことを考えたものだった[4]。このテキストの執筆は共同作業で行われ、学習者重視の日本語教育を専門とする日本育ちの日本人言語学者が日本語部分を執筆し、アメリカ育ち

のアメリカ人言語学者が，アメリカ人学習者の視点から，言語面と文化面の分析を英語で執筆していた。

　研修生たちは毎年誰もが，このテキストやプログラム全体について，似通った反応を示した。最初の二，三週間というもの，彼らは混乱や驚きを示し，また教授法のいくつかの点に対して最初は反感をあらわにすることさえあった。しかし同時に，自分たちが見学し，分析し，また教え始めてもいるクラスのアメリカ人学習者たちが急速な上達を見せることに驚きを隠せなかった。この時期が過ぎると，最初はそれほど驚きだったこのアプローチを彼らは徐々に理解するようになり，やがては，アメリカ人に日本語を教える際に，それが全体として効果的であることを理解した。研修生たちが，学習者たちを相手に授業のデモンストレーションを行なう際には，彼らが段々と転向していく[5]のが明らかだった。

　当然のことながら，わずか九週間の指導の結果にすぎない転向は，指導と強化という形でのさらなる教育を必要とした。二年間にわたって日本語を教えることになる各自の大学に移ってからも，研修生たちは研修プログラムの教授陣に疑問点や問題点をメールで伝えるよう奨励された。また毎年一回，二日間の集中リフレッシャー（再教育）セミナーのためにクラス全員が再び集まり，共通の疑問や問題やまた成功例を共有し，それについて話し合った。特に，より伝統的なテキストを用いるプログラムにおいても，文化的配慮や新しく学んだ指導法をいかに取り入れるかという点について，アドバイスが与えられた。毎年，教員としての勤務期間が終わる研修生のなかには，自分のキャリアを変更して日本語教育の分野にとどまる者たちがいた。彼らはアメリカの大学ですぐに日本語講師として就職するか，あるいは学院で日本語教育についてさらに学ぶために大学院に進学していった。もちろんなかには自分の考えから，あるいは職務上の制約から，伝統的な日本語指導法に徐々に戻ってしまう者もいた。しかしそんな彼らにしても，言語教育に関する新しい

[第4部] 研究成果の応用

考え方にここで触れたことで，将来も消えることのない影響を受けたことは確かだろう。

新体制の ALLEX によって初めて行なわれた 2005 年度の研修プログラムが終了する際に，そこで使った学習者重視のテキストについて，研修生たちに個人的な感想を書いてもらった。彼らの答えを読むと，テキストが何であれ大して関係はないだろうなどという考えは誤りだとすぐにわかった。もっとも分析的な者の一人は，このテキストが自分にはまったく新しいことばかりだったので，まるで日本語以外の言語のテキストのように思えたと述べていた。彼によれば，言語構造の分析と説明が「非常に詳しくて論理的」だったので，疑問点も，不明な点もなかったという。さらに彼は，日本人向けの文法との大きな違いを指摘し，この結果として自分の母語をまったく新しい角度から見ることができたと述べた。彼によれば，このテキストはただ教えるために使うものではなく，学ぶべき書物ともなったのである。

参加者たちのコメントで印象的だったのは，学習者の学び方を重視した外国語教育のアプローチには根本的に異なる点がある，ということへの彼らの理解が明確に示されていることだった。多くの者が言及していたのは，日本語構造の分析が詳細でまた注意深く配列され，アクセントやイントネーションの説明や印までも含んでいることだった。また，新形式の導入の際は，自然さを損なうことなく，しかし注意深くコントロールしながら行なうことに教育的に意義があるということが指摘されていた。何人かはローマ字使用への反発について触れていた。しかしそれが正式の表記法としてではなく，学習者が授業で耳にしたことを思い出しやすいように，教育上の表記法として使用されているという点と，ローマ字使用が活用形の分析に役立つという点を理解すると，反感は弱くなったという。繰り返し述べられていたのは，学習者たちの上達が速かったことで，これには研修生たちの予想よりもずっと早い段階で，複雑な構

文を使うことなどが含まれていた。しかし私にとってもっとも重要だったコメントは，文化との関連性の理解を，つまりアプローチの違いのうち多くは文化がその理由であるという理解を，示すものだった。研修生の多くにとっては，日本語が体系的で説明可能であるとわかったことは，衝撃的なことだった。ある研修生によれば「日本人は何が正しくて何がそうでないのかを感じる」のだそうで，以前は言語に対して他の見方がありうるなどと考えたこともなかったという。他のある研修生によればつまりこれは「西洋の伝統に根ざした，論理的でシステマチックな，言語へのアプローチ」ということにほかならなかった。

　従来の日本式アプローチに従って日本人によって作られ，アメリカの多くの大学で使われている，初級日本語のテキストを調べてみると，研修生たちの当初の考えの根拠がはっきりと見て取れる。日本人は日本語の授業でローマ字表記を避けたがるので，まったく未知の記号を用いる日本の複雑な正書法が，もっとも初級の段階から導入されている。この結果，アクセントやイントネーションを記入することができなくなっているのだが，そもそも正確な発音を身につけさせることに本当に関心があるようには見受けられない。そして日本の正書法しか用いないおかげで，活用形の分析が難しくなっている。たとえば/n-o-m-u/という連続した音声は，アメリカ人の耳には四つの音に聞こえるし，それを個々に分析もできる。しかし日本人の耳にはこれは no-mu のように聞こえ，末尾の−u（これは実は未完了相の表示である）を分離することができない。この結果，活用形の分析がすべて困難となってしまう[6]。また，新形式の導入の順序は，筋を優先して書かれた会話のなかでの出現順に従っており，語彙と会話のトピックのほうが，言語構造より優先されていることが明らかである。研修生たちが，体系性や，構造に基づく配列（これが会話の話題の選択を決定する）を重視するやり方に初めて出会って驚嘆した理由がこれでわかる。

意識されるレベルについて言えば、伝統的なメソッドを用いて日本語を外国人に教える日本人教員は、まず自分自身の言語学習体験を参考とし、それに大きく頼るだろうと予想できるが、それが事実であることが長年にわたって観察されてきた。日本人なら誰しも学校に入ると同時に、読み書きの習得という大変な努力を要する作業を、意識的に始める。だから外国人向けのコースにおいても、この書記体系をただちに導入するのは理にかなっているように思えるかもしれない。特に、この日本の正書法を習得するのに尋常でない時間と労力を要するのであればなおさらである。しかしここで見逃されているのは、日本人の子どもが学校に入るときには、すでに日本語を流暢に話せるという違いがあることだ。近年の研究によって、読み書きにおける会話能力の重要性が明らかになっているし、外国人初級学習者と日本人の就学時児童の間に大きな違いがあることについては、なおさらよく知られている。

　日本育ちの日本人が頼りがちなものにもう一つ、自分自身の外国語学習体験がある。それはほとんどの場合英語の学習であり、自然な話し言葉の英語よりも、文法訳読に重きをおいたものである。実はこのようなアプローチのせいで、彼らはいっそう会話よりも書き言葉を重視するようになっていたのだ。先に触れたように発音の正確さにあまり関心がないことはこれで理解できるし、私たちの学習者中心のテキストに本当に自然な話し言葉が用いられていることが嬉しい驚きだった、という一研修生のコメントにもこれで納得がいく。

　しかし、言語教育研究において意外なほど無視されてきたのは、教員が意識せずに獲得した行動文化が、教室での指導に及ぼす影響である。教室におけるこの種の文化を私は「隠れた（covert）」文化と呼んでいる。ターゲット文化内言語の習得だけが注目されるなかで、この種の文化は目立たず、まったく考慮されないばかりか意識さえされないからである。伝統的な日本式の教授法をとる日本育

ちの日本人教員とアメリカ育ちのアメリカ人学習者との間には，興味深い考え方の相違が存在する。どんなことが予期できるだろうか。授業の間を通じて，ターゲット言語の提示にせよ，会話にせよ，説明や，分析や，訂正，ほめ，批判にせよ，教員は学習者たちとコミュニケーションをとっており，コミュニケーションというものは文化に根ざしたものである。ホール（1983）によれば，コミュニケーションは10パーセントが言語を介し，90パーセントは行動によるもので，後者こそが社会の構成員を動かす，核となる文化なのである。教員と学習者のいずれも，無意識のうちに獲得した文化を教室に持ち込まないことなどないと考えるのが当然である。そこで，日本人の考え方に従って行なわれる指導は，アメリカ人学習者には，それと大きく異なったアメリカ文化の考え方に従って解釈されることになる。

日本人とアメリカ人の間の違いを議論する際にもっとも基本的なことは，言語一般に対する両者の態度という点である。欧米人にとっては，言語は人類の持つコミュニケーション手段のうちもっとも精密なものであり，それを正確に使用するということは，言語行動における望ましいゴールの一つである。意見をもっとも明確に提示するのにふさわしい言い方や，ぴったりの言葉を探そうと注意を払うアメリカ人の話し手や書き手は，とりとめがなく曖昧な話し方や書き方を避けようとする。しかし，日本人にとっての言語はそれとは大きく異なったもので，言語は曖昧なのが当然だと考えられている。実際，曖昧さや両義性は決してネガティブにとらえられていないし，丁寧な言い方は通常，より間接的なものである。日本人にとって，人と人との間の完璧なコミュニケーションはむしろ言語を超越したもので，それは「以心伝心」，つまり日本人の感情の在りかとされる腹から伝わる，言葉を介さない相互理解によって行なわれるのである。野田真理教授と共に東京で行なった，言語に対する日本人の態度についての研究プロジェクトでは，アメリカ人が話す日

本語の録音を聞かせ，それについて感想を求めた。なかでも一人の日本語能力が際立って賞賛されたとき，このアメリカ人はさらに上達できるだろうかと調査協力者に尋ねた。彼の答えは，「いいえ，とんでもない。この次のレベルは以心伝心ですけど，そういうコミュニケーションができるのは日本人だけですから」。

　ホール（1983:95）は日本文化について述べるなかで「日本文化は全体として考え（mind）よりも気持ち（heart）を志向するが，欧米ではその反対である」と指摘した。もちろん話題が数学や自然科学についてであれば，日本人でも考えが主役となり，正確さが重要になる。しかし言語は，日本人にとって別の領域である。私が日本語の活用形を切り分けていくのを個人的な侵犯として見たあの日本人見学者は，自分の気持ちにとても近しい非科学的存在に，科学的方法が無理やり用いられるのを見ていたのだ。私は，ひとまとまりとして見るべき要素を，一列に配列された物として分析していたのである。文全体でさえも，分割せずに全体として理解するべきなのだ。

　私たちのカリキュラムに対する，前述したような研修生たちの反応は，驚くべきものではない。私たちは，日本語は緻密な分析が可能な体系であるし，アメリカ人学生に理解させるためには実際にそう分析すべきである，と強調した。「単純なものを複雑なものの前に」そして「頻度の高いものを低いものの前に」という基本的原則に基づいて，アメリカ人学習者の考え方に適合する順序で文法形式を導入した。研修生たちが予期していたのはこれとは対照的に，話の筋を重視した本文のなかでいつ出現するかによって決まる，ランダムな配置法だったのである。

　教授上の方便としてローマ字を用いたことへの研修生たちの反応がどうだったかということも，考えてみてほしい。日本人が自分たちの書記体系に対して持つ感情的つながりは，まさに「気持ち」である。つまり彼らにとって日本語は正書法なのであり，正書法こそ

12 外国語授業における隠れた文化

日本語なのだ。コンピュータ入力のために日常的にローマ字を使うとはいえ，これは本来の正書法で書かれた「真の」日本語へ文章を変換するための，純粋に機械的な使い方にすぎない。長年アメリカに住み，そこで教員をしている日本人言語学者が言うには，「ローマ字は大嫌いだが，私は日本人で学生はそうじゃない。彼らにとっては，ローマ字は役に立つ」。私たちの研修生も，研修が進むにつれ，学習ツールとしてのローマ字の価値を徐々に理解し始めていった。たとえ気持ちの上ではいつまでも気に入らないものだったとしても。

さまざまな文化を高コンテクスト，低コンテクストに分類したホール (1983) は，日本文化を明らかな前者の例，アメリカ文化を明らかな後者の例とした。これが意味するのは，両文化ではコミュニケーションスタイルが大きく異なるということだ。言語が使用されるときその意味は，常にそれが使用されるコンテクストに依存する。だから私たちは，ある単語はその文中においてその意味を持つと言い，その文はその談話においてその意味を持つと言い，またその談話はその文化においてその意味を持つと言う。高コンテクストの日本人にとっては，文化的コンテクストが非常に重要なので，多くのことは口に出さずとも当然理解されるものだと考えられる。低コンテクストのアメリカ人は，その談話の条件をすべて詳細に明らかにすることを好み，彼らには，日本人はあいまいで不正確だと映る。その結果として，コミュニケーションの失敗や誤解が頻繁に起きるのである。

このことは，言語教育に広く影響を及ぼす。アメリカの言語専門家の間で「真に異質の文化に属する真に異質の言語」と分類される日本語は，どの印欧語・文化からも非常に異なっている。ということは当然，低コンテクストのアメリカ人学習者が，これほど異質な文化内言語の複雑な部分まで理解しようとすれば，広範でかつ詳細な説明を必要とする。テキストの説明部分では，言語学上の術語は

正確に定義されなければならないし，英語への翻訳や対応表現は，正確で一貫性がなければならない。しかし，高コンテクストの，伝統的な考え方の日本人の教員は，無意識のうちに別の前提を持っている。文法説明はとても短くて良く，たとえ意味や用法がかなり異なっていても英語の文法形式に対応させるのが一番良いと考える。ボキャブラリーは文脈なしで長大なリストにし，英訳さえ与えておけば，それ以上説明しなくても学習者はそれをターゲット言語で使えるようになる。よく知られた英文法用語であれば説明も定義もしないで使うことができると考えるのは，それらの用語の英語における用法からして日本語でも何を意味するのか誰でもわかるはずだ，と誤った推論をするからだ。しかし実際は，現代アメリカの若い学習者たちの多くは，「副詞」とか「主語」「目的語」といった語が，英語において何を意味するのかさえ，ほとんど知らないので，混乱はますます深まるばかりとなる。もっとも驚くべきは，おそらく日本語のもっとも特徴的な点と言える，スタイル上ニュートラルな発話がないという点についてまったく言及されないことだ。また日本文化においてきわめて基本的であり，スタイル上適切な言語使用を行うためにもとても重要である上下関係や，内(ウチ)・外(ソト)の見分け方についても述べられることがない。

　すべてのコミュニケーションは，参与者たちが共有する情報についての，無意識のうちの判定を反映している。この判定によって，話者や筆者は，何は語られるべきで，何はすでに理解されているものと考えてよいのかを知る。情報が多すぎれば相手に失礼だが，少なすぎれば理解の妨げとなる。このような判定の多くの部分は文化に基づいているので，異文化接触の状況では，それはずっと難しくなる。外国語教育の状況で言えば，伝統的な考え方に従うターゲット言語の母語話者は，その言語の分析や説明をする際に，適切だと思うスタイルで，適切だと思う程度まで，分析・説明を行なう。しかし，基盤言語の母語話者の方は，異なった文化体系のなかで動い

ているから，ターゲット体系が「真に異質」なものであるときには，混乱と誤解が生じることがある。まだ日本語コースを始めて間もないアメリカ人学習者たちが，「行きました」という言葉を，単純に「[he] went」に対応するものとして導入された場合を考えてみるといい。アメリカ文化に基づいて彼らは，これは当然誰に対しても，誰のことについても，使うことができる言葉だと考える。日本人教員は，これは「[he] went」と言うための多くの方法のうちの一つに過ぎず，それらの方法はすべて談話参加者の間の関係を反映し，上下や内外(ウチソト)の区別に関係してくることを知っている。初級学習者に対してこれらの同義表現をすぐにすべて教えることは教育上考えられないことなので，限られた日本語能力しか持たない外国人成人にとって一般的にもっとも適切だと思われる選択肢を用いることが，何の説明もなく決められてしまったのである。これはコミュニケーション上の失敗のよい例である。もちろんこの日本人教員は適切な選択をしたのだし，初級学習者が「went」を表現する多くの方法をコース初期の段階ですべて教えられるべきだというわけではない。しかしもしこの体系全体について，そして「行きました」がその体系内でどこに位置するのかについて，学習者たちに一言説明しておけば，後に彼らが本当のことを知った際に，避けられたはずの誤りをしばしば犯していたと知ってショックを受けたり，再学習しなければならなかったりしなくてもすむだろう。

　コミュニケーション上の失敗がしばしば見られるもう一つの分野は，アメリカ人学習者にとって好ましい概念である，自然さ（authenticity）に関わるものだ。ターゲット言語に出会う際には，それがある文脈で実際に発せられるのと全く同じように出会うべきだと彼らは考える。またテキストのなかで日本人によって書かれた部分はすべて自然である，つまり正確な日本語のサンプルである，とも考える。しかし日本人の考えはこれとは違う。彼らは日本語がアメリカ人にとって学ぶのが難しい言語だと信じているし，そ

[第4部] 研究成果の応用

れをマスターしようと努力している外国人たちへ配慮しようという気持ちもあって、日本語をよりやさしくしようと改変する。そこで、確かに日本語ではあるが、現実にその文脈で耳にすることはないだろうというような例文がしばしば見られることになる。多くの場合、この改変の結果、その日本語は英語に近づくものだ。たとえば、この文脈で英語では文の主語を明示的に表現するのが普通だが日本語では絶対に普通ではない、といった場合にも、それを明示してしまうのである。もう一つ例をあげれば、構造的な問題は考慮せず、ただ内容に基づいて課のトピックを選ぶという慣習がある。このやり方で、第一課のトピックにもっとも相応しいものとして、自己紹介が選択される場合が多い。その結果、著者たちは、自然な会話にするために第一課には難しすぎる構造形式を多く入れることになるか、あるいはひどく単純化した、ぎこちなくて不自然な日本語を書くことになる。選ばれるのは普通後者だ。追加練習のための指示が与えられる場合も、しばしば学習者たちの能力をはるかに超えた会話を発話したり、そのような文章を作文したりするよう求められるので、自然さは放棄されてしまう。言語教育学者のヘクター・ハマリーの指摘によれば、「練習は完全をもたらさない。それは定着をもたらす」。学習者が「おかしな」日本語を練習すればするほど、それは長い間消えずに残るのである。

　もちろんこれは、日本語の多くの特徴があまりに日本語独特のものなので、「以心伝心」の例のようにアメリカ人学習者にはとても扱いきれない、と考えられているためなのかもしれない。学習者にまったく未知の概念を紹介するよりも、初級の間は一つのスタイルを説明なしでずっと使い続けさせるほうが、たとえそれが自然ではない文脈であったとしても、より親切だと考えられるのかもしれない。日本人の多くは、日本語はいかなる点においても他に例がないほど難しく、アメリカ人学習者がそれを完全に習得するのはほぼ不可能なのだ、と確信している。このような確信があるからこそ、研

修生たちは，学習者たちが急速に上達し複雑な文法形式をも理解して，じきに堂々と使い始めるのを目の当たりにすると，しばしば驚きを隠せなかったのである。

　学習者たちは，教えられたものを，教えられたように身につけるが，そこには自分の母文化内言語という土台の影響がある。ほとんどのアメリカ人学習者は，日本人教員が用いるアプローチを，このまったく異質な言語を学ぶ唯一の方法なのだと考えて，疑うことなくそれに従う。鋭い質問で教員に迫ったりするのは，ふつう言語学習や言語学の素養を持つ学習者たちだけである。しかしながら，他のプログラムへ移り，異なったやり方に触れると，もうそのように疑いなく受け入れることはなくなる。そこで彼らは教授法の重要さを悟り，両方のアプローチの成果を比較するのである。そのような学習者たちのコメントに耳を傾けることは，教員にとって多くを学べる経験となりうる。

　外国語学習における，後天的に獲得する行動文化の重要性がいっそう明らかになってきているが，ターゲット文化内言語そのものを見るだけではなく，教室における文化の検討まで，関連した研究を発展させる必要がある。教員は，教えているときであっても，自分たちの文化を代表していることに変わりはない。伝統的な日本式スタイルのコースと学習者重視のコースについて，指導のすべての面を比較すれば，つまりカリキュラム設計や，到達目標，教員，教室内活動から学生の反応や学習成果に至るまですべてを比較するような研究を行なえば，非常に有益となるだろう。ここ50年間で私たちは，日本語教育において，言語だけを取り出すのではなく，それを文化に位置づけることの大切さについて多くを学んだ。そして今「文化に位置づけた教育」について本格的に学び始める時が来たのである。

　　　　　　　　　　　　　　　　　　　　　（鈴木　卓　訳）

[第4部] 研究成果の応用

―― 注 ――

(1) 原文では "I felt as if I was being violated."
(2) (原注) 学習者たちのグループには，複数の文化内言語が存在する場合も多い。しかし本論ではアメリカで学ぶ学習者を扱うので，たとえアメリカ人以外であっても，大部分はアメリカの文化内言語に関していくらかの経験は持っており，たとえ理想的なものではないにせよ，それを基盤(ベース)として活動できると考えられる。
(3) (訳注) この一文中の表現「アメリカ育ちのアメリカ人」と「日本育ちの日本人」の，原文での表現はそれぞれ，"native American (, adult learners)"，"a native Japanese (instructor)" である。いわゆる「ネイティブ・スピーカー」の概念がもっぱら言語能力に関わるものであるのに対して，本稿では考え方や行動様式等も含めた文化の獲得にも重点がおかれているので，「米語ネイティブ」「日本語ネイティブ」のようには訳さなかった。なお本稿の特に後半では，文脈から「日本（またはアメリカ）育ちの」日本人（アメリカ人）を指すことが明白な場合は，その部分を特に訳出しなかった場合もある。
(4) (原注) Jorden with Noda (1987), *Japanese: The Spoken Language, Part 1*
(5) (訳注) ここでの「転向」は筆者の言う「伝統的な日本式アプローチ」から「アメリカ式アプローチ」へのそれを指す。
(6) (原注) 日本の正書法だけを使う日本の教育者でさえ，この種の分析のためにはローマ字表記に切り替えることもある。

【引用文献】

Hall, E. T. (1983). *The Dance of Life: The Other Dimension of Time*. Garden City, NY: Anchor Press/Doubleday.

Jorden, E. H. with Noda, M. (1987). *Japanese: The Spoken

Language 1. New Haven, CN: Yale University Press.

【参考文献】

Bachnik, J. M., & Quinn, C. J. (Eds.). (1994). *Situated Meaning: Inside and Outside in Japanese Self, Society, and Language*. Princeton, NJ: Princeton University Press.

Banna, E., Ohno, Y., Sakane, Y., & Shinagawa, C. (1999). *Genki: An Integrated Course in Elementary Japanese I*. Tokyo, Japan: The Japan Times.

Jorden, E. H. (1992). Broadening Our Traditional Boundaries: The Less Commonly Taught and the Truly Foreign Languages. In W. Rivers (Ed.), *Teaching Languages in College: Curriculum and Content* (pp. 141-155). Lincolnwood, IL: National Textbook.

Jorden, E. H. (1992). Culture in the Japanese Classroom: A Pedagogical Paradox. In C. Kramsch & S. McConnell-Ginet (Eds.), *Text and Context: Cross-Disciplinary Perspectives on Language Study* (pp. 156-167). Lexington, MA: D. C. Heath.

Jorden, E. H. (2000). Acquired Culture in the Japanese Language Classroom. In R. B. Lambert & E. Shohamy (Eds.), *Language Policy and Pedagogy: Essays in Honor of A. Ronald Walton* (pp. 207-220). Philadelphia, PA: John Benjamin Publishing.

Jorden, E. H. (2000). Where Do We Go From Here? ... And Where Is Here? In V. S. Marcus (Ed.), *Keynote Speeches at The Twelfth Annual Conference of the Central Association of Teachers of Japanese*. Association of Teachers of Japanese Occasional Papers, 3, Fall.

Jorden, E. H. (2003). Relating Foreign Language Learning to

Culture: Language AND Culture? or Language IN Culture? *Intercultural Communication Studies, XII*, 1-11.

Jorden, E. H., & Walton, A. R. (1987). Truly Foreign Languages: Instructional Challenges. *Annals of the American Academy of Political and Social Science, 490*, 110-124.

Jorden, E. H., & Lambert, R. B. (1992). *Japanese Language Instruction in the United States: Resources, Practice, and Investment Strategy*. Washington, D.C.: National Foreign Language Center.

Makino, S., Hatasa, Y. A., & Hatasa, K. (1999). *Nakama 1: Japanese Communication, Culture, Context*. Boston and New York: Houghton Mifflin Company.

Nara, H., & Noda, M. (Eds.). (2002). *Acts of Reading: Exploring Connections in Pedagogy of Japanese*. Honolulu, HI: University of Hawaii Press.

Walker, G. (2000). Performed Culture: Learning to participate in another culture. In R. D. Lambert & E. Shohamy (Ed.), *Language Policy and Pedagogy: Essays in Honor of A. Ronald Walton* (pp. 221-236). Philadelphia, PA: John Benjamin Publishing.

編者プロフィール

Bates Hoffer (ベイツ・ホッファ)
Bates Hoffer is Professor Emeritus of English and Linguistics at Trinity University in San Antonio, Texas. He has published extensively in North America, Asia, and Europe and has keynoted international conferences in Japan, China, Taiwan, Germany, and the USA. He has been on the Board of the Association of Teachers of Japanese and has been president of seven professional organizations. He was a founding member of two professional organizations before becoming a founding Board member of the International Association for Intercultural Communication Studies (IAICS) and its president from 2005 to 2007. He edited the organization's journal, Intercultural Communication Studies, for many years.

本名 信行 (ほんな のぶゆき)
青山学院大学国際政治経済学部教授。国際異文化間コミュニケーション研究学会 (IAICS) 会長 (2007-2009)。日本「アジア英語」学会会長 (2000-2009)。研究分野は、多文化言語としての英語、異文化間リテラシー、言語意識論、言語監査論。*Asian Englishes* の編集長, *World Englishes, English Today* 等の編集顧問。最近の著書に *English as a Multicultural Language in Asian Contexts: Issues and Ideas* (Tokyo: Kuroshio Shuppan, 2008) などがある。中央教育審議会初等中等教育分科会教育課程部会外国語専門部会委員。

竹下 裕子 (たけした ゆうこ)
東洋英和女学院大学国際社会学部教授。国際異文化間コミュニケーション研究学会 (IAICS) アドバイザリーボードメンバー (2008-)。日本「アジア英語」学会理事。研究分野は、社会言語学、英語教育、異文化間コミュニケーション。*Asian Englishes* 編集者、神奈川県逗子市教育委員会委員長 (2003-2008)。著書に、竹下裕子・石川卓共編著『世界は英語をどう使っているか〈日本人の英語を考えるために〉』(新曜社, 2004), 同共編著『多文化と自文化―国際コミュニケーションの時代』(森話社, 2005), 本名信行・竹下裕子共著『スピーチ・プレゼン・ディベートに使える英語表現集』(ナツメ社, 2007)。

著者プロフィール

Bates Hoffer (編者プロフィール参照) ——第1章

本名 信行 (編者プロフィール参照) ——第2章

L. Brooks Hill (L. ブルックス・ヒル) ——第3章
L. Brooks Hill is Chair and Professor of Speech Communication at Trinity University in San Antonio, Texas. His areas of specialization are public and intercultural/international communication. He has served government and industry as a consultant, trainer, and researcher. He has published extensively in the US and abroad and has over seventy presentations in Asia and the US. He was the first president of the International Association for Intercultural Communication Studies (IAICS) and for two years editor of its journal, *Intercultural Communication Studies*. Most recently he has been writing about new perspectives for the future study of intercultural communication.

Young Yun Kim (ヨンユン・キム) ——第4章
Young Yun Kim is Professor of Communication at the University of Oklahoma, USA. She holds a BA from Seoul National University and a Ph.D. from Northwestern University. She publishes extensively in intercultural and interethnic communication. Professor Kim was named a Fellow of the International Communication Association in 2002. In 2006. she received the Top Scholar Award for Lifetime Achievement from the Intercultural and Development Communication Division of the International Communication Association. She has given frequent keynote lectures at academic conferences and has served on the editorial board of eleven academic journals, including Journal of Intercultural Communication Research.

Robert N. St. Clair (ロバート・N. セントクレア) ——第5章

Robert N. St. Clair is Professor of Communication at the University of Louisville, USA, where he teaches courses on intercultural communication and other topics. He has published many books, articles, and reviews, and has given presentations around the world. He has organized several international conferences on sociolinguistics and intercultural communication. He was Executive Director of the International Association for Intercultural Communication Studies (IAICS) as well as a Board member for several years. He was one of the Editors for the organization's journal, *Intercultural Communication Studies*, and edited several issues.

Richard Wiseman (リチャード・ワイズマン) ——第6章共著

Richard Wiseman was Professor of Human Communication Studies at California State University in Fullerton. He earned the Outstanding Professor Award for that university and the Wang Award for faculty excellence in the CSU system along with many other teaching and scholarship honors. He received over 25 research grants. He authored nine books and 58 articles and book chapters in intercultural, interpersonal and nonverbal communication and other fields. He co-authored many articles with students and gave them their first publication experience. He served as editor of *International and Intercultural Communication Annual* and guest edited an issue of *Intercultural Communication Studies*. He also served as the leader of the Intercultural Divisions of both NCA and ICA.

Judith Sanders (ジュディス・サンダース) ——第6章共著

Judith Sanders is Professor Emeritus of Communication at California State Polytechnic University, Pomona and Lecturer in the Department of Speech Communication at Oregon State University. Her primary research interests are in intercultural and interpersonal communication. She has numerous conference presentations and publications in books and journals. She was awarded the Outstanding Adviser Award at Cal Poly Pomona for her work on campus in cultural diversity, and served as the director of the retention-enhancement program for under-represented students in the College of Letters, Arts, and Social Sciences at the university.

K. Jeanine Congalton (K. ジニーン・コンガルトン) ——第6章共著

K. Jeanine Congalton is Associate Professor in the Department of Human Communication Studies at California State University, Fullerton. Dr. Congalton's research interests include investigating the rhetoric of popular culture, especially in the area of sports.

Robert Gass (ロバート・ガス) ——第6章共著

Robert Gass received his Ph.D. from the University of Kansas and is Professor of Human Communication Studies at California State University, Fullerton. His areas of expertise are argumentation, persuasion, social influence, and compliance gaining. He has published two texts (with co-author John Seiter) and published over 70 scholarly articles, book chapters, conference proceedings, and professional papers. His recent research has focused on credibility in public diplomacy, visual persuasion, and interpersonal influence. His Allyn and Bacon book with John S. Seiter, *Persuasion, Social Influence, and Compliance Gaining*, is now in its third edition.

Kiyoko Sueda (末田清子／すえだ きよこ) ——第6章共著

Kiyoko Sueda is Professor of Intercultural Communication at the School of International Politics, Economics and Communication, Aoyama Gakuin University, Tokyo. She teaches interpersonal and intercultural communication. She has long been active in SIETAR Japan and served as its Vice President from 1998-2001 and 2002-2004. Her Ph.D. thesis, from the University of Lancaster in the UK, is entitled *Shame and Pride Behind Face: Japanese Returnees' Negotiation of Multiple Identities*. Her research interests include social face, identities, shame and pride in the framework of interpersonal and intercultural communication. Her work appears in Human Communication and in Intercultural Communication Studies and elsewhere.

Du Ruiqing (杜瑞清／ドゥ・ルイチン) ——第 6 章共著

Du Ruiqing is a former president of the Xi'an International Studies University in China and vice president of the All China Translation Association. He is the author of many books, articles and reviews. He is a frequent presenter at conferences and symposia. Among the many journals in which he has published is *Intercultural Communication Studies*.

D. Ray Heisey (D. レイ・ヘイジー) ——第 7 章

D. Ray Heisey is a professor and director emeritus in the School of Communication Studies at Kent State University, USA. He has taught rhetoric and communication in the USA, Belgium, Iran, Sweden, Estonia, and twice in China at Peking University as well as at Renmin University in Beijing and has published widely in books and journals on the rhetoric of world leaders and intercultural communication. Professor Heisey has been a President of the International Association for Intercultural Communication Studies and was added to its Board of Directors in 2008. Recently he has been appointed visiting distinguished professor of rhetoric at Hiram College.

竹下 裕子 (編者プロフィール参照) ——第 8 章

Jia Yuxin (ジァ・ユーシン) ——第 9 章共著

Jia Yuxin is a professor of Sociolinguistics and Intercultural Communication at the Harbin Institute of Technology in Harbin, China. He has published extensively and given presentations around the world. He is President of the China Association for Intercultural Studies and a member of the Board of Directors of the China Association for English Education Study. He was President of the International Association for Intercultural Communication Studies (IAICS) and is on its Board of Directors. He has organized many international conferences, including two yearly conferences of the IAICS. Among his many publications is *Intercultural Communication*.

Jia Xuerui (ジァ・シュエルイ) ——第 9 章共著

Jia Xuerui is an associate professor of English in the School of Foreign Languages at Harbin Institute of Technology, China. She graduated from the University of Wisconsin-Platteville, U.S., in 1996 with a master's degree of science in education. She got a *Ph. D.* in English linguistics and literature in 2007 from Shanghai International Studies University, China. Jia Xuerui is a member of the International Association for Intercultural Communication Studies (IAICS). Her papers have been published in *Intercultural Communication Studies* and *Foreign Languages Research*.

Shuang Liu (シャン・リウ) ——第 10 章共著

Shuang Liu (Ph. D. 1999, Hong Kong Baptist University) is a lecturer of School of Journalism and Communication at The University of Queensland. Her research interests include cultural influence on conflict resolution strategies, organizational culture, migration and interethnic relations. She has published extensively in the area of intercultural and intergroup relations in the form of books, journal articles and book chapters published in the UK, USA and Australia.

Guo-Ming Chen (グオミン・チェン) ——第 10 章共著

Guo-Ming Chen is a professor of Communication Studies at the University of Rhode Island, USA. He has published widely in the areas of global communication, intercultural communication competence, Chinese communication behaviors, and conflict management and negotiations. His articles have appeared in *Communication Quarterly, Journal of Psychology, Human Communication, Intercultural Communication Studies* and elsewhere. He also serves on editorial board of various professional journals. He is the founding president of the Association for Chinese Communication Studies. Currently he is a member of Board of Directors and Executive Director of the International Association for Intercultural Communication Studies.

Peter Nelde（ピーター・ネルデ） ——第11章

Peter Nelde is Professor and Chair in general and German linguistics at the Catholic University of Brussels and is head of the Brussels Research Centre on Multilingualism. He initiated interdisciplinary research in contact linguistics and edited the *International Handbook on Contact Linguistics*. He has lectured widely in Europe, USA, Canada, and Japan. He developed a structural plan for European Studies at the universities of Leipzig and Vienna. He publishes widely in sociolinguistics, and is member of the editorial board of leading journals and monographs. He has organized several world conferences. His special research interests are multilingualism, language planning and ecolinguistics.

Eleanor Harz Jorden（エレノア・ハルツ・ジョーダン） ——第12章

Eleanor Harz Jorden, Ph. D. Yale University, is an American linguistics scholar who is best known for her textbooks on the Japanese language. A professor emerita at Cornell University, she has taught at many educational institutions, including Cornell University and International Christian University in Tokyo. Among her awards are the Third Class of the Order of the Precious Crown from His Majesty the Emperor of Japan and the Japan Foundation Award, both in 1985. Dr. Jorden has also founded several programs, including the intensive FALCON Program at Cornell University and the Foreign Service Institute Japanese Language School in Tokyo, Japan.

翻訳者プロフィール

橋本 弘子（はしもと ひろこ） ——第1章

元金城学院大学非常勤講師。現在、TCLC 東京外国語センター講師。専門は社会言語学。主な論文は"Idiomatic Gestural Expressions in Japanese"（「日本福祉大学紀要」第86号第2分冊～文化領域）、"Teaching Japanese Body Language Phrases to JFL Students."（『中部大学国際関係学部』第11号、"Gestural Phrases in Foreign Language Teaching"（共著）(Hoffer, B., & Koo, J. (Eds.), *Cross-cultural Communication East and West in the 90's*）。翻訳に「ことばと文化」（本名信行他編著『異文化理解とコミュニケーション1』、三修社、1994）、「異文化間の倫理問題」（本名信行他編著『異文化理解とコミュニケーション2』、三修社、1994）がある。

岡裏 佳幸（おかうら よしゆき） ——第3章

福岡工業大学社会環境学部社会環境学科准教授。専門は英語学、語用論、文法・語法。主な論文に"Relevance-theoretic approach to some characteristics of ESS works in Japan."（*Intercultural Forum*, Vol. 1, Issue 2, 2008）など、著書に、『理工系学生のための科学技術英語―語彙編』（南雲堂、2007）、『同一表現編』（南雲堂、2008）がある。

足立 恭則（あだち たかのり） ——第4章

東洋英和女学院大学国際社会学部国際社会学科専任講師。専門は日本語教育。主な論文に"Memory of Socially-Obtained Information vs. Non-Socially-Obtained Information"（*Foreign Language Annals*, ACTFL, 2005）、「コミュニカティブ・アプローチ (CA) の功罪-日中英 語学教育の視点から」（共著）（『応用言語学研究』No.8）、「留学生・日本人学生合同の日本語授業－留学生から学ぶ日本事情－」（東洋英和女学院大学『人文・社会科学論文集』第25号）がある。

三宅 ひろ子（みやけ ひろこ） ——第5章

東京経済大学非常勤講師、青山学院大学大学院博士後期課程在学。*Asian Englishes*（アルク出版）編集員、青山学院大学 e ラーニング人材育成センター特別研究員。専門は国際コミュニケーション。主な論文に『アジアの「新英語」からみた言語意識教育の必要性―日本人大学生を対象としたフィリピン英語メタファー表現の理解度調査から―』（日本「アジア英語」学会紀要『アジア英語研究』第5号）などがある。

末田 清子（執筆者プロフィール参照） ——第6章共訳

横溝 環（よこみぞ たまき） ——第6章共訳

神田外語大学留学生別科非常勤講師。専門は異文化間コミュニケーション，日本語教育。主な論文に「フェイスワークを集団内の相互作用から捉える—日本語学習者に対するPAC分析から見えてきたもの—」（『異文化コミュニケーション研究』第19号），「フェイスワークと成員間の相互作用との関わり—日本語学習クラスにおける事例を通して—」（『異文化コミュニケーション』No.10）などがある。

竹下 裕子（編者プロフィール参照） ——第7・8章，第9章共訳

田嶋 ティナ 宏子（たじま てぃな ひろこ） ——第9章共訳

白百合女子大学文学部英語英文学科准教授。専門は社会言語学（シンガポールの英語と言語政策）。日本「アジア英語」学会理事。日英中3ヶ国語の同時通訳者。主な論文に "Japan"（*Language Policies and Language Education: The Impact in East Asian Countries in the Next Decade*, Singapore: Times Academic Press, 2000），本名信行・田嶋ティナ宏子他編著，『事典アジアの英語教育』（大修館，2002），「シンガポール」（『多言語社会がやってきた—世界の言語政策Q&A』，くろしお出版，2004）などがある。

松岡 昇（まつおか のぼる） ——第10章

獨協大学非常勤講師。専門は社会言語学，国際コミュニケーション。著書に『日本人は英語のここが聞き取れない』（アルク，2003），論文には「『入試英語』の分析と改善のための提言—コミュニケーション教育のために」（『アジア英語研究』，1999）などがある。企業の異文化理解セミナーなども務める。

藤原 康弘（ふじわら やすひろ） ——第11章

帝塚山中学校・高等学校教諭，大阪大学大学院博士後期課程在学。専門は国際英語，語用論，コーパス言語学。主な論文に "A Web-based Survey on British Pragmatics Acceptability for Japanese Refusals: Toward intercultural pragmatics."（*Intercultural Communication Studies*, 2007），"Critical Language Testing on Pragmatic Tests: Are pragmatic tests really appropriate in Japan?'（*Asian Englishes*, 2007），'Compiling a Japanese User Corpus of English'（*English Corpus Studies*, 2007）などがある。

鈴木 卓（すずき たかし） ——第12章

東洋英和女学院大学国際社会学部国際社会学科准教授。専門は言語教育学，言語学（談話分析，語用論）。主な論文に "Teaching Casual Conversation: Some suggestions for teaching storytelling skills to Japanese students of English"（*Readings in Second Language Pedagogy and Second Language Acquisition: In Japanese Context*, Amsterdam: John Benjamins, 2006），"The SPM-based Speaking Test at Toyo Eiwa University: A look into the contextualized scoring system"（東洋英和女学院大学『人文・社会科学論集』第25号）などがある。

共生社会の異文化間コミュニケーション
──新しい理解を求めて

2009 年 3 月 20 日　第 1 刷発行

編著者	ベイツ・ホッファ
	本名信行
	竹下裕子
発行者	前田俊秀
発行所	株式会社 三修社
	〒 150-0001 東京都渋谷区神宮前 2-2-22
	TEL 03-3405-4511
	FAX 03-3405-4522
	振替 00190-9-72758
	http://www.sanshusha.co.jp
	編集担当 三井るり子
印刷・製本	壮光舎印刷株式会社

©2009 Printed in Japan
ISBN978-4-384-04228-3 C0095

R〈日本複写権センター委託出版物〉
本書を無断で複写複製（コピー）することは、著作権法上の例外を除き、禁じられています。本書をコピーされる場合は、事前に日本複写権センター（JRRC）の許諾を受けてください。
JRRC〈http://www.jrrc.or.jp/　e-mail: info@jrrc.or.jp　tel: 03-3401-2382〉

装丁　土橋公政